全息教育

——赋能每个学生的成长

卢雁红　马笑莲　编著

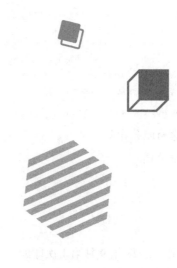

ZHEJIANG UNIVERSITY PRESS
浙江大学出版社

图书在版编目（CIP）数据

全息教育：赋能每个学生的成长 / 卢雁红，马笑莲
编著 . — 杭州：浙江大学出版社，2023.9
ISBN 978-7-308-24132-8

Ⅰ . ①全 … Ⅱ . ①卢 … ②马 … Ⅲ . ①小学—办学经
验—东阳 Ⅳ . ① G629.285.54

中国国家版本馆 CIP 数据核字（2023）第 167843 号

全息教育——赋能每个学生的成长

QUANXI JIAOYU —— FUNENG MEI GE XUESHENG DE CHENGZHANG

卢雁红　马笑莲　编著

责任编辑　平　静
责任校对　汪淑芳　汪　潇
装帧设计　乐读文化
出版发行　浙江大学出版社
　　　　　　（杭州市天目山路 148 号　邮政编码 310007）
　　　　　　（网址：http://www.zjupress.com）
排　　版　杭州乐读文化创意有限公司
印　　刷　杭州高腾印务有限公司
开　　本　710mm×1000mm　　　1/16
印　　张　13.75
字　　数　270 千
版 印 次　2023 年 9 月第 1 版　2023 年 9 月第 1 次印刷
书　　号　ISBN 978-7-308-24132-8
定　　价　68.00 元

序

东阳市外国语小学——浙江小学教育的一道独特风景线,"全息教育"已成为她的一张金名片!跨进学校大门,极具现代教育理念的"全息教育"口号营造出浓浓的育人文化:"全息关怀,走进心灵,全面精彩",亮出了学校鲜明而又富有特色的教育主张。

该校卢雁红校长提出"全息教育"的办学思想,其实践探索已经走过了20年的历程,整整20年!一个人的教育人生能有几个20年!20年的深耕,20年的浸润,硕果累累,如果缺乏教育家精神和探索意志,谈何容易!因此首先要向"全息教育"的守望者致敬!

我多次走进该校参加"全息教育"的研讨活动。21世纪是课堂革命的世纪,作为浙江省著名语文特级教师,早在21世纪初,卢雁红就开始了全息课堂的探索,演奏出基于"理解、研究与创新"的全息课堂变革三部曲:她在读懂全息理论的基础上,和老师们一起深入课堂进行教学研究;以全息课堂新理念为指导,聚焦课堂为什么要变,如何变,变成怎样的课堂等重要课题;按照从理解全息课堂,到研究全息课堂再到课堂创新的"问题—研究—行动"的研究逻辑,用全息理论逐步推动课堂从理论走向现实,努力实现既有理论智慧,更充满实践智慧的课堂转型。这里要特别强调的是,卢雁红研究团队这种"通过学习而理解,通过研究而发现,通过行动而实践"的研究是有高度的,理应成为我们进行课堂变革的思维方式和工作方法,值得借鉴!

更难能可贵的是,同时作为校长,卢雁红在全息课堂研究的基础上,把全息课堂观拓展到全息教育观,那就是"全方位育人,全时空关注"的全息关怀:全息管理,让育人无处不在;全息课程,为发展搭建平台;全息课堂,促孩子生成精彩;全息评价,助学生个个成才!这20年来,和一些故步自封的所谓教育思想、教育模式、教育体系不同,卢雁红的全息教育思想总是在不断拓展、不断出新、不断发展,充分体现了研究的宽度。我认为真正的教育思想是开放的,拓展的,超越的,有张力的,与时俱进的,也正是在这个意义上,卢雁红的全息教育思想和实践创新,可谓一个典范!

摆在我们面前的这部研究新著《全息教育——赋能每个学生的成长》,是在国家吹响高质量发展的号角下,卢雁红和老师们推进全息教育变革行动的真实写照,是全息教育思想的具体体现。该书共分九章,用"全息"的思维方式看教育,从全息教育的视角深入思考教育的本质。从全息教育的内涵及理论的阐释(第一章),到全息教育在外小 20 年实践历程的梳理(第二章),再到全息教育的实践设计及变革路径(第三章),进而全面阐述学校各个领域的变革:从全息教育的管理取向到全息教育的课程实践,从五育融合的德育架构到全息教育的学教变革,再到全息评价的综合推进(第四至八章),创生了一种较系统的育人模式,创新了一种小学教育改革的"外小样式"! 全息教育,是一个接地气、利长远、极具操作性的教育实践系统。20 年的探索与实践,使外小处处弥漫着全息教育的印记,外小也在全省甚至全国的教育改革中留下了自己的印记!

正是因为卢雁红及其研究团队不断地学习和思考,不断地充实和丰富,所以全息教育才有了相当的厚度。我们看到,现在的全息教育已经不只是一种思想,不只是一种理论,也不只是一种改革实践,而是形成了由思想、理论和实践这三者结合而成的一种范式,也就是赋能每个学生成长的"全息教育范式"。我这样说,似乎是拔高了卢雁红校长本人和她的团队,其实是实至名归,也更加合情合理,因为他们为有志于加入"全息教育"探索的其他学校和老师们提供了研究范式。既然全息教育对儿童的成长与发展有十分显著的帮助,那就需要更多的同行形成研究共同体一起去探索! 这就是把这本书呈现给大家的意义所在。一起探索的结果可能会多元多样,百花齐放,可能会有与卢雁红研究团队有所不同的思想、理论和实践的出现,而这是正我们所期待的应用和推广效应!

最后想点赞的是,卢雁红校长和她的团队总是在不懈努力,总是在登高望远,总是在攻坚克难,总是在向自己提出新的挑战,正是有了这样的研究意志,所以全息教育才不仅有高度,有宽度,还有了它的长度! 从书中可见,全息教育的探索坚持了 20 年,实实在在地做了 20 年,也开拓创新了 20 年! 在新的时代,探索还在可持续发展中……衷心祝贺全息教育 20 年探索取得的丰硕成果! 真诚期盼全息教育的未来取得更多更大的成就!

这里的教育真的不一般,开卷有益,是为序。

(刘力:浙江大学教授、博士生导师,浙江省中小学名师名校长工作站站长)

CONTENTS ｜目录

第一章

全息教育：
内涵及理论阐释

第一节　全息教育概念内涵

一、全息

"全息"的概念是从物理学和生物学中引申过来的。所谓"全息",《汉语大词典》的解释是:"反映物体在空间存在时的整个情况的全部信息。"这里的"全息"主要是一种思维方式,即从尽可能多的角度和层次,抽象概括出对象的特有属性,并从整体角度对其进行全方位的分析、说明,以揭示它所包含的多方面、多层次的含义,同时又在局部中全面、多层次地反映其整体特有属性的思维方式。世界上万事万物都存在着全息现象,王存臻等在《宇宙全息统一论》中指出:"全息的基本含义是部分(子系统)与部分、部分与整体(母系统)之间包含着相同的信息,或部分包含整体的全部信息。"①

二、全息元

全息现象中反映了系统整体信息的相对独立、全面地散射自身信息的部分称为全息元,系统整体称为全息体。全息元具有以下特点:相对独立性,即全息元的内涵和性质与其他的部分具有明确的界限;典型代表性,即全息元具备了整体的特征,反映了整体的内涵与性质;持续进阶性,即全息元和整体的关系分属于不同层次,上一层级的全息元中可以包含下一层级的全息元,全息元的级数越高,与整体的联系越密切。

三、教育全息元 ②

从信息论的观点来看,教育过程就是教育信息的双向输送过程。教育全息元是指在教育信息系统中具备全息性的信息,全息性是这种信息的最根本属性,也就是说,教育全息元是一种特殊的全息元,它除了具备全息元的三个特点外,还包括两个

---

① 王存臻,严春友.宇宙全息统一论 [M].济南:山东人民出版社,1988:52.
② 教育全息元和全息元,从概念内涵和外延来看,都有明显的区别,本书为了行文简洁,一般表述为全息元,也就是教育全息元。

特征：第一个特征是信息守恒律，指的是教育中的全部信息既不能被创造也不能被消灭，而是处于师生与外界交流的动态发展过程中；第二个特征是信息显隐律，即教育信息元存在隐态信息和显态信息，两者之间存在相互转化关系，对隐态信息的敏感性往往体现出教师的专业素养。

因此，教育全息元就是指教育过程中，具有相对独立性、典型代表性、持续进阶性、动态守恒性的教育信息。如我们可以简单地理解学生日常学习中遇到的典型的例题就是内容维度的全息元，而建立模型、思维导图就是形式维度的全息元。当然，教育全息元的范畴很宽泛，在不同的层面上有不同的内涵，在微观上可以是一段话中的一个关键词，在中观上可以是一册书中的"大概念"，在宏观上也可以是贯穿小学生活的核心素养。

第二节　全息教育发展概况

一、国内外全息思想的发展概况

"全息"的含义就是整体的任何一个部分都包含整体的全部信息。在中国传统思维中，系统的、整体的全息思想可以说源远流长，从远古至当代，整体观成为中国文化的最显著特色。《庄子·齐物论》中称"天地与我并生，而万物与我为一"，[①] 从而形成"天人合一"的重要思想，梁漱溟先生曾称之为中国哲学对世界的一大贡献。

中国古老的阴阳五行观念概括了万物相生相克的信息。《周易》指出："古者……仰则观象于天，俯则观法于地……近取诸身，远取诸物，于是始作八卦，以通神明之德，以类万物之情。"[②]

老子《道德经》中的"道生一，一生二，二生三，三生万物"，"人法地，地法天，天法道，道法自然"[③]，说出了部分与整体的全息联系。传说堵在关口等候老子写下流传千古、至今世界上刊印量最大的文章《道德经》的关令，姓尹名喜，其本人传世之作《关尹子》第一章"宇"中即写道，"无一物非天，无一物非命，无一物非神，无一物非

---

① 老子·庄子 [M]. 南京：江苏凤凰美术出版社，2015：104.
② 易经·系辞下传 [M]. 北京：团结出版社，2017：126.
③ 老子·庄子 [M]. 南京：江苏凤凰美术出版社，2015：47.

元……是以善吾道者,即一物中,知天尽神,致命造元"[1]。《关尹子》第二章"柱"又曰:"若碗若盂,若瓶若壶,若瓮若盎,皆能建天地。兆龟数蓍,破瓦文石,皆能告吉凶。是知天地万物成理,一物包焉,物物皆包之,各不相借。"[2]这可以说是宇宙全息论非常完整的中国古代表述。

传统中医理论认为,人体是一个有机整体,内在脏腑与体表的形体官窍之间是密切相关的,任何疾病都或多或少地具有整体性的变化。在解剖和实验未充分开展的情况下,中医对身体内部疾患的诊断一贯是借助外部信息来推断的,故有"望而知之谓之神"之说。这种"司外而揣内""有诸形于内,必形于外"的法则正是全息理论在中医望诊中的应用。中医理论体系虽未明确提出"全息"概念,但是全息理论的精髓和实质却早已渗透到中医理论中,尤其在中医望诊中体现得淋漓尽致。全面掌握全息理论的诊疗方法,更有利于观察症状,是对中医望诊的更深领悟。因此,熟练而正确地把全息理论应用到中医望诊的诊断中,对疾病的早期预测、防治均有重要临床意义。全息理论,能使医者真正做到"望而知之",成为"治未病"之"上工"。

1973年,中国著名生物学家张颖清教授创立的全息生物学是研究全息胚生命现象的科学,是生物学的一个重要分支。从胚胎学观点看,由于受精卵在通过有丝分裂分化为体细胞的过程中,DNA经历半保留复制过程,所以体细胞也获得了与受精卵相同的一套基因,它也有发育成一个新机体的潜能。这在植物界表现得十分明显,如在吊兰长出软藤的末端或节枝处,可以萌发出一棵棵完整的植株;又如切下一块长芽的马铃薯,便可培育出一个完整的马铃薯;而更有力的证据是用胡萝卜的一个分离细胞或细胞团便可以成功地培养成一棵胡萝卜植株。

在西方,古代毕达哥拉斯学派中的阿尔克梅翁在欧洲历史上第一个提出宏观世界缩影的全息观点;古希腊名医希波克拉底提出了人体全息联系的猜想;柏拉图的"回忆说"也道出了现实世界万物与另一个理念世界存在全息复制的联系。

1948年,匈牙利出生的英国物理学家丹尼斯·伽柏,为了提高电子显微镜的分辨率就曾提出全息照相的原理,他用汞灯做光源拍摄了第一张全息照片。1960年激光出现以后,全息技术获得了迅速发展,现在已是一个应用广泛的重要技术。全息照相的"全息"是指物体发出的光波的全部信息,即包括光波的振幅(或强度)和相位,因而全息照相能再现与原物完全无异的图景。要观察一张全息照片所记录物体的形象,只需用照明激光沿原参考光的方向照射照片,即可看到在原物位置处的立体形象,而照片就像一个窗口一样。

---

[1] 尹喜.关尹子 [M].长春:吉林出版集团,2005:1.
[2] 尹喜.关尹子 [M].长春:吉林出版集团,2005:99.

宇宙全息论概念由量子物理学家戴维·玻姆在《整体性与隐缠序——卷展中的宇宙与意识》①一书中提及,讲的是宇宙当中的任何一个微小部分,都包含整个宇宙的全部信息,简言之就是"部分包含整体",也就是以小见大。

"宇宙全息论"一词由诺贝尔物理学奖得主、荷兰理论物理学家杰拉德·特·霍夫特于1993年正式提出,并得到了美国斯坦福大学教授雷纳德·萨斯金的进一步阐述。从本质上看,全息论是一种宇宙学说。②作为一种哲学思想,全息论论者认为人和世界(自然界和社会),人和人,人自身的内在体系都是相通相融的。西方哲学中如法国现象学大师胡塞尔的科学世界和生活世界统一论,美国社会学家杜威的思维和行动统一论等,都是全息思想的具体表征。

1996年,澳大利亚学者马索斯发表《全息系统架构》,指出复杂系统具有三个基本的机构特征:一是系统组成部分的系统依赖;二是组成部分的相对自治;三是系统层次之间的全息衔接。之后澳大利亚学者特恩布尔对马索斯的"全息"系统观进行了阐释,他认为系统的组成部分应该拥有三类管理,第一类是指向子系统的内部管理;第二类是协调不同子系统间的流程;第三类是对整个系统进行管理。只有承担了这三类管理技能的子系统,才具有部分与整体"自相似"的特性,才能被称作"全息"子系统。③

二、国内外全息教育思想的发展概况

全息理论在社会学和教育学中得到经验性的迁移和应用。如中国古代有这样一句俗语"三岁看大,七岁看老",就是全息理论在人类社会发展中的经验性认知,也是教育学范畴的全息经验。

中外古代教学论著中就有全息思想的萌芽,春秋、战国各家在办学与著述中都或多或少体现出了教学与社会的全息相关思想。如孟子提出"教亦多术"④的教学原则,实行五种教育方式:对学习好的,"如时雨而化之"(即如雨露润泽草木一般);对德行好的,就注意他的德行培养;对天资较高的,使之成为通达之才;对一般的,采取"答问"法,以释疑解惑;对于不能登门受业的,使他自学成才。墨子则提出教与学是不可分的统一体,"唱而不和,是不教也,智多而不教,功适息"⑤。

---

① [美]戴维·玻姆.整体性与隐缠序——卷展中的宇宙与意识[M].洪定国,张桂权,查有梁,译.上海:上海科技教育出版社,2013:164.
② 吕国欣.一种新的宇宙观:全息论[J].太原师范学院学报(社会科学版),2007(1):01-10.
③ 邵丽君.全息理论视域下的高校科技创新扩散模式[J].教育与职业,2013(26):41-43.
④ 巨天中,孔健.孟子智慧今说[M].北京:民主与建设出版社,2009:65.
⑤ 墨子.墨子[M].李小龙,译注.北京:中华书局,2016:99.

这种全息思想到汉唐时期又有了进一步的发展,明清时期的教育家,继承了前人的全息思想,将全息渗透到教学的各个方面。如王守仁认为学习必须"从本原上用力,渐渐盈科而进"①。朱熹认为要重视家庭教育与小学教育。他编写了《童蒙须知》《程蒙学则》《训蒙诗》等,作为父兄在家教育子弟的守则。他认为只有从小打下基础,学成技能,长大以后才能达到修身、齐家、治国、平天下的目的,这蕴含了小处着眼、终身受益的全息教育思想。

无独有偶,西方古代教育家们的著作中也处处充满了古朴的全息思想,他们较多地阐述了教育和自然的全息关系。例如亚里士多德认为,教育必须适应自然②;夸美纽斯主张教育应遵循自然的原则,应对自然普遍规律进行模仿③。

近代中外教育论著在继承古代教育家朦胧的全息思想的同时,不同程度上促进了全息理论的发展。总之,全息现象普遍存在于教学过程中,它早已被教育界人士认识并应用于教学实践之中。

从1985年开始,我国学者着手将全息理论应用于教学领域的研究,逐步形成了全息教学论的雏形。如1990年,刘宗寅、秦荃田将全息理论应用于教学,著有《全息教学论原理》④。也有学者将"全息"与"德育"关联起来研究,如南京师范大学教育系教授、教育学博士李学农在《德育的全息性和全息的德育》⑤中指出,"全息观"是德育认识与实践的方法论基础之一,它有革新的意义,德育本身具有全息统一性。中国人民大学马克思主义学院博士马福运在《"全息育人"德育模式的构建途径探析》⑥中指出,选择正确的德育模式,是德育目标、德育内容成功实践的重要保证,应构建全员、全程、全方位育人的"全息育人"德育模式。武昌理工学院高等教育研究所罗建国、黄红霞、李倩倩以武昌理工学院为例,对高校"全息育人模式"进行了探索与研究,指出要构建立体化的育人格局。⑦

江苏常熟实验小学提出"全息学习"。全息学习是以促进全人发展为目标,以环境、资源和技术为平台,在学习主体、课程形态、学习方式、学习资源建设等方面的整体变革或学习革命。该校借鉴和吸收心理学、脑科学、神经科学在儿童学习方面的最

---

① 王守仁. 王阳明全集 [M]. 上海:上海古籍出版社,1992:12.
② 刘黎明. 论亚里士多德的自然教育思想 [J]. 河南大学学报,2008(4):142-150.
③ 夸美纽斯. 大教学论 [M]. 傅任敢,译. 北京:教育科学出版社,1999:65-66.
④ 刘宗寅. 秦荃田. 全息教学论原理 [M]. 济南:山东大学出版社,1990.
⑤ 李学农. 德育的全息性与全息的德育 [J]. 教育评论,1996(3):18-20.
⑥ 马福运. "全息育人"德育模式的构建途径探析 [J]. 湘潭大学学报(哲学社会科学版),2007(02):149-153.
⑦ 罗建国,黄红霞,李倩倩. 高校"全息育人模式"探索——以武昌理工学院为例 [J]. 黄冈师范学院学报,2017(1):7-10.

新研究成果，建构了全息学习的发生机制和实施策略，构建了"学为中心、问题导向"的全息学习模式，开发了包括全息学习教室、全息学习平台、全息学习社区的环境技术，让每个学生的学习真正发生、深度发生、自然发生。[①]

北京教育学院副院长杨志成认为，将全息原理迁移到人类的认识中所构建的全息认识论，主要包括三个基本原理：一是人类认识的全息结构原理；二是人类认识的全息发展原理；三是人类认识的全息重演原理。首先，认识的全息结构原理告诉我们，人类的部分单元性认知可以拓展为整体认知，整体认知与部分认知具有结构一致性。如我们常说的"触类旁通"，其本义就是当你了解一个领域后，其他类似领域应该自然就知道了。其次，认识的全息发展原理告诉我们，部分认知的发展可以迁移撬动整体认知的发展，即人们常说的"开窍"。最后，认识的全息重演原理告诉我们，个体认知过程一定程度上是对人类认知过程的重演。因此，我们在教育过程中可以通过主动重演系统认知撬动学生个体认知发展。[②]

核心素养体系虽然是对育人目标的规划，但其认识逻辑体现了全息认识论特点。首先，核心素养在人的全面素养中具有最小单元的结构性逻辑。核心素养是人的全面素养中的基础性部分，从全息结构认识原理看，核心素养是对人的全面素养的结构性浓缩，核心素养从认知结构上可以代表全面素养结构。因此，核心素养对全面素养具有发展的作用。其次，核心素养内在和外在内容都具有全息认知发展性特征。核心素养内部三个领域和六个素养之间具有互相撬动性、发展性，同时对其他素养具有内容概括性和认知发展性。最后，从全息重演原理看，人的个体性、工具性和社会性认知发展，都是人类整体认知系统的重演。这种重演从每一个人的诞生开始。核心素养是在这种认知重演的视角下提炼出来的基础素养。因此，从全息认识论来看，核心素养就是人的全面素养的基本全息单元。这也意味着这一素养的全息单元，可以结构性复制到教育的任何一个环节或结构中。

---

① 金一民. 全息学习，让学习像呼吸一样自由 [J]. 江苏教育研究，2017（1）：24-27.
② 杨志成. 核心素养的全息认知论分析 [N]. 中国教育报，2017-04-19.

第三节　全息教育的理论基础

一、人的全面发展理论

马克思主义关于人的全面发展,强调的是全面、和谐、自由、充分的发展。马克思主义认为,人的发展的最高境界是人的自由全面发展,是人的本质的真正实现。每个人都可以按自己的天赋、特长、爱好,自由选择活动领域、自由选择生活空间、自由选择发展方向,既能够从事体力劳动,又可以从事脑力劳动,既能够参加物质生产劳动,又可以参加精神文化活动,促进每一个人的主体活动都使自己成为本身的主人,才是自由发展的真谛。

人的全面发展包括人的实践活动、社会关系以及各种需要与能力的全面发展。一是人的实践活动的全面发展。它既表现为人的实践活动内容和形式的丰富性、多样性和变化性,又表现为人的需要和能力的全面发展。人的需要的全面发展指每个人通过自己的自主活动来发展包括生存需要、享受需要和发展需要等在内的一切合理需要,如物质需要、精神需要、社会关系发展需要及自我实现需要,并把低层次需要当作满足高层次需要的前提。二是人的社会关系的全面发展。马克思指出,个人的全面性不是想象的或设想的全面性,而是他的现实关系和观念关系的全面性。个人社会关系的全面发展包括人的社会关系的普遍性发展和全面性发展,意味着个人社会关系的全面丰富、个人社会交往的普遍性、人对社会关系的共同控制以及个人在自身所处的社会关系中充分而协调地发展自己的全部特性。三是人的素质的全面提高。人的素质的全面提高表现为人的身体素质、心理素质、思想道德素质和科学文化素质等的发展和完善,以及各种素质之间的均衡协调发展。人的全面发展最终要体现在价值的实现上,它标志着个人能够满足社会的某种需要,在某一方面有所成就,得到社会的认可。四是人的个性的全面发展。人的个性的发展,从内容上体现为个人倾向性的充分展现和满足,社会价值的更加优化,以及各种个性要素的相互协调;从本质规定性来说,不但表现为个人主体性水平的全面提高,即人的自觉能动性、创造性和自主性的全面发展,而且表现为消除个性的模式化、同步化、标准化,打破个性的单调化、定型化,增加和丰富个人的独特性,使社会充满生机和活力。五是人类的全面发展。包括人类特性的全面发展、人类社会关系的全面发展、人类能力的全面发展、人类的全面解放和充分自由的实现。人的全面发展，是相对于片面发展、畸形发展、不自由发展、不充分发展而言的。[①]

因此，学校要提供丰富多彩的育人情境，让学生时时有产生完全属于自己的精彩观念的可能；同时，让每一个孩子有充分的选择权，让每一个孩子的潜能得到最大限度的发挥，以实现教育对"人的成全"的至上追求。

二、深度学习理论

深度学习是一种课堂变革的理念和课堂教学的设计思路。所谓深度学习，是指在教师引领下，学生围绕着具有挑战性的学习主题，全身心积极参与、体验成功、获得发展的有意义的学习过程。在这个过程中，学生掌握学科的核心知识，理解学习的过程，把握学科的本质及思想方法，形成积极的内在学习动机、高级的社会性情感、积极的态度、正确的价值观，成为既具独立性、批判性、创造性，又有合作精神、基础扎实的优秀的学习者，成为未来社会历史实践的主人。

深度学习是发展学生核心素养的有效途径，它适用于教育的全过程。深度学习过程着眼于学生对所学知识内容的整体理解，促进学生的知识建构和方法迁移，并有助于学生高阶思维的发展，让学生在解决问题的过程中提高核心素养。但深度学习在日常教学中的挑战在于：一是如何确定挑战性的主题，即寻找深度学习的切入点？二是如何设计及实施主题，才能聚焦从而不断深入？

深度学习的这些特质和挑战，和全息教育有很多共通之处，简单地说，深度学习就是围绕核心素养开展的高阶学习，从而使学生具备"举一反三"的能力，这恰好吻合全息教育的主要主张：将时间用在能够撬动学习支点的"全息元"上，或者说关键知识上，通过学通、学透的过程使得学生的学习结构化、系统化。

三、全息理论

全息理论是研究事物之间所具有的全息性关系的特性和规律的学说。全息是指事物整体上的任何一部分或者是母系统中的任何子系统，都包含着整体或者母系统的全部信息，并且可重演、再现其原形，反映物体在空间存在时整个情况的全部信息。简而言之，就是从尽可能多的角度和层次，抽象概括出对象的特有属性，并从整体角度对其进行全方位分析、说明，以揭示它所包含的多方面、多层次的含义，同时，又在局部中全面地、多层次地反映其整体特有属性的思维方式。

---

① 王拓.推动人的全面发展是马克思主义的本质要求[N].黑龙江日报,2018-07-04.

　　将全息理论应用于小学教育,则是指用"全息"的思维方式看教育。教育目标的核心是什么? 是以"价值引领"为基点,以"核心素养"为突破口,全面审视人的成长规律和教学规律,考虑人的需求,考虑现实社会的需要,以发展能奠定学生个体健康成长和终身学习基础所必需的"核心素养"为宗旨,整合一种较系统的育人模式,达到"让教育无处不在"的境界,从而创建最美育人家园,促进学生、教师、学校发展的全面精彩。从全息管理的价值引领,全息课程体系的开发,到全息教学样态的提炼,再到全息评价的综合推进,是一个接地气、利长远、极具操作性的教育实践系统。

四、教育生态学理论

　　教育生态学理论强调人的发展是生物遗传与环境因素的"合金",受到微观、中观和宏观要素的影响,处于这些要素的动态相互作用中。其中,教育的微观生态缩小到学校、教室、设备乃至座位的分布对教学的影响,包括课程的设置目标、智能、方法、评价等微观系统分析,也缩小到家庭的亲属关系,学校的师生关系、同学关系乃至学生个人的生活空间、心理状态对教育的影响。

　　教育的生态环境是以学生为中心,对教育的产生、存在和发展起制约和调控作用的多元环境体系。它大致分为三个层次:一是以教育为中心,综合外部自然环境、社会环境和规范环境组成的单个的或复合的教育生态系统;二是以单个学校或某一教育层次为中心构成的反映教育体系内部的相互关系;三是以学生的个体发展为主线,研究外部环境包括自然、社会和精神因素组成的系统。此外,教育生态学还考虑教育对象内在的生理和心理环境。

　　这一理论与学校倡导的全息教育非常契合,它对教育的启发是:教育要促进人、自然和社会的和谐统一。每一个人都不是一座孤岛,学生和学生、学生和教师、学生和学校、学生和家庭等都全息关联、不可分割。每一个学生都包含整体的信息,每一个学生都不可忽视,也不可轻视,孩子身上的各种状态恰恰反映的是学校、家庭和社会的状态。一旦出现问题,教师需要有全息关联的意识,深入思考,及时调整教学或管理的节奏和方法,努力保持这一生长系统的平衡。因此,我们确立了"学生是一个全息关联、不可分割的生长系统"的学生观。

五、协同理论

　　协同理论的创立者,是德国斯图加特大学教授、著名物理学家赫尔曼·哈肯。1971 年他提出协同的概念,1976 年他系统地论述了协同理论,发表了《协同学导论》,还著有《高等协同学》等。

　　协同理论指出,所谓协同系统,是指由许多子系统组成的、能以自组织方式形成宏观的时间、空间或功能有序结构的开放系统。因为描述系统演化状态的参量会随时间变化的快慢而有所不同，所以系统在外参量的作用下，有时甚至只有一个或少数几个子系统。这个为数不多的慢变量决定了系统的宏观行为和有序化程度，故称之为序参量，而为数众多的快变量由序参量支配。所以，协同理论的基本原理是：子系统伺服序参量，序参量支配子系统。[①]当系统存在多个序参量时，它们之间也会有竞争和合作。种类不同和错综复杂的关系就造成了相互区别、千差万别的系统与运动。哈肯认为，"序参量既是子系统之间相互竞争、相互协同的产物，又是系统整体运动状态的表征和量度"[②]。

可见，协同作用是系统有序结构形成的内驱力，学校是一个全息的整体，汇聚着不同的群体，如教师群体、学生群体和家长群体等。协同理论和全息教育则产生了很好的契合点：一个群体的素养可以通过不同的群体相互协同得以提升，只有教师素养提升了，进步成长了，教师队伍整体水平才能上一台阶，才会促使学生不断进步、成长，学校才能实现真正的可持续发展。同理，家长群体素养提升了，也会推动学校教育教学工作的发展和学生的成长。这一提升过程是在个体参与中协同、在群体协同中发展的过程。

同样的，在全息教育思想的关照下，教育应关注学生的全息性。每个学生都是独立的存在，每个孩子的成长都投射着家庭、校园与社区环境的影子。关注教育全息相关性才能形成教育合力。关注全息教育行为，一方面则是指引每一个教育者在充分尊重孩子的前提下，持续关注自身的行为对孩子产生的影响，不断从课程设置、环境、文化等多个角度解读与孩子成长中产生的密切关系，使教育行为在适切的环境下发生，充分发展学生与学校环境之间的全息关系。另一方面，关注全息教育行为就需要关注不同环境之间的全息性，例如重视家校合作的传统，强调家庭是教育的第一学校，让家庭与学校产生全息关系，形成全息合力。

协同理论中的序参量，对全息教育的实践有现实的指导意义。全息教育的"全息元"，其实具有"关键变量"的意义。序参量引用在教育实践中，也大致相当于"关键变量"。从序参量的角度思考，我们可以在日常的教育教学实践中筛选、建立"全息元"的模型，从而在一个维度上破解全息教育中确定"全息元"的难题。

六、分形理论

分形理论由美籍数学家本华·曼德博首先提出。1967 年，曼德博在美国权威的

---

① 白列湖. 协同论与管理协同理论 [J]. 甘肃社会科学，2007（5）：228.
② 武杰. 跨学科研究与非线性思维 [M]. 北京：中国科学社会出版社，2016：260.

《科学》杂志上发表了题为《英国的海岸线有多长？——统计自相似和分数维度》的论文。曼德博把这些部分与整体以某种方式相似的形体称为分形。1975年，他创立了分形几何学。在此基础上，形成了研究分形性质及其应用的科学，称为分形理论。

分形理论主要揭示了部分组成复杂整体的规律和原则，通过自相似性，我们可以分析局部与整体的关联，更好地理解复杂的系统。以组成部分的数学特征来认识整体，在自然科学、社会科学等领域都有广泛应用。从线性到非线性，从有限到无限，从微观粒子到宏观宇宙，分形理论是一种人类认知世界的新手段。客观事物具有自相似的层次结构，局部与整体在形态、功能、信息、时间、空间等方面具有统计意义上的相似性，称为自相似性。例如，一块磁铁中的每一部分都像整体一样具有南北两极，不断分割下去，每一部分都具有和整体磁铁相同的磁场。这种自相似的层次结构，适当地放大或缩小几何尺寸，整个结构不变。因此，概括地讲，分形是这样一种对象，将其细微部分放大后，其结构看起来仍与原先的一样。

分形理论的提出，对科学认识论与方法论具有广泛而深远的意义。第一，它揭示了整体与部分之间的内在联系，找到了从部分过渡到整体的媒介与桥梁，说明了部分与整体之间的信息"同构"。第二，分形、混沌和现代非线性科学的普遍联系、交叉渗透，打破了学科间的条块分割局面，使各个领域的科学家团结在一起。第三，为描述非线性复杂系统提供了简洁有力的几何语言，使人们的系统思维方法由线性进展到非线性，并得以从局部中认识整体，从有限中认识无限，从非规则中认识规则，从混沌中认识有序。

分形理论认为，分形内部任何一个相对独立的部分，在一定程度上都是整体的再现和相对缩影（分形元），人们可以通过认识部分来认识整体。但是分形元只是构成整体的单位，虽与整体相似，但并不简单地等同于整体，整体的复杂性远远大于分形元。更为重要的是，分形理论指出了分形元构成整体所遵循的原理和规律，这是对系统论的一个重要贡献。

分形理论一方面指出了分形元与整体的相似和区别，另一方面从"同构"建立部分和整体的关系，这两方面对全息教育都有很重要的指导意义。作为基础教育阶段全面实施"全息教育"的学校，在实践中，要从"结构"着手，建立部分和整体的关系，结构既包括不同学科知识的结构，也包括跨学科的结构和学校课程的结构。同时，我们在研究和实践中，可以借鉴"分形元"，进一步建构全息元的内涵和外延。这一理论还提醒我们，在实践中，全息元和整体不是同一个概念，不宜过多强调相同，也要关注不同，为学生后续的学习留下发展的空间。

第二章

全息教育：
外小20年的历程

第一节　全息教育在外小的缘起

小学是教育启蒙阶段,对一个人的成长影响重大。20 年前,浙江省东阳市外国语小学(以下简称"外小")率先在教育领域引入全息论,实践全息教育思想。语文组在卢雁红校长的带领下,率先开展"小学高段语文全息阅读教学模式研究"。这是因为外小创立之初,就对当下的教育做了深入的思考,审视当时的小学教育,直面教育的问题和挑战。

一、现状审视:三重三轻

1. 重智育轻德育

许多学校过于注重知识教育和智力教育,一味追求升学率,漠视为人德行养育,忽视学生的行为、习惯、品格等全人发展所需的综合素养和个性差异。学生课业负担不断加重,自由支配时间越来越少,无暇顾及兴趣爱好,从而影响了立德树人根本任务的落实,产生高分低能、有才无德的现象,素质教育推进困难,学生的全面发展堪忧。

2. 重知识轻素养

重知识轻素养的情况较为普遍。传统以"知识获得"为价值追求的教育,存在目的狭隘、内容单调、方法简单、主体不全等诸多弊端。在实际教学活动中,教师特别注重学生书面解题能力的培养,过分强调分数,导致死记硬背的方法盛行。这种以"知识获得"为价值追求的教育忽视了学生的多种心理需求,忽视了学生全面素养的提升,成为学生学业负担过重、厌学厌校的主要根源。这种培养模式违背了育人规律,在"知识核心时代"走向"核心素养时代"的当下,必然不符合教育改革的趋势。

3. 重筛选轻培育

《基础教育课程改革纲要(试行)》中明确指出:"改变课程评价过分强调甄别与选拔的功能,发挥评价促进学生发展、教师提高和改进教学实践的功能。"[①]因此,教育评价不能忽视诊断与激励的功能,不能忽视学生的综合素养和个性差异,不能忽视

---

① 钟启泉,崔允漷,张华. 为了中华民族的复兴 为了每位学生的发展 [M]. 上海:华东师范大学出版社,2001:15.

对学生的全面培育。传统评价忽视了应有的诊断、激励和调节功能，致使大批学生片面发展，沦为"考试机器""两脚书橱"，甚至心理扭曲。

总之，伴随着学生成长的教育必须从"智育"转向"全面育人"，从"知识本位"转向"素养本位"，从"甄别与选拔"走向"诊断与激励"，这样，才能真正实现全面育人的根本追求。

二、改革难点：三有三难

1. 有理想难作为

2014 年 3 月 30 日教育部发布《关于全面深化课程改革 落实立德树人根本任务的意见》，"核心素养"无可争议地成为我国教育界的一大热词，也成为人们热议的话题。《中国学生发展核心素养》的研制出台，标志着我国的教育由"知识核心时代"逐步走向"核心素养时代"。但是，"核心素养时代"该秉持什么样的教育理念？如何有效推进核心素养的培育？该采取什么样的方法和技术，才能真正实现指向核心素养、推进五育并举的教育？这无疑是难点中的难点、热点中的焦点。教育界虽然开始了一些探索，但是可以借鉴的太少，也始终迈不开探索的实质性步子。

2. 有理念难脱俗

《基础教育课程改革纲要（试行）》提出了新的课程理念："改变课程结构过于强调学科本位、科目过多和缺乏整合的现状，整体设置九年一贯的课程门类和课时比例，设置综合课程，以适应不同地区和学生发展的需求，体现课程结构的均衡性、综合性和选择性。"

显然，强调学科本位的课程理念，应过渡到以核心素养为本、实施整合、关注可持续发展的理念。强调学生的全面发展已成为教育质量综合评价的核心。尽管大家也普遍认同这一评价理念，然而实践操作中却又背道而驰。其缘由在于分数和升学率仍是考查学生、学校的最主要指标，学校面临着来自各方面的压力，教师仍然盯着学生在传统测验中的得分高低。正因如此，学校与教师为了升学率变得异常功利，不敢尝试改革，也不愿进行改革，生怕动了学校的根基。或者是学校一方面轰轰烈烈地开展教学改革，一方面扎扎实实地抓应试教育。解决根源问题并非易事，改革也就难以"脱俗"，学校只能无奈地走形式、走过场。

3. 有行动难系统

一些学校的改革只是限于某一门学科和某一项课程，对人的发展来说，就显得比较零碎，没有系统。指向教育改革的教育，应该有跨越课程边界、超越学科概念的独立复杂的教育过程，甚至跳出具体教学目标和教学内容，直指学生核心素养，将其作为最关键的指标展开。尽管各校也有些尝试，但还是难以把管理、课程、教学、评价全面贯通,最终达成全面育人的目标。

总而言之,学校希望从"知识核心时代"迈向"核心素养时代",但迈开实质性的探索步伐有难度;认同全面发展的理念,但囿于升学压力难以"脱俗";开展指向五育并举的教育探索,但难以整合形成较系统的育人模式。这就是目前教育改革的难点。

三、突破路径:三化三找

1. 教育要素序列化,寻找育人"支点"

小学生的身心发展和学习是有科学规律的,学习体系需要"以人为本"、科学规划。体系中的关键能力和知识,往往起到"四两拨千斤"的功效,良好的学习习惯则更是底层意义上的学习要素。将教育要素序列化,克服现实教学中眉毛胡子一把抓的弊端,寻找育人的突破路径:实现关键能力和知识的深度学习;完善学习与生活的"支点"链接;优化学习知识的结构性呈现,减轻学生的认知负担。

2. 教育协同机制化,寻找育人"结构"

学习是一个整体,复杂性、关联性、动态性是学习的重要特征,同学科、多学科的融合,是育人的必要路径。关注小学生较复杂情境的学习,实现学习协同,寻找育人的突破路径:真正融合学习过程中教、学、评三位一体结构;提供丰富的五育融合载体及实践学习内容;提升学习思维中高阶思维的能力。

3. 教育期待未来化,寻找育人"潜态"

学习主要存在显态、隐态和潜态三种样态。在日常学习中,适当控制对知识、能力等显态关注,重视对隐态的情感、价值观等的关注,设计和期待对学生未来性成长潜态的指向,寻找育人的突破路径:减少对家庭和学校学习的结果性关注,增加考虑学习的相关性;家长有意识地发现儿童个体发展性向;保障学生终身学习的方法、习惯、价值观等养成时间的投入。

第二节　全息教育在外小的实践历程

一、主要研究历程

基于现状剖析和思考,自 2002 年"全息阅读"研究开始,外小通过全息理论的引导,不断优化学教变革、五育融合、情境评价、教育生态,在小学阶段构建了具有可操

作性的"全息教育"实践体系，为中国基础教育改革提供样本。其间主要经历以下五
个阶段（见图 2-1 ）。

语文起步
全息课堂学教变革（2002—2009 年）	运用全息论进行学教方式变革，以学科核心素养、学生发展为原点，提出了辐射、辐辏等策略，提出了"以支点撬动整体""有结构地教，有关联地学"等教学主张，通过知识结构迁移实现课堂学教变革，将全息学习的经验拓展到不同学科。
思想引领
全息管理探索（2009—2011 年）	抓住关键理顺全局，以"价值引领"培育教师核心价值和学生文化，讨论制订《外小教师应当做好的 60 个工作细则》，完善并构建各部门效能评估体系。
课程开发
全息课程开发探索（2011—2013 年）	遵循全息论的聚焦、辐射思想，开发元课程、辐课程、梦课程，探寻"元课程校本化实施、辐课程特色化创建、梦课程个性化点单"的梯级课程实施机制，完善全息课程体系。
评价探索
全息情境评价尝试（2013—2018 年）	聚焦学生核心素养，提炼儿童成长关键点，开发分项测评工具与方式，开展情境综合评价，研发《外小学生核心素养发展记录册》《教师核心素养评价手册》，建设"智慧外小"评价平台。
生态构建
全息教育生态构建（2018 年至今）	提出"走进儿童世界，培育幸福儿童"的办学宗旨，主要研究侧重点在元认知系统，以学生为中心，既重视关键能力和深度学习，又强调学生诸要素的相关性，优化教育生态。

图 2-1　外小全息教育研究历程

二、不同阶段研究及成果

1. 全息课堂学教变革（2002—2009 年）

2002 年，外小开始"全息阅读"研究，侧重知识系统，解决学科学习"关键能力和
知识不突出"等问题，运用全息论进行学教方式变革，提出了辐射、辐辏等策略以及
"有结构地教，有关联地学"等教学主张。在全息理念观照下，以学科核心素养、学生
发展为原点，有结构地教，有关联地学，从原先只注重知识能力到注重思维过程，让学

生在全息互动中对学习内容进行系统梳理,进而有效培养学生的深度思维能力。

每年举办外小学术周活动,着力探讨"学为中心"的全息课堂,体现结构化思维,凸显关联,注重整合,全方位展示学校的全息教育理念。承办浙江省统编小学语文教科书低段教学研讨会,主题是"领会编者意图 研究学习过程",数十位特级教师云集外小。

先后开展《小学高段语文全息阅读教学模式研究》课题等相关研究。此阶段主要成果有:2004 年出版《互动—生成教学》;卢雁红专著《小学语文全息阅读教学》2007 年由浙江教育出版社出版,被列入"浙派丛书"系列;"小学语文全息阅读教学研究"课题成果获 2010 年度浙江省教育科学研究成果奖优秀成果一等奖。

2. 全息管理探索(2009—2011 年)

抓住关键理顺全局,以"价值引领"培育教师核心价值观和学生文化。在"走进心灵,全面精彩"的教育理念引领下,培育教师核心价值观——在服务中体现价值,在合作中积聚智慧,在敬业中创造卓越,在感恩中收获幸福。同时,培育"善思,乐行,心中有他人"的学生文化。

全校教师讨论制订《外小教师应当做好的 60 个工作细则》,完善各部门管理细则,并构建学生素养评估、教师专业成长积分评估、学校各部门效能评估等评估体系。

3. 全息课程开发探索(2011—2013 年)

自 2011 年开始,课题组就着手架构活动体系,开展了"大手牵小手"主题体验活动。之后每年 9 月都是"大手牵小手"的主题月,同时牵手活动不断扩展到远足、种植、收获、春秋游、毕业生欢送会等等。

开发国际理解课程,让孩子体验着有着更丰富教育意义的"全营养生活"。首届"外小奥运会"开幕,以"缤纷世界,共同家园"为活动主题,开展国际理解教育。此后两年一届,围绕"国家篇""历史篇""运动篇"三个主题进行,六年一循环,确保每个孩子在外小的六年都能完成这门课程。

开发劳动教育实践课程,综合实践基地"开心农场"正式启用,供三、四年级的学生实践。大队部启动"同住绿色外小,共享温馨家园"系列活动,鹅、鹦鹉入住校园,成立护鹅小分队。

研究侧重于学习的深层动机和育人内容之间的相关性,五育融合,全面精彩。开展了省教育科学规划课题"互动—生成型德育:'三环'操作模式的实践研究"等。此阶段的主要成果有:《全息德育》(12 册)被评为省义务教育精品课程教材,相关成果获省教科研成果奖一等奖;省教育厅、省教科院在外小举办了"浙江省校园文化建设成果推广会";学校被评为全国优秀少先队集体、全国青少年文明礼仪教育示范基地;《中国教育报》《浙江教育报》等媒体进行了报道。

4. 全息情境评价尝试（2013—2018 年）

2013 年,课题组聚焦学生核心素养,提炼关键点,主要研究侧重在资源系统和认知系统,利用学校得天独厚的校本资源,开展情境综合评价,研发《外小学生核心素养发展记录册》,2014 年开始"数字校园"评价平台建设。

全息评价着力改变了评价内容学业成绩占主体,评价方式纸笔占主导,评价结果甄别竞争占绝对的现状,着眼于学生的终身发展,重视从学业成绩到更多习惯与品格的转变,梳理出学生发展的关键点;从关键点到系统育人目标,进行学校课程顶层设计,构建了核心素养评价体系。

2013 年 3 月,开展学生核心素养大讨论,提炼了期中关键点,试行期中过关的评价方式。开展学生综合素养评价框架大讨论,工作持续一年,最终研发了校本化的《外小学生核心素养发展记录册》。借助打造数字校园,持续八年之久的学生阅读考级升级为网上自主阅读考级。2016 年 11 月 9 日,承办浙江省教育评价工作会议,校长卢雁红做了题为《外小学生核心素养评价实践探索》的汇报,聚焦学生综合素养评价的探索,着眼于学生的终身发展,得到了与会专家的高度评价。随后几年,"外国语小学小程序"与教学、评价同步推进,"网上雏鹰争章"平台师生均会熟练使用。

开展省重点课题"小学生核心素养评价的校本探索"等研究。此阶段的主要成果有:2016 年承办浙江省教育评价工作会议,推广学校经验;"小学数学'教学问诊手册'建设的实践研究"课题获省一等奖。

5. 全息教育生态构建（2018 年至今）

完善全息课程体系,形成《全息课程建设质量设计方案》,提出"走进儿童世界,培育幸福儿童"的办学宗旨。主要研究侧重在元认知系统,思考全息学习要素间的整体关系,以学生为中心,既重视关键能力和深度学习,又强调学习诸要素的相关性,优化教育生态。开展 2019 年省重点课题"全息教育:小学教育改革的新样态"等研究,此阶段的主要成果有:2018 年在全省德育工作会议上做《扣好人生第一粒扣子》专题发言;承办省统编小学语文教科书低段研讨会;2019 年成立全息教育研究院,开展更系统的研究和实践。

课程系列"我爱祖国",根植家国情怀,做有根、有梦的人,"礼敬国旗"成为典范。举行"百个岷峰书吧,温暖山乡小娃"圆梦行动,现已捐赠 10 个书吧。2018 年 7 月,被评为"全国新教育实验优秀实验学校",成为全国"未来学校联盟"之一。

学校深化教育价值引领,全息教育管理思想、理念逐渐深入每一位教师心中,全校有了很好的研究氛围。基于教育实践问题,引入全息论思想,创立全息教育思想,肯定了环境诸多要素与学生之间的全息关系以及环境诸多要素之间的全息关系。从整体上考虑微观、中观、宏观等诸多要素对学生发展的重要价值,考虑这些要素与学生的全息性,不断创设、优化环境要素;从微观层面整合诸多要素之间的关系,分析诸多环境要素之间的全息性,整合诸多环境要素,形成教育合力。

从全息阅读教学到全息德育实践,再到全息管理乃至全息评价,20年来,我们一直在研究的路上不断前行。

第三节　外小全息教育的特质及基本主张

一、全息教育的特质

我们理解的"全息教育",是小学五育并举的新理念、新样态,是用全息教育的系统思维开展小学教育改革的实践。它"以价值引领"为基点,以"核心素养"为突破口,全面审视人的成长规律和教学规律,考虑人的需求,考虑现实社会的需要,以发展奠定学生个体健康成长和终身学习基础所必需的"核心素养"为宗旨,整合一种较系统的教育改革育人模式,培育学生的健全人格。

"全息教育"的特质有三方面:一是抓住关键,理顺全局的系统观。"价值引领"和"核心素养"就是始终不放松的"牛鼻子"。二是追求全息关照的师生观。希望能呈现全员教育、全程教育、全面教育的局面,让学校达到"人人是教师,处处皆育人"的境界。三是结构化的知识观。学生是一个全息关联、不可分割的生长系统,只有促动其内在需求才能实现真正改变,全息教育通过结构化的材料实现知识的有效学习。

1. 教育行为应在能撬动结构化改变的"点"上着力

按照宇宙大统一定律所揭示的信息泛对应性(全息相关性),全息思维是着力寻求并应用子系统包含着的母系统潜信息和显信息,着力寻求并应用母系统包含着的宇宙全部潜信息和显信息,努力激发整体相关性、辐辏性、交合性的思维功能效应。如全息德育模式下,德育关系中存在的一系列彼此期待的主观信念,是德育关系双方相互期望的集合。这种网状的德育关系,"牵一发而动全身"。因此,在全息德育模式下运用生成的心理契约作为分析工具可以用来解释和说明德育现象,寻找未来学校道德教育改革的切入点和突破口,系统思考学校德育的整体架构,为提高德育效率提供方法论依据,从而促进学校德育整体性的发展。

2. 师生是一个全息关联、不可分割的生长系统

生态系统理论强调人的发展是生物遗传与环境因素的"合金",受到微观、中观

和宏观要素的影响,处于这些要素的动态相互作用中,教育要促进人、自然和社会的和谐统一。学生和学生、学生和教师、学生和学校、学生和家庭等都全息关联、不可分割。每一个学生都包含整体的信息,每一个学生都不可忽视,也不可轻视,孩子身上的各种状态恰恰反映的是学校、家庭和社会的状态。一旦出现问题,教师应有全息关联的意识,深入思考,及时调整教学或管理的节奏和方法,努力保持这一生长系统的平衡。自主性是影响人的发展中最为关键的要素。因而,在学校教育中,要让学生发生真正的改变,不是加强意志力,而是需要解决学生的内在需求问题。这主要是指在需要的基础上产生的一种内部唤醒状态或紧张状态,表现为推动有机体活动以达到满足需要的内部动力。全息教育观倡导将对人的深入研究和充分尊重作为教育的前提,以走进心灵为准绳,充分关注学生的需求,精准了解每一个学生。在全息教育中,教师就是要通过激发学生的自主性,最终达到全面培养人的目的。

3. 教学要有结构,实现有关联地学

"教师有结构地教"强调教师帮助学生形成一种能够独立研究的能力,促使学生自己思考并参与知识获得的过程。在全息教学观中,教学内容的选择与设计就是为了帮助学生理解学习的基本结构。在教学实施过程中,遵循动机原则、结构原则、程序原则、强化原则,从而实现教学实施的结构性;具体表现为课堂学习首先激发学生的兴趣,促使学生形成主动学习的动机。在讲授过程中,找出每一门学科最独特、最佳、最易于转化的结构并加以传授。通过及时反馈,促使学生了解自身对知识结构的掌握情况,从而提高学习效率。"学生有关联地学"对应布鲁纳认为的学生学习的实质——主动地形成认知结构。需要学生主动对教师的认知结构进行加工,内化为自身的认知结构。认知结构的形成离不开获得、转化、评价三个过程。因此,在获得新知识后,要对知识进行转化,并需要超越给定的信息,运用各种方法将它们变成另外的形式,以适应新任务,获得更多的知识。最后需要通过对知识的合理性进行判断以完成知识转化的检查。有关联地学,才能够做到举一反三、触类旁通、由此及彼、闻一知十。布鲁纳的认知—结构教学论强调教的结构性以及学的关联性或迁移性。将这种认知—结构教学论运用于教学实际,有利于学生学习效率的提升。

二、全息教育的基本主张

1. 全息学习把握关键性,以支点撬动整体学习

阿基米德曾说:"给我一个支点,我将撬动整个地球。"学习是复杂的系统,学习内容需要一个"支点",这个支点根据内容的范畴视域可以是一条线索、一个疑惑,也可以是关键知识、关键能力、结构图式、真实事例或场景等。学习时要善于找到类似支点,作为切入点和突破口,从而真正实现"轻负高质"。

2. 全息学习重视辐射性,通过支架实现结构化改变

学生在学习中遇到障碍,需要借助支架辅助,进一步推进学习研究。全息教育主张呼应学生需求,提供支架式的资源库、微课程,鼓励学生遇到障碍时,自主搭建支架予以辅助,有关联地学习,从而撬动整个认知图式,以求认识的变化。因此,我们以学科核心素养为基础,开发了三套学习资源库,作为跨学科辐射的阶梯,促成学习过程的融会贯通。学习没有融通,就难有充分的实践和深刻的体验,也难以发展学生的核心素养。

3. 全息学习强化浸润性,满足儿童的全息关怀需求

儿童需求是儿童学习的重要支点,满足需求能激活学习的动力系统。全息学习以全息关怀视角,充分关注孩子当下的生活,敏锐发现儿童的内在需求。丰富、真实的学习情境可以贯通儿童需求的"全息性",激活每一个儿童的生长支点。因此全息学习主张建构更多赋予教育意义的浸润式场景,学生人人参与,天天实践,全程浸润,全员滋养,从而触发更多的学习支点和隐性改变,培育完整儿童。

4. 全息学习推动进阶性,迭代更新可持续发展

每一个人都不是一座孤岛,每一个学习阶段也并非孤立存在,一段经历、一个细节都会成为影响学生终身成长的因素。全息学习立足当下,辐射一生,不断聚焦成长不同阶段的关键能力和必备素养,搭建起学生拾级而上的成长台阶,夯实学生终身发展的支点,根植面向未来的情感和价值观,培育儿童未来的胜任力,实现每个学生的最优发展。

第三章

全息教育：
实践设计及变革路径

第一节 全息教育的实践系统

一、全息教育的实践设计

教育是一个复杂的超级系统,全息教育是在全息理论等指引下的实践,其实践逻辑是聚焦"全息元",抓住教育的关键要素和诸要素之间的结构性、相关性。因此,全息教育实践框架可分成宏观、中观、微观三个层面(见表3-1)。

表3-1 全息教育实践框架

层面	实践关键要素
宏观 (底层思考)	社会实在论 认知结构迁移理论
中观 (认知构建)	自我系统 元认知系统 资源系统 认知系统 知识系统
微观 (个体应用)	全息点 全息链 全息场

宏观层面是实践的底层思考,涉及全息学习的主体、客体、主体间性等基本问题,以及客观知识和学习生活的协同性,提供破解育人问题的方法论。

中观层面是实践的认知构建,主要涉及教育教学实践之间的链接。在全息教育中,主要涉及自我系统、元认知系统、资源系统、认知系统和知识系统等五大系统的互动。

微观层面是个体应用,我们在理论学习和长期的学校教育教学实践中,发现"全息元"是核心,综合了知识、元认知、自我等多要素,在实践基础上,我们认为"全息元"是具有不同层次的,从简单到复杂,有单一全息元、组合全息元、复杂全息元,外小提出了全息点、全息链、全息场的三维结构,创新了对"全息元"的认识,在实践应用中发挥了很好的作用,促进了全体教师对全息学习不同维度的把握。

二、全息教育的宏观思考

美国认知教育心理学家奥苏贝尔于1963年在"有意义言语学习理论"的基础上

提出认知结构迁移理论①。这一理论认为,一切有意义的学习都是在原有认知结构的基础上产生的,它必然包括迁移。而迁移是以认知结构为中介进行的,先前学习所获得的新经验,通过影响原有认知结构的有关特征来影响新的学习。学生原有的认知结构是实现学习迁移的"最关键因素",其清晰性、稳定性、概括性、包容性、连贯性和可辨别性等特性,始终影响着新的知识的获得与保持。其中,认知结构的组织特征,如可利用性、可分辨性和稳定性,则是影响学生学习迁移的主要因素。这一理论提醒我们,在结构的选择中,要建立概括性强的结构,同时,要注意内容的呈现和学习顺序,即知识的内在逻辑结构。

社会实在论知识是学校教育的基本范畴,学校教育的过程是教师、课程、学生等教育基本要素围绕知识而展开的,因而关于知识的研究影响着我们对当下教师专业发展、课程改革和教育公平等重要议题的认识。"新教育社会学"分析教育知识的分层与社会权力分配及社会控制间的密切关系,启发人们对课程知识的新看法。最典型的莫过于批判教育学的代表人物、美国学者阿普尔提出的"谁的知识最有价值"的命题。这种对于知识的社会权力关系的揭示,赋予教师一种改变社会不平等、培养学生觉醒意识的角色,促使课程进行一系列的民主改革,呼吁课程知识要发挥尊重多元文化、促进社会公平的功能。20世纪末以来,教育社会学领域对"揭示知识的社会权力关系是否真的有助于教育公平"问题自觉反思。迈克尔·扬等学者认为,当今我们对于知识社会性的理解始终停留在知识与权力的勾连上,缺乏一种更深层次的纵向推进,应以"社会实在论"(social realism)的知识观为基础,重新审视知识的社会性问题。②社会实在论为理解当代学校教育中教师专业地位、课程和教学改革、教育公平等议题提供了前提性的理论支撑和实践路径上的应然选择。

社会实在论不仅反思与批判盛行于教育社会学知识研究领域的极端社会建构论取向,而且还提供了一条不同于以往的研究进路。社会实在论在深刻反思建构论取向的知识社会性研究的同时,并没有回到基础论取向下的知识研究,而是坚持实在论的取向,试图超越研究者在上述两种取向之间营造的虚假对立。知识社会性的研究完全可以融合这两种不同的研究取向,知识的社会性建构也可保证知识的客观性,只不过这种社会性建构不能局限在知识的权力关系上,知识的客观性也不能局限在绝对和永恒的真理条件下。社会实在论的知识观反思并重构知识的社会性:一是知识的对象是"实在"而非经验;二是知识生产具有"浮现"(emergent)属性,能够超越

---

① 施良方. 学习论 [M]. 北京:人民教育出版社,2001:327-469.
② [英] 迈克尔·扬. 把知识带回来——教育社会学从社会建构主义到社会实在论的转向 [M]. 朱旭东,文雯,许甜,等,译. 北京:教育科学出版社,2019:8.

产生知识的特定社会历史情境;三是知识的客观性是一种"程序客观性",具有社会基础。

三、全息教育的中观构建

我们构建了"五系统"的实践范式,全息学习内容维度由知识系统(学什么)和资源系统(何时、何处、跟何人学)组成,过程维度由自我系统(是否愿学)、元认知系统(为何学)、认知系统(如何学及学得如何)组成,整个系统最后聚焦于依托不同层级的"全息元"育人。(见图3-1)

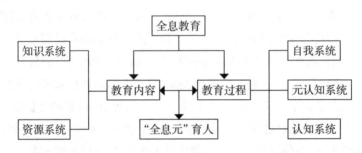

图3-1　全息教育"五系统"应用框架

根据心理学研究的最新成果,参照马扎诺的教育目标分类,人的教育过程包括了三个主要的系统:自我系统、元认知系统和认知系统。学生面对一个新的学习任务的时候,首先是由自我系统来判断任务的意义并决定投入的程度,也就是学习的动机问题。在解决了动机问题并决定投入学习之后,学习者会依据已建立起来的元认知系统决定学习行为的目标、方式和策略。然后运用认知系统中存储的具体认知技能去经历认知过程并完成学习任务。所有这三方面都基于学生已有的知识,包括信息、智力程序、心理意向三类不同的知识。在整个学习过程中,这三个系统与学生已有知识不断地相互作用,获得相应的学习结果,包括获取新知识、增强学习动力、更新元认知体系、发展认知技能等。[①]

同时,根据小学生学习的实际情况,我们把学生的学习内容分为知识系统和资源系统。《基础教育课程改革纲要(试行)》将资源系统分为校内课程资源、校外课程资源和信息化课程资源。该纲要明确指出:"积极开发并合理利用校内外各种课程资源,学校应充分发挥图书馆、实验室、专用教室及各类教学设施和实践基地的作用;广泛利用校外的图书馆、博物馆、展览馆、科技馆、工厂、农村、部队和科研院所等各种社会

---

① 汤定九,盛群力,马兰. 现代教学原理、策略与设计 [M]. 杭州:浙江教育出版社,2006:251-286.

资源以及丰富的自然资源；积极利用并开发信息化课程资源。"[1]

这些学习资源可以分为自然资源和社会资源。自然资源，简单理解就是来自大自然的真真切切的事物，比如动植物、微生物，这些可以用于生物学课程教学；地形、地貌和地势等可以用于地理学课程的教学；再比如气候、天气预报、季节季相、二十四节气等，则适用于作为气象学的教学资源。学生在与大自然接触的过程中对大自然愈发了解，懂得维护生态平衡、保护大自然的重要性等知识。社会资源包括公共设施和公共场所、人类的交际活动与社会交往过程中所建立的人际关系、群体的行为规范、同辈团体的影响、个人的人格特征、合作原则和礼貌原则、价值观、信仰、宗教伦理、风俗习惯等，这些社会资源都会直接或者间接地成为课程资源，引领和影响学生群体的发展。

知识系统主要包括由国家课程、地方课程、校本课程等组成的知识体系。国家课程是国家教育部门规定的统一课程。它体现了国家意志，反映了国家教育标准，是专门为未来公民接受基础教育后所要达到的共同素质而设计的课程。它根据不同教育阶段的性质与培养目标，制定各科目课程标准，编写教科书。它是基础教育课程框架的主体部分，对基础教育的质量起着决定性作用。

地方课程是在国家规定的各个教育阶段的课程计划内，由省一级教育行政部门或授权的教育部门依据当地政治、经济、文化的发展状况及其对学生发展的要求，充分利用地方课程资源而设计的课程。地方课程可以克服国家课程单一，很难全面满足不同地区教育需求的弊端，是对国家课程的补充，也是学生了解社会、接触社会、关注社会，学会对社会负责，增强社会责任感的有效途径。

校本课程是以学校为基地，以国家及地方制定的课程纲要基本精神为指导，以满足学生需要和体现学校办学理念、特色为目的，在具体实施国家课程和地方课程的前提下，由学校成员自愿、自主、独立或与校外团体、个人合作，利用校内外现有条件和可挖掘的资源而研制的多样性的可供学生选择的课程。校本课程是国家课程计划中不可缺少的组成部分，它充分尊重和满足学校师生的独特性和差异性，特别是能更好地满足学生在国家课程和地方课程中难以满足的那部分发展的需要，对促进学生发展起着不可替代的作用；更好地满足教师的职业理想、专业发展、教学风格的多种需要，为教师提高素质提供了机会；更好地满足学校整体发展、凸显特色、弘扬个性的需要，让学校充分利用本校、本社区的教育资源，充分发展学生潜能，全面实现课程的社会职能。

---

[1] 钟启泉，崔允漷，张华. 为了中华民族的复兴 为了每位学生的发展 [M]. 上海：华东师范大学出版社，2001：12.

第二节 全息点、全息链及全息场

全息教育中的"全息"主要是一种教育实践中的思维方式,指的是抓住能够概括整体特有属性的"关键点",这个"关键点"被称为"全息元",从整体角度对全息元进行全方位的分析,寻找和整体的结构关系,以揭示它所包含的可迁移的信息。

在实践中,为了更好地解释不同层面的全息元的意义,我们将全息元分成全息点、全息链和全息场三个层面。如果概括地说,全息元是适合不同的范畴的,但这样在学习的时候,就需要不断地对全息元做出界定。根据我们20多年的实践,我们认为分成三个层面是比较适宜的。全息点的范畴最小,一般局限在一篇文章或一个单元,但在日常的教育教学中,可能涉及的范围最广;全息链指的是不能由一个范畴内的全息点单独解决的问题,而是需要从学科内或多学科结构化的视角考虑,这统称为全息链;全息场范畴更广,是指包含了不同全息链、全息点的场域情境。当然,三者也不是截然分开的,有时候也有包含关系。从比较宽泛的角度看,全息点、全息链和全息场的关系是"金字塔"结构(见图3-2),但在本书中,有时候需要辩证地看三者的范畴,同时,本书中涉及的全息元,一般包含了三种形态或其中的某一种,不再一一说明。

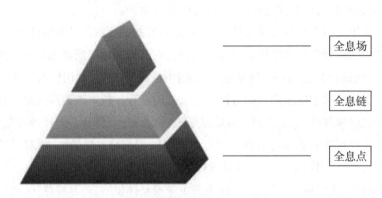

图3-2 全息元的"金字塔"三层级结构

一、全息点:撬动学教变革的支点

全息教育需要发现蕴含关键信息的全息点。教育中找准了全息点,以全息点撬动学教变革,就能达成"少即是多,慢即是快,知即是行",取得事半功倍的效果。全息点弥散在教育的全域中,我们在《中国学生发展核心素养》的指引下,形成了"外小"核心素养体系,归结为"五个习惯,六大能力,三种品格"。"五个习惯"指生活有规律、书写正姿势、交往脸微笑、运动常相伴、阅读是日常;"六大能力"指书写能力、阅读能力、生存能力、写作能力、演讲能力、体艺能力;"三种品格"指学习品质、乐观品格和正气的价值观。

1. 关键能力:少即是多

全息教育认为知识和能力的全息性是客观存在的,我们提出的六大能力培养,涵盖了国家提出的认知、合作、创新和职业四大关键能力。同时,关键能力以学习的关键知识为支点,如语文学习中篇章的"文眼""题眼",数学学习中的基本概念,科学学习中的核心内容等,在认知中,培养学生批判性思维等素养。通过20年的实践,我们形成了一系列关键能力培养的策略,如辐射、辐辏、精准诊断、结构化、思维工具等。

2. 深度动机:慢即是快

最好的学习设计是"逆向设计",能够造成学生的认知冲突、能够挑战学生认识角度、能够有针对性地突破学生的认知障碍,其中设计导向学生深度学习的"全息点",是全息学习的关键。"认知期待"是激发学生深度学习动机的常用策略,小学生的认知目标价值和成人是不一样的。陶行知说:"他写字想得双圈没得着,仿佛是候选总统落了选一样的失意。"[①]《外小学生学习指南》共7大方面33条,设置7枚大章33枚小章,按照"一条常规一小章,系列小章换大章,累积大章赢称号"的操作方式,使得徽章在学生眼里有独特的价值,能持续激发学生的认知期待。

3. 必备品格:知即是行

全息学习中,更重要的全息点是学习的必备品格,对于小学生来说,行为是品格的外显,习惯是可持续的行为。外小在知行合一的实践中,十分重视学习中倾听的习惯、专注的习惯、提问的习惯……这些习惯是形成学习必备品格的重要因子,如我们提出的"进图书馆"习惯:尽量不说话,有重要的事情必须说,要降低音量。这些学习习惯不仅有利于学生的阅读学习,也营造了图书馆安静的氛围,有利于学生在公共空间中自律、对他人尊重和对学习认真等必备品格的培养。

二、全息链:协同创新的五育融合

全息学习从量的层面聚焦关键能力和知识,从质的层面则需要关注能力和知识之间的关键结构。五育融合作为学校"立德树人"的主要路径,五育的不同"全息点"

---

① 方明 . 陶行知教育名篇 [M]. 北京 : 教育科学出版社 , 2006 : 172.

之间存在相互影响和相互融合的"全息链"，协同实现全息学习中的相关性。

1.项目协同：以学习要素为支点内涵性融合

学生的校园生活是融合的，全息学习以学习要素为支点，在内涵上融合"德智体美劳"五育，实现学生认知、身心、生活等层面的协同。在五育融合的过程中，我们提出了一系列的实践主张，在操作层面进行丰富的尝试。

并列融合：将五育集合于一个主题性项目学习中，五育诸要素让不同的学生发挥自己的特长，在学习项目小组中，发挥自身的优势，弥补自身的要素短板，实现五育融合。

递进融合：五育在时间上有先后，一育为先，五育异步同构，基于认知协同，将学生导向身心协同和生活协同，在丰富活动中实现逐渐融合。

交互融合：五育在时空上实现融合，就是在学习要素的设计和实践中，既实现五育的静态融合，又实现五育的动态融合。

2.认知关联：以学习方式为支点结构性融合

布鲁纳说："现行的极其丰富的学科内容，可以把它精简为一组简单的命题，成为更经济、更富活力的东西，亦即可以结构化。"[1] 学生的认知结构是促进学生认知的重要支撑，学校应提供结构化的学习材料，运用思维工具，以学习方式为支点，使学生的思维外显，促进学生认知的重组，让学生真正学会学习。

全息学习尊重学生原有认知图式，引发认知冲突，寻找关联之处，从"全息链"节点延续深化，学生围绕"认知焦点"不断联系自己的生活经验和背景知识，展开"辐射"的过程，在认知的顺应关联中，提升高阶思维能力，概括提炼，展开"辐辏"的过程，"辐射"和"辐辏"循环往复，学生原有的认知图式，就不断同化新学习的结构内容，形成更有利于学生自己学习的结构。

3.素养培育：以情境评价为支点综合性融合

人脑中的"镜像神经元"追求与他人的一致性，小学生的学习，需要群体榜样的力量。外小在学习变革中，充分考虑学生的学习特点，大力提倡场景学习，尤其是充分利用学校的资源，提倡"小导师制"，建立同辈"镜像"。

核心素养在本质上是应对和解决复杂的、不确定的现实生活问题的综合性素养。我们创新实践情境评价，运用场景观察、实战模拟、量表测试、大数据评估等方式，尽可能还原学生生活，强调在具体任务中更加整合、开放，强调对具有不确定性的跨学科探究主题和社会实践活动的开展过程性评价，让学生经历有现实价值的真实问题

---

① 钟启泉，黄志成. 美国教学论流派 [M]. 西安：陕西人民教育出版社，1993：36.

解决过程和社会活动，为学生提供充分展示的空间。

三、全息场：价值赋能的教育生态

全息学习中质量和时空维度叠加，呈现比全息点、全息链更加复杂和丰富的场景，形成动态生成的不断走向平衡的全息场。全息场让学生成长浸润其中，耦合更多学习要素，不断寻找适合自己禀性的"生长点"，从而引领价值，赋能学生的成长。

1. 泛在空间

学生学习的"泛在空间"，是学生在某一时空中学习全部要素的总和，是个人、环境以及两者间的相互关系等影响个体行为的各种因素综合的"全息场"。学校拥有"外小"标识的"泛在空间"，如校园小溪、饲养基地、幸福果园……充盈着学生温馨高雅的校园生活。

2. 群体公约

"全息场"不仅是显性的生活空间，也蕴含隐性的个人的情感、价值观等。对于学生学习隐性的"全息场"，学校也十分重视，设置了"梦想舞台"等载体，建立了混龄交往机制。如每年开展的"护娃行动"，是外小学生的群体公约，五年级与一年级小朋友一对一，手拉手报到、参观、找家，教洗脸、刷牙，读书、讲故事等。"群体公约"持续引导着每一个学生的日常行为。

3. 文化浸润

外小拥有独特的文化地标，每周诵读的《校赋》概括性地呈现了地域文化特征，引导学生致敬前贤，从小树立远大志向，笃志前行。"岷峰书苑"里面设有传承家训的"三乡文化园"，启蒙学生的家国情怀。"文化日""五大节日""诚信周"等独具创意的活动，使精神润泽成为常态。

第三节　全息教育的学校变革路径

一、全息教育的理念变革

"全息元"是全息教育的核心，组合了知识、元认知、自我等诸多要素。在实践基础上，我们深化了对"全息元"的认知，提出了"全息元"在实践中呈现为全息点、全息链、全息场三种形态，强化了全体教师对"全息元"不同形态的把握。从实践操作看,对全息元的遴选、确定、运用、深化等,依托于老师对学校课程理念的深入理解和对全息教育的整体把握。

美国教育学家古德莱德认为"课程"应该划分为五个层次,即五种不同的课程形态:理想的课程、正式的课程、领悟或理解的课程、运作的课程、经验的课程。[①]

一是理想的课程,即由一些教育研究机构、学术团体和课程专家提出的应该开设的课程。

二是正式的课程,即由教育行政部门规定的课程计划、课程标准和教材,我们平时在课程表中看到的课程即属此类。

三是领悟或理解的课程,即任课教师所领悟的课程,这种领悟的课程可能与正式课程之间有一定的距离,正所谓"一千个读者就有一千个哈姆雷特"。

四是运作的课程,即在课堂上实际实施的课程,在实施中,教师常常会根据学生的反应随时进行调整。

五是经验的课程,是学生在课堂学习中实实在在体验到的东西,也即课程经验。

古德莱德的"课程"层次说实际上揭示了"课程"从理论到实践的运动形态,使人们对"课程"概念的理解从静态的角度转换到动态的角度。从古德莱德的这一课程层次理论中,我们不难发现,所谓理想的课程也好,正式的课程也好,都是我们传统认识范畴中的课程概念,而领悟的课程、运作的课程,尤其是经验的课程,才是我们理解意义上的真正的"创生性课程"。

围绕"全息元"的实践操作,是老师们日常教育教学工作中的具体实践。在20多年的全息教育研究和实践中,老师们创造性地提出了很多操作性意见,耦合教育维度和教育要素,以"全息元"三类形态为实践载体,从而实现了从学校维度、实践载体到教育要素的一体化,真正将全息教育落到实处。(见表3-2)

表3-2　全息教育表征及要素耦合

教育表征	教育要素耦合及实践载体	
关键知识	关键能力、必备品格	全息点 全息链 全息场
活动场景、校园环境	泛在空间、文化浸润、同辈镜像	
学习动机、心理契约	群体公约、认知期待、深度动机	
学习目标、发现潜能	家国情怀、致敬前贤	
提取设计、关联整合、拓展迁移、策略评价	有结构地教,有关联地学;情境性评价	

---

① 施良方.课程理论:课程的基础、原理与问题 [M].北京:教育科学出版社,1996:9-10.

全息教育的教育表征，对应全息教育的内容和过程维度，具有鲜明的特征，如全息教育特别关注场景性，因此在教育中，空间的硬件环境、人员交往的软件环境，以及校园的文化环境，都应予以特别营造。

二、全息教育变革学校的 MCLE 路径

经过 20 多年的实践，学校直面学生成长中的被动性、片面性、不可持续性问题，构建了全息管理（M）、全息课程（C）、全息学习（L）、全息评价（E）"四位一体"，指向学生全息成长的学校教育整体变革四棱锥模型（见图 3-3）。学校形成全息管理价值体系，树立学校思想引领机制；开发全息课程操作体系，优化课程五育融合；创生全息学习实践体系，撬动学习关键要素；搭建全息评价体系，形成聚焦核心素养综合评价的外小经验。

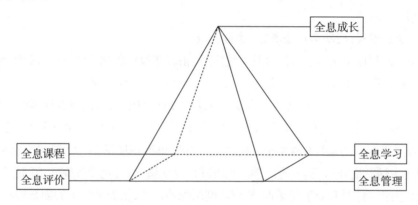

图 3-3 "全息教育" MCLE 路径变革

1. 全息管理：营造正向育人信息场

苏霍姆林斯基说："校长领导学校首先是教育思想的领导，其次才是行政的领导。"[1] 学校坚持重大变革必须经历学校集体思考与建立紧密联系这两个环节。"学校集体思考"就是发动全校老师讨论：我们目前有哪些隐性的资源和显性的资源？我们想做什么？我们能做什么？我们该怎么做？这样的过程唤起老师的主人翁意识，形成的东西是从基层长出来的，是根植于学校的传统的，是可以让全体教职员工高度认同的。"建立紧密联系"指的是目标确定之后，学校一定要有相应的规划和设计，有相应的教育操作策略，将目标融合进老师日常的工作，这样学校的目标才会真正落地。

---

[1] B.A. 苏霍姆林斯基. 苏霍姆林斯基选集 [M]. 北京：教育科学出版社，2001：58.

　　全息教育全方位审视并改善校园生活,通过学生的生活进行道德教育。它给学生的学校生活赋予更多的内涵,使校园成为润泽学生心灵的最美育人家园。全息教育模式下的学校生活是一种"全营养的生活"。这种"全营养的生活"首先是一种课堂引领的生活,包含价值引领、礼仪培训、心理调适、生存教育四个系统。教师在教学生活中对发生在课堂中、课堂外的道德问题进行引领与示范,发挥道德领导力,就是一种有力的德育。其次,"全营养的生活"从科学健康的生活、丰富充盈的生活、智慧高雅的生活三个层面构建有意义的校园日常生活。学校努力让学校生活接近家庭生活,且高于家庭生活。教师能关爱每一个孩子,倾听他们内心的声音,认真理解他们的话语并给予回应;公平对待每一个学生,没有偏心、偏爱,给学生公平的交流、对话机会,并引导学生学会互相尊重、互相爱护。这样全方位、全时空构建的学生生活充分发挥了寄宿学校的时空优势,化"包袱"为极具育人价值的教育资源,学生全程浸润,全员滋养。

2. 全息课程:撬动学校变革的"关键支点"

　　全息课程体系实现基础课程校本化实施、拓展课程特色化创建、社团活动个性化点单的梯级课程实施机制。学教方式也采用跨学科整合学习、跨空间泛在学习、跨学段贯通学习与传统课堂有机结合的多元方式。在确保国家课程、地方课程的落实基础上,目前有"全息德育""全息语文""生长数学""生活英语"等特色课程,已开发与国家课程配套的《小学语文全息阅读》12 册、《思维拓展活动》12 册、《全息德育》12 册、《生活英语开口说》1 册。学校积极进行跨学科、综合化课程探索,开展了基于智慧生态园的科创劳动系列课程、教育戏剧课程等活动,培养了学生的创新精神和实践能力。

3. 全息学习:认知图式的支架辅助

　　布鲁纳"结构教学观"提出教学要有结构。一方面,强调教学内容选择与设计要有结构,包括知识内容的结构和思想方法的结构;另一方面,强调教学实施要有结构,知识之间、知识与学生已有经验之间,具有开放性、关联性和递进性。教师通过结构化的教学,为学生搭建起拾级而上的生长台阶,恰到时机地用自己的学科专业素养点拨和润泽学生,培养学生的学习能力,促进学生学习的可持续发展,达成培养学生学科核心素养的目标。学生在学习中遇到障碍,需要借助支架辅助,进一步推进学习探究。全息学习从学生需要出发提供有关支架的"微型课程"(主要是核心概念和程序),鼓励学生在解决问题的过程中,遇到需要理解的障碍时,自主通过支架辅助,有关联地学习,从而促成整个认知图式的结构化改变。具体表现为课堂学习首先激发学生的兴趣,以促使学生产生主动学习的动机。在讲授过程中,找出每一门学科最独特、最佳、最易于转化的结构加以传授。"学生有关联地学习"抓住布鲁纳认为的学生学习的实质——主动地形成认知结构,学生主动对教师的认知结构进行加工,内化为自身的认知结构,从而能够做到举一反三、触类旁通,提高学习效率。

4. 全息评价:具身情境的精准诊断

生活是泛在化的教育信息场。泛在意味着无处不在,泛在化的教育信息场指的是无处不在的教育空间。学生的生活就是一个无处不在的教育空间,涵盖学校、家庭、社会等一切与学生相关的空间。真实的生活就是最好的评价。我们倡导将评价过程融入生活,将评价融入育人的各个环节。

与学生全面发展息息相关的"核心素养"评价不应仅局限于学校学习,而更应该融入日常生活,让学生"在做中成长"。依托具身认知理论,学生"核心素养"的评价不应该一刀切,而应该构建基于具身认知的学生核心素养评价框架。基于真实的生活情境,综合运用所学知识与技能,充分调动有效的问题解决能力,以检验学生综合能力。通过多种评价形式倒逼学生知行合一并促进思想的提升。例如,习惯类的多采用形成性评价的方式,目的在于通过在生活中贯彻落实,改变习惯的认知、形成定型的行为模式,以评估促养育;能力类的更多地采用表现性评价,通过学生在具体生活环境中主动行动、积极解决问题,从而培养学生解决真实情境中的问题的能力;品格类的常运用诊断性评价,找短板、补不足,让学生在现实生活中不断进行品格培养,从而形成良好的思想素质。"日常争章"侧重平时习惯的养成,"期中过关"关注关键点的评价,"期末考评"鉴定孩子的全面发展,最终培育"真诚乐观、坚韧勇敢,有家国情怀、国际视野"的外小幸福儿童,培养面向未来的情感和价值观,锻炼儿童未来胜任力,实现每个学生最优发展。

三、识别码:全息教育的实践表征及举样

全息教育形成了一系列的实践载体,和其他教育范式相比,具有明显的"识别码",呈现出关键性、相关性、场景性等表征,形成了具有外小鲜明特征的"全息教育"品牌,赋能每位学生成长的"DNA",聚焦思维养成,提升每位学生的学习质量。

1. 学习寻找教育中的"典型",培养关键性思维

全息学习认为知识、能力的全息性是客观存在的,对于小学生来说,关键知识、关键能力等对学习具有十分重要的意义,在大数据时代,尤其要警惕无限制的"信息海洋",围绕关键知识、能力和动机设计学习,抓住学生的已有经验、学科学习的关键信息和学习材料的探究策略等支点展开学习,学习不再一味做"加法",实现"认知减负"。

全息教育在遴选全息元时,需要寻找教育中的"典型",有的时候是一个词语,有的时候是一种方法,只有找到了这种具有"触类旁通"可能性的"典型",全息教育才

有可能抓住关键，从而实现事半功倍的效果。学习材料中的不同寻常、前后矛盾、意义丰富处，都可能是关键信息。如语文学习，我们抓住了某个关键词句，就能"牵一发而动全身"。《桥》一文中，作者用极其洗练的语言通过书记、父亲、丈夫三重角色塑造了"山"一般伟岸的"这一个"。极少的几处人物描写，却有着很好的教学价值。句与句紧密契合，整段信息最后都聚焦于"他是一座山"。学生抓住"一座山"这个支点，就能解读全文的信息。

【例 3-1】"基于小说核心要素的教学策略"举样 [1]

理情节，善用图式。由于小说情节跌宕起伏，人物关系精彩，因此，在小说阅读中，善用图式是厘清故事情节、读懂小说的一种行之有效的方法。学生阅读时，运用各种图式，以关键人物为中心，梳理整个故事的人物关系，进而帮助学生理清小说情节框架，同时，也可以利用"画一画图式，找一找这篇小说的共同特点以及存在的区别"，使学生对阅读的文本产生深刻印象。在发散思维的同时，又提高了学生的独立思考能力和阅读水平，为深入阅读奠定基础。

学习任务 1：让学生试着用"小标题"绘制其他几篇小说的线性情节图，发现异同。通过绘制和比较，学生明白了小说的情节发展各式各样，有像《桥》的一波三折式情节发展，有像《穷人》《在柏林》的递进式情节发展，从而丰富学生对小说情节结构的认识。

品形象，善抓描写。小说的核心表现力在于人物形象的描摹与刻画，学生阅读小说时，更要聚焦人物形象，在人物的外貌、神态、动作、语言、心理活动等形象描写处驻足，通过想象画面、换位体验、对比阅读等方式不断品味文本语言，就能让文字呈现的画面具体起来，体会小说语言之妙。这样的阅读，才能使学生从中获得更多的语文素养，收获丰富。

学习任务 2：分别找出几篇小说中关于主人公的描写，圈一圈关键词，说一说人物形象。在这样的学习过程中，学生发现了对主人公的刻画往往是贯穿全文的，主人公的行为往往是分散在各个情节之中的，只有建立起前后的关联，抓住关键词语层层深入地去叩问、对比、分析，才能读懂人物的性格特点，感受人物的形象。

析环境，善找关联。环境描写是小说描写中重要的一环，环境的描写与情节的发展是密切关联的。因此，在小说阅读中，教师要善于引导学生根据提供的小说文本，不断寻找关联点。通过找寻同一文本前后的相关词句，不同文本间的相

---

[1] 本案例由东阳市外国语小学许华丽老师提供，有删改。

关语段等关联点，不断分析环境描写，发现环境描写的语言表达形式，领悟其中所蕴含的巧妙心思和深远意味。

学习任务3：找出几篇文章的环境描写，并结合各自的情节和人物形象，说说自己的发现。在梳理和填写的过程中，学生生动地感知到小说的环境描写不是单一的、孤立的存在，它一定融合在情节的发展中，从而使学生清晰地认识到环境描写的作用。

学生在这样的整合性、探究性学习中，非常清晰地认识到，原来读小说最重要的就是读情节、人物形象和环境描写。只不过不同的要素有不同的读法，读情节可以用思维图式来串联，发现情节设置的精妙；读人物形象可以抓住描写人物的关键语句，进行思索，从而使许多点状的细节产生关联，树立起丰满的人物形象；读环境描写，则必须跟小说的情节发展、人物的形象（行为）关联起来思考，才能发现它的精妙。

2. 寻找教育中的"关联"，培养相关性思维

全息教育所指的相关性，一类是指知识之间的相关性，这些知识具有互相支撑的作用；另一类是指和结果性相对的相关性，小学教育要关注结果性，但更加应该关注相关性。小学生由于理性思维还未健全，行为和结果容易受到偶发性因素等影响，所以在教育中，只凭借结果性判断，往往不能得出真正的答案。在智育领域，这是小学生不用排名的理论基础，其他领域也是一样的。寻找教育中的关联因素，系统地分析和判断，才能真正发现教育的发力点。

【例3-2】《临死前的严监生》课例教学片段①

《临死前的严监生》刻画了一个吝啬鬼的形象，但是如果只关注文本，部分学生会认为这是一个非常节约的人。如何让学生能够深入文本，深刻理解人物？我们的教学思路是：寻找相关性材料，采用漫谈的方式组织教学，整堂课就问了以下几个问题：

1. 读完了课文，你了解了什么？
2. 你还想了解什么？你想得到哪些信息？
3. 你对严监生有更深的理解了吗？

相关性资料：

严监生生活万象

▲严监生，原名严大育，字致和，是个土财主。他家仆人无数，牛马成群，良田万亩，谷满粮仓。除此之外，他在县城里还有二十多间铺面，经营典当，每天收

---

① 本案例由东阳市外国语小学陈晓茹老师提供，有删改。

入至少也有几百两银子。严监生这"监生"的身份,是他用钱买来的。

　　▲"像我家还有几亩薄田,日逐夫妻四口在家里度日,猪肉也舍不得买一斤。每常小儿子要吃时,在熟切店内买四个钱的,哄他就是了。"……过了灯节后,就叫心口疼痛。初时撑着,每晚算账,直算到三更鼓。后来就渐渐饮食少进,骨瘦如柴,又舍不得银子吃人参。

　　▲有一次,赵氏说:"剩下来的银子,料想也不多,明年是科举年,就是送与两位舅爷做盘缠,也是该的。"严监生听着他说。桌子底下一个猫就趴在他腿上。严监生一脚踢开了,那猫吓得跑到房内去,跳上床头。只听得一声大响,床头上掉下一个东西来,把地板上的酒坛子都打碎了。

　　▲赵氏在家掌管家务,真个是……享福度日。不想皇天无眼,不佑善人。那小孩子出起天花来,发了一天热。……到七日上,把个白白胖胖的孩子跑掉了。……严贡生(严监生哥哥)回来,拉一把椅子坐下,将十几个管事的家人都叫了来,吩咐道:"我家二相公(严贡生的二儿子)明日过来承继了,是你们的新主人,须要小心伺候!赵新娘(赵氏)是没有儿女的,二相公只认得她是父妾,……腾出正屋来,好让二相公歇宿。……我们乡绅人家,这些大礼都是差错不得的。你们各人管的田房利息账目,都连夜清完,先送与我逐细看过,好交与二相公查点。比不得二老爹在日,小老婆当家,凭着你们这些奴才朦胧作弊!此后若有一点欺隐,我把你这些奴才,三十板一个,还要送到汤老爷衙门里,追工本饭米哩!"众人应诺下去。

　　对于严监生这一人物的理解,也许不同的人去读,会有不同的感受。于是,在感悟这个人物形象时,补充关于严监生的背景资料,放手让学生去阅读、对比,了解他的家庭背景,更深刻感悟严监生的吝啬。如此通过一步一步地引领,让个性鲜明的严监生吝啬的形象逐渐丰满起来、立体起来、鲜活起来。

　　从全息教育看来,文本总是按照全息的规律而产生的,它的上一级全息系统往往是多个全息系统共同作用的结果,是多个全息系统的"整体缩影",概莫能外。从"整体"理解"缩影"的过程可以说是一个侧重理性把握的过程。建构主义认为,教学不是知识的传递,而是知识的处理与交换。文本所承载的信息量具有一定局限性,不可能穷尽所有信息,这在一定程度上限定了学生理解的广度。这就需要进行有效填补和适度拓展,把同一类的信息文本与所教知识有效结合,组合成一个教学主题。然后,教师紧紧围绕主题,引领学生接触多个文本,进行大量的知识交融,达到精神交汇,促进富有个性的文本意义的创生及教学资源的全息开发,从创作主题入手,高屋建瓴地把握知识,获得生命的成长。

3. 寻找教育中的"模型"，培育结构性思维

全息教育的结构性主要表现为两种类型，一类是指同一学科内容之间的结构性，便于学生举一反三，比较系统地学习；另一类是指不同学科之间的结构性，更加类似于引起国内教育界广泛关注的芬兰"现象教学"。即事先确定一些主题，然后围绕这些主题，将相近的学科知识重新编排形成学科融合式的课程模块，在同一模块中囊括经济、历史、地理等各种跨学科的知识，将主题贯穿学习，以这样的课程模块为载体，实现跨学科教学。

【例3-3】"两位数乘两位数"单元教学研究案例[①]

【环节一】谈话引入，唤醒前测记忆

引入：昨天，老师让你们解决了队列表演的问题，还有印象吗？我们再一起来读一读题目：学校举行队列表演，每行14人，有12行，一共有多少人参加队列表演？咱们班小朋友都很厉害，有26人算出了正确答案168人，还有很多小朋友用了不同的方法来解决，想不想知道大家都是怎么做的？

【环节二】沟通联系，理解算理

1. 课件依次出示学生方法。

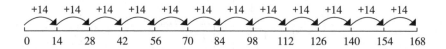

行数	一	二	三	四	五	六	七	八	九	十	十一	十二
人数	14	28	42	56	70	84	98	112	126	140	154	168

2个14

10个14

14+14+14+14+14+14+14+14+14+14+14+14=168

---

① 本案例由东阳市外国语小学蒋益飞老师提供，有删改。

$$12 \times 14 = 168$$

$$10 \quad 2$$

$$2 \times 14 = 28$$

$$10 \times 14 = 140$$

$$140 + 28 = 168 \qquad 14 \times 6 \times 2 = 168$$

$$\begin{array}{r} 14 \\ \times\ 12 \\ \hline 28 \\ +140 \\ \hline 168 \end{array}$$

师:你用了哪种方法?

2. 小组活动,寻找联系。

师:咱们用了这么多不同方法都算出了正确答案,这些方法有什么联系吗? 4人小组讨论一下,也可以在这些方法上圈一圈、画一画、连一连。

3. 通过交流反馈,发现这些方法有的是1个14、1个14地加,有的是先算出 2个14,再算出10个14,还有的是用6个14乘2来计算的。不管是哪一种方法, 它们其实都是在计算12个14是多少。

4. 规范竖式的书写格式。

师:我发现我们班有人也用了竖式的方法,但是他们却是写成这样的。你有 什么想说的?

$$\begin{array}{r} 1\ 4 \\ \times\ 12 \\ \hline 2\ 8 \\ 1\ 4 \\ \hline 1\ 6\ 8 \end{array} \qquad \begin{array}{r} 1\ 4 \\ \times\ 1\ 2 \\ \hline 1\ 6\ 8 \end{array}$$

小结:数学不仅要追求简洁,还要讲清楚。咱们跟着电脑再来写一写规范的 竖式。

【环节三】练习巩固,类推算法

1. 独立计算:23×21,32×13,132×13。

小结:在列竖式时要注意每次积的书写位置,用个位去乘,积的末尾就要写 在个位;用十位去乘,积的末尾就要写在十位。

2. 类推方法:132×13,它计算的道理和32×13是一样的,先算出3个132, 再算出10个132,最后合起来是13个132。

3. 回顾竖式学习过程。

师:像这样三位数乘两位数的题目可是四年级学的呢,你们真的很厉害,能 用老方法解决新问题。乘法竖式以前我们已经学过了。咱们一起来回忆一下, 这是上学期刚学的乘数是一位数的乘法(课件出示132×3的竖式),这是我们今 天学的(课件出示132×13的竖式),猜一猜如果继续往下学,可能会学什么?

小结：不管乘数是一位数、两位数，还是三位数，甚至是更多位数，都要用第二个乘数每一位上的数去乘第一个乘数的每一位，再把每次的积相加，不过要注意哦，哪一位去乘积的末尾就要写在哪一位。

【环节四】总结回顾

师：这节课咱们用各种方法一起解决了队列表演的问题，还学习了这样的乘法竖式。在这个过程中你有什么收获吗？

在这次活动中，我们从学生的立场对教材进行了整合，学会了关注学生，关注起点，研究所需，把零散的、相似的、有关联的数学知识整合在一起进行教学，帮助学生建立一个灵活自由的知识结构。

知识的部分相加并不等于整体，整体把握知识结构，明确各知识点、数学方法之间的内在联系，把知识点放在知识系统中，呈现出整体的、网络状的结构，有利于学生对知识的整体感知和有效构建。结构化教学，使学生的学习兴趣大大地提高了，孩子们的思维也在课堂上打开了。

4. 寻找教育中的"现场"，培养情景性思维

瑞典教育家爱伦·凯指出："环境对一个人的成长起着非常重要的作用，良好的环境是孩子形成正确思想和优秀人格的基础。"[①] 现代教育十分重视环境教育，环境对儿童发展的影响，一般而言是与年龄成反比的，年龄越小受环境的影响就越深刻。这是由儿童身心发展的特点、环境所具有的教育价值两方面决定的。小学生最重要的环境就是学校环境和家庭环境，这些教育的"现场"，具有重要的教育意义。

【例 3-4】智慧生态园的一次经营[②]

劳动也需策划，不能随意，除了动手，更要动脑；任何经营都是有学问的。我们要求每个班通过智慧、生态的手段，生产更多高品质的绿色农产品。产品既用于自己分享，也用于积累梦想基金献爱心。为了有足够的科创推动力，我们要求成本自筹，但短期内可以向学校借款，按银行利率付息。以此倒逼学生在种植管理中进行成本核算，对种植的品种、数量、成本进行充分的预算、规划，开展全面的经营。

学校的花草，每季都要更换。孩子们通过调查发现，更换一次需要 3000 株小苗，每次需要 6000 元左右，苗圃园基地的同学们经过调查发现，3000 株美国石竹的成本在 2000 元，利润空间巨大，不如自己育苗，可以省下很多钱。于是科学组的老师们带着孩子们购置花盆、种子、营养土，自己动手种了起来。一次播种

① [瑞典]爱伦·凯 . 儿童的世纪 [M]. 沈泽民译 . 商务印书馆 .1934：65.
② 本案例由东阳市外国语小学蒋仰林老师提供，有删改。

4200 粒,材料成本共 1350 元,加上水费 45 元,共计 1395 元。经过精心培育,长势喜人,至 5 月 10 日,经过清点,共存活石竹小苗 3978 棵,供应学校 3000 株,将多余的 978 株组织义卖。同学们按照成本价加上人工工资、水费等,结合花鸟市场的同类产品的价格调查,最终核定义卖价格为每株 2 元。5 月 17 日组织的义卖活动中共收到 1956 元,除去前期育苗成本 1395 元,既解决了学校的草花替换问题,还净挣 561 元,盈余全部汇入红领巾梦想基金会。五(2)班的卢怡婷笑着说道:"育苗虽然辛苦,但是我们收获了很多。只要精心做好前期市场调查,做好成本核算,提高产品的质量,盈利也是可以预计的。我淘到了第一桶'金',太棒了!"

　　校园的开心农场和苗圃园,让学生一边经历体力劳动,体会劳作的辛苦,一边通过收获、出售等经营活动来进行实践探究,体验完整的产业链,懂得生产之前必须做足市场调查,了解基本的产业经营模式:前期市场调查—成本核算,品种选择—整土育苗移栽—浇水拔草治虫—收获出售—盈亏核算。这种社会化的经营体验,培养了孩子们的统筹能力,培养了劳动艰辛需要节俭的意识,培养了责任与担当,更为孩子们未来创业经营打下坚实的基础。

第四节　全息教育的组织形式

　　教学组织形式是指为完成特定的教学任务,教师和学生按一定要求组合起来进行活动的结构。教学组织形式不是固定不变的,它与教育目标及教育理念有直接的关系,不同的教育理念往往选择不同的教学组织形式以实现教育目标。在教学史上,先后出现的影响较大的典型教学组织形式有个别教学制、班级授课制、分组教学制、道尔顿制和文纳特卡制等。其中,班级授课制可以比较快速、高效地传授知识,个别教学制则更加关注每一个孩子的差异和发展。

　　全息教育的组织形式也和全息教育的核心理念有关。全息教育注重关键信息的撬动作用,所以项目学习、主题学习、支架学习就成为常用的组织形式;全息教育注重场域的全息育人,因此现场教学、关注环境的育人意义就成为必然;全息教育认为人人可以为师,能者可以为师,小导师制就成为一种大家广泛采用的形式。

一、小导师制

　　18 世纪末至 19 世纪初,英国开展了贝尔 - 兰开斯特制,也称"导生制"。教师选年龄大些、成绩好些的学生为"导生"，先给他们讲授教材，再由他们转教其他学生，这种教学组织形式难以保证教学质量，所以它并未持续很久。

我国教育家陶行知先生，根据当时国内教育的实际情况，创立了"小先生制"。"小先生制"是采取小孩教小孩、小孩教大人的方法推广实施的一种教育组织形式。何谓"小先生"？有两层含义：陶行知先生说："小孩子最好的先生，不是我，也不是你，是小孩子队伍里最进步的小孩子！"[①] 陶行知先生又说："生是生活。先过那一种生活的便是那一种生活的先生，后过那一种生活的便是那一种生活的后生。学生便是学过生活的人，先生的职务是教人过生活。小孩子先过了这种生活，又肯教导前辈的人和同辈的人去过同样的生活，是一名名实相符的小先生了！"[②]

的确，人脑中的"镜像神经元"使我们追求与他人的一致性，小学生的学习、生活，都需要群体榜样的力量。因此，学校借助陶行知的"小先生制"，充分考虑学生的学习特点，充分利用学校的朋辈资源，提倡"小导师制"，建立同辈"镜像"。"小导师"可以是学习中的朗读小导师、说题小导师等，也可以是生活中五年级的"大手"。这些"小导师团队"的建立，把被动地学转换成主动地做。让学生站在校园最中央，在同伴中被需要，驱动内生力。

【例3-5】大手牵小手[③]

外小每年9月1日开学时，五年级学生（以下简称为"大手"）都与新生结对开展友谊帮扶互助行动。学校特意让一年级新生（以下简称为"小手"）晚一天到校，报到当日，五年级礼仪小分队的"大手"们便会主动迎上去热情地欢迎"小手"们。

当天下午，一、五年级全体学生齐聚梦想礼堂，参加"大小牵小手"启动仪式。校长提出真诚的希望和祝愿，五年级学生在队旗下庄严宣誓，从此他们有了一个新的身份——那就是"大手哥哥""大手姐姐"。此时，一旁的"小手"时不时会望向"大手"，仿佛在校有了依靠。宣誓完毕，"小手"朝向"大手"使劲鼓掌，再次点燃"大手"的责任感和使命感。随后，五年级的孩子按学号一一对应见到期盼了许久的"小手"，他们脸上的激动和兴奋难以言表。相互交流认识，耐心指导整理，领着"小手"参观校园。忙碌的开学第一天，唱响了"大手""小手"之间的友谊之歌。"大手牵小手"活动让小朋友们一下子就喜欢上学校，家长们对孩子在学校上学也更为放心。

① 陶行知. 陶行知全集（第二卷）[M]. 长沙：湖南教育出版社.1981：237.
② 陶行知. 陶行知全集（第二卷）[M]. 长沙：湖南教育出版社.1981：291.
③ 本案例由东阳市外国语小学余云仙老师提供，有删改。

晚上，"大手"拉着"小手"，走向寝室，开启了最具挑战的一月护娃之旅。刷牙洗脸有条不紊地教，然后开始每天 30 分钟阅读。一大一小并排坐着，依偎着，一个声情并茂地读，一个满脸享受地听，温情、爱意在寝室流淌，责任与担当在心中滋长。直到看着"小手"们甜甜入梦，"大手"才回到自己寝室洗漱入眠。

陪护一天其实不难，难的是这样的陪伴要坚持一个月。当这股新鲜劲儿消失的时候，"大手"会累，"小手"也会捣蛋，但谁也没有厌烦，因为有过宣誓，又有老师、同伴的引领，还有"优秀大手"评价活动的推进。正是因为有了这样的陪伴和呵护，"小手"们飞速成长，自立自强。

二、情境学习

情境学习是由美国加利福尼亚大学伯克利分校的让·莱夫教授和独立研究者爱丁纳·温格于 1990 年前后提出的一种学习方式。

情境学习理论认为，学习不仅仅是一个个体性的意义建构的心理过程，更是一个社会性的、实践性的、以差异资源为中介的参与过程。知识的意义连同学习者自身的意识与角色认同都是在学习者和学习情境的互动、学习者与学习者之间的互动过程中生成的，因此学习情境的创设就致力于将学习者的身份和角色意识、完整的生活经验，以及认知性任务重新回归到真实的、融合的状态，由此力图解决传统学校学习的去自我、去情境的顽疾。[1]

简单来说，情境学习是指在要学习的知识、技能的应用情境中进行学习的方式。也就是说，你要学习的东西将实际应用在什么情境中，那么你就应该在什么样的情境中学习这些东西。"在哪里用，就在哪里学。"莱夫和温格认为，学习不能被简单地视为把抽象的、去情境化的知识从一个人传递到另外一个人；学习是一个社会性的过程，知识在这个过程中是由大家共同建构的；这样的学习总是处于一个特定的情境中，渗透在特定的社会和自然环境中。

在国内也有类似的实践，如 1958 年开始，为贯彻教育与生产劳动相结合的方针，教师们在实践过程中较广泛地采用了现场教学。它能给学生提供丰富的直接经验，有助于理解和掌握理论知识；并通过实际操作，培养学生运用知识于实践的能力，同时为师生接近工农、接触社会主义建设的实际创造条件。

关注情境和现场，主要就是因为情境和现场具有全息性，能够为学习提供更加丰富的背景，从而促进更加真实的学习、有效的学习。同时，在复杂的情境中，一些在课

---

① 王文静. 基于情境认知与学习的教学模式研究 [D]. 上海：华东师范大学，2002.

堂学习中学生难以遇到的问题和体验也随之产生,这样的学习更加"立体化",为学生的成长提供了更加多的可能,也即混沌理论中称的"蝴蝶理论":亚马孙流域一只蝴蝶扇动翅膀,会掀起密西西比河流域的一场风暴。

STEM 是以基于问题来完成任务或者作品为目标的学生自主探究和动手制作的活动。以课程形态来看,STEM 就是基于学科课程的跨学科的活动课程和综合课程。可以说 STEM 课本身就是解决实际问题的一门课,具有很强的情境性。同时,小学生身心发展特征中特别喜欢"代入感"。如何将独立的学习任务串联成一个有机的整体情境,并能有效地引起学生的有意注意? 以《摩斯密码—生死营救》这一课为例,老师们经过不断的讨论,最终将整节课的情境设置在"生死营救"的大背景下。

【例 3-6】《摩斯密码—生死营救》课例(片段)[①]

(出示《红海行动》集锦)

师:看过之后有什么感受?

生表述。

师:今天我们也要像电影主人公们一样,进行一场"生死"营救。恐怖分子劫持了几名人质,关在山顶的古堡中,想要进入古堡,解救人质并安全撤离,可不是一件简单的事! 大家想不想挑战一下?

受电影吸引,学生更有兴趣去扮演这一现实生活中难以体验的角色。

师:我们的任务难度很大,要怎样才能完成营救呢? 请大家认真了解任务要求。救援任务包括三个环节:

1. 解码开锁:首先在能找到的材料中选择你认为合适的材料,"弹奏"出 1 3 5 3 1 的音高旋律,打开密室之门。

2. 装车滑行:制造一辆能依靠自身重力从斜坡下滑的小车,滑行至指定的地段。

3. 发号求救:小车将停在荒无人烟的地段,你们需要利用身边的材料尽快发出 SOS 的求救信号,请求总部支援。

师:注意我们只有15分钟完成准备工作。

这样学生就置身于一个紧迫的具有挑战性的情境任务之中。他们的活动和探究是为了"解救人质"。情境的引入与角色的扮演是为了将学生的无意注意成功地转换成有意注意,这样的设置增强了课堂的趣味性,也能有效提高学生的学习效率。

一个好的情境不单单是为了引入,它应该贯穿一整节课堂。在学生小组汇报时,

[①] 本案例由东阳市外国语小学陈承武老师提供,有删改。

其他小组不注意观察与倾听时,我们把请注意倾听的提示语也进行了修改:

我们的战友正在解救人质,请大家密切关注前方动态。另外,小组展示汇报时,告知其他组的任务:①仔细观察,每一关能否通过,三关是否一气呵成。②若他们没有通过,请思考,是什么原因?

学生从单纯的倾听者,变成了任务展示环节的参与者与评判者。"生死营救"的情境设置让学生处于主动学习状态,使课堂更加有序高效。

三、项目学习

项目学习(project-based learning,简称 PBL)是以学生为中心,通过教师引导,学生主动探索现实问题,获得更深刻的知识和技能的一种学习。

项目学习一般是由一个问题或难题引发活动,然后学生自主通过一系列学习和实践来回答问题或解决问题。项目学习一般是让学生基于跨学科的现实情境,解决实际问题,但相比于主题式学习,它又能从更广、更深、更结构化的层次对学生的综合能力进行培养和提升。项目式学习主要包括提出问题(项目选题)、规划方案(项目设计)、解决问题(项目执行)、评价反思(项目展示)4 个环节。项目学习不论是学习的内容还是学习的方式,都具有全息教育的一些特征。从内容上,结构化、跨学科是项目学习和全息教育的共同特征;从方式和学习主体上,项目学习整合各种学习方式,不同的学生互为主体,自主完成学习任务。

【例 3-7】智造小车 [①]

每年劳动收获的季节到了,学校里各种各样的农产品成熟了,怎样搬运这么多果实更省力呢?木作 DIY 社团的成员建议:我们一起做一辆手推车吧。于是,社团的学生就开始分组行动,首先设计图纸,再寻找合适的材料,然后锯割木板、打孔、钉合,有序进行程序化制作,历经辛苦最终完成 1.0 版的独轮手推车。但在试用独轮手推车过程中,大家发现了车轮行进时噪声较大、转弯不够灵活、车斗里面的东西容易滚落等诸多问题。针对设计缺陷,学生们又忙着查找资料,观察生活中的车,以及研究车轮滚动的原理。有的人发现滚动过程中,减少摩擦就会减小噪声;有的人发现转弯时的接触面积再大些,就能够增加平稳性。最后学生们重新动手,增加车轮宽度,再用自行车外胎包裹一层车轮,还加装了灯具,增设了网兜,终于解决了独轮手推车转弯不灵活、夜间使用不方便与物品易掉落的问题。

---

① 本案例由东阳市外国语小学张嘉琳老师提供,有删改。

这个案例项目具有真实性(解决真实问题,应用真实探究工具,成果产生真实影响,项目真实表达孩子的兴趣爱好),让孩子从开始的探究动力,到最后产生真实影响的成就感,形成正向反馈。过程中的推进符合孩子的最近发展区,提供脚手架,既有意让孩子突破但也不至于太难,使学生经历了一次十分有意义的项目学习。

四、支架学习

支架学习是指为学习者提供一种对知识的理解概念框架。这种框架中的概念是为了发展学习者对问题的进一步理解,为此,事先要把复杂的学习任务加以分解,以便于把学习者的理解逐步引向深入。

支架学习来源于苏联著名心理学家维果斯基的"最近发展区"理论。从维果斯基的思想出发,借用建筑行业中使用的"脚手架"作为上述概念框架的形象化比喻,其实质是利用概念框架作为学习过程中的脚手架。也就是说,该框架应按照学生智力的"最近发展区"来建立,通过这种脚手架的支撑作用(或曰"支架作用")不停顿地把学生的智力从一个水平提升到另一个新的更高水平,真正做到使教学走在发展的前面。

支架学习需要关注以下环节:搭脚手架——围绕当前学习主题,按"最近发展区"的要求建立概念框架(即全息教育强调的结构化认识学习内容);进入情境——将学生引入一定的问题情境(概念框架中的某个节点,即全息教育中的全息元或者关键支点);独立探索——让学生独立探索,探索过程中教师可以适时提示,帮助学生沿概念框架逐步攀升,起初的引导、帮助可以多一些,以后逐渐减少——愈来愈多地放手让学生自己探索;最后要争取做到无需教师引导,学生自己能在概念框架中继续攀升。

学习支架是教师在学生的现有水平与学生可能的发展水平之间,为学生提供可以调动学生的积极性和发挥其潜能的带有适度难度的内容作为帮助的支架,以达到或超越学生的最近发展区,然后通过此基础进行到下一个发展区。

通过支架把学习的任务转变为学生自主探索、思考、总结的过程,其中运用比较多的是借助学习单。通过学习任务单的设计和运用,真正把课堂变为学堂,以学定教,使学生在自我认知条件和目标之间建立支架,达到最近发展区,促进学生真实学习和深度学习。

【例 3-8】"四大民间故事"学习单 [①]

△反复比较情节图，想想四大民间故事有什么共同特点？

《牛郎织女》

牛郎织女相遇 —— 结为夫妻 —— 王母抓走织女 —— 两人反抗 —— 鹊桥相会

《白蛇传》

白娘子偶遇许仙 —— 结为夫妻 —— 法海百般阻挠 —— 白蛇被压塔下 —— 小青相救，全家团圆

《梁山伯与祝英台》

梁祝相遇结拜 —— 十八相送 —— 祝员外阻挠 —— 梁山伯离世 —— 祝英台哭坟 —— 化蝶相守

《孟姜女哭长城》

孟姜女救范喜良 —— 结为夫妻 —— 范被抓 —— 范死，孟哭长城 —— 孟抱遗骨投海

△共同特点(至少写出一个发现)：

△理由(至少找出三处，可以在情节图上用序号标注)：

△比较语文书中的《牛郎织女》和这本书中的《牛郎织女》，我们发现：

　　上述学习单通过"四大民间故事"的情节图，为学生的学习提供了支架，从而引导学生从关注故事的内容到故事的形式。学生很容易通过学习支架，发现"四大民间故事"在形式上的相似性：先是相遇，然后相爱，接着遇到阻碍，分离产生悲剧，最后实现美好愿望。歌德说过："内容人人看得见，含义只有有心人得之，而形式对于大多数人是一个秘密。"如果没有学习单提供的学习情节图作为支架，没有比较，没有发现，一般的学生很少会涉及故事的形式。

① 本案例由东阳市外国语小学钟康美老师提供，有删改。

第四章

价值引领：
全息教育的管理取向

第一节　外小文化:领导力的积淀

文化,是学校之魂,是学校发展的精神引擎。它不仅能让教师自觉地按照学校的要求去做事,把学校与个人的愿景和意愿统一起来,在学校发展壮大,提高综合竞争力的同时,更能让老师有一种强烈的归属感。要了解一所学校,就必须了解其深层次的文化品质,因为师资团队、教学模式、管理制度等都可以嫁接、引进,而唯有学校独特的文化个性,才使得一所学校独具生命力。美国著名管理学家彼得·德鲁克说:"管理不只是一门学问,还应是一种'文化',它有自己的价值观、信仰、工具和语言。"① 品牌学校的管理必须根植在相应的文化中,必须和学校特有的价值体系相吻合,品牌学校的文化精神是最为宝贵、历久弥坚的财富,它是支撑学校品牌的重要力量。

迈克尔·富兰说:"有成效的教育变革的核心并不是履行最新政策的能力,而是在教育发展过程中发生预期或非预期的千变万化中能够生存下去的能力。"② 如果要完成一场深刻的、更加持久的变革,最为重要的就是重塑学校文化。否则变革就会肤浅而不持久。外小 20 多年的办学史,其实是一部迭代变迁的学校文化史。

一、学校文化是领导力的积淀

东阳市外国语小学创办于 2002 年,是一所小班化、以寄宿制为主的优质学校。校园环境幽雅,风景如画,占地 120 余亩,绿化面积占 36%,校内有树、有溪、有桥,俨然一个生态公园。但是,75% 的学生住校,一千多名学生住满了两幢楼。校长、老师深感压力巨大。对于学生来说,教室、食堂、寝室,三点一线的生活实在枯燥乏味。时间一长,教师疲惫,学生厌学,寄宿一度成为外小的重大"包袱"。怎样才能找到这个"包袱"中蕴含的能量,将其转化为别的学校所没有的教育资源,是对学校管理团队的重大考验。吸引人、关注人、帮助人、培养人、改变人、提高人,当管理团队把目光聚集在全体师生的文化价值引领时,系统内部就会慢慢积淀属于外小的独特文化。

---

① 张丹枫. 彼得·德鲁克管理思想对学校管理的启示 [J]. 中国电力教育, 2012(09): 16-17.
② [加] 迈克尔·富兰. 变革的力量——透视教育改革 [M]. 加拿大多伦多国际学院译. 北京: 教育科学出版社, 2010: 13.

1. 走进学生的心灵：学生观是学校文化的基石

要留住孩子的心，就要走进孩子的心灵，读懂孩子的需求。孩子需要什么？皮亚杰说："所有智力方面的工作都要依赖于兴趣"。[①] 的确如此，孩子需要朋友与被爱，需要活动与游戏，需要探索与成功。所以，我们改变的关键在于拓宽关注视野的同时，聚焦学生内心的需求。要满足每一个孩子的内心需求，激发每一个孩子的潜能，促进每一个生命健康成长，学校教育就要为每一个孩子诞生精彩不断创造条件。

我们以学生需求为基点，全方位审视并改善了校园生活，给校园生活赋予更多的教育内涵，从科学健康的生活、丰富充盈的生活、智慧高雅的生活三个层面构建有意义的校园日常生活。我们想方设法创造并发现学生幸福的元素，使校园成为能润泽学生心灵的最美育人家园。

外小十大景观，处处蕴含丰厚的文化，彰显育人的价值。如"松下问泉"教会孩子们谦逊与感恩；"鉴溪望雅"让孩子们面对澄澈如镜的山泉，懂得鉴形，鉴行亦鉴心；"智慧生态园"让孩子们在课余种花育果，用劳动培育勤劳，用智慧创造美好。

2. 凝聚人心工程：积淀教师团队价值观

学校核心价值体系的确立应着力于教师层面，有什么样的队伍就能办什么样的学校。校长的管理思想和基本原则体现在管理团队、做事方式上，继而会影响师生的行为信仰，形成学校组织中人人认可的价值观和行为范式。外小的人心凝聚工程，则具体体现在校长的引领示范、贴心服务与坦露思考。

"有困难，找学校，学校就是你的家。"这是卢雁红校长的口头禅，无论是年轻老师评职称、评教坛新秀，或是办喜事，校长都不遗余力地给予帮助，帮他们培训、谋划、张罗。贴心服务，换来的是敬重与信赖。"坦露你的思考"是校长在学校规划、改造中的工作方式。学校的改造工作无论大小，都精打细算，不浪费，有品位，小心求证，大胆实施，并将思考向全体教师坦诚。如会议室的防盗门不温馨，换下来用到财务室；电脑房的地板用上了绝缘板，木地板就用回到教师办公室，一块都不浪费；围墙要改造，怎样才最经济，最符合外小的整体风格……

为了营造正气的舆论氛围，学校每周开设教师人文讲坛。老师们读书，然后谈自身对工作、人生的看法，校长则负责审稿、改稿。这个过程也成为校长与教师们深度沟通交流的过程。对于老师们来说，每次的人文讲坛都是一次精神大餐。讲坛内容涉及面广，不仅关注教师教学、研究学生课堂，还共话学校管理；既有理论探讨，也有操作实践。十几年来，讲坛的内容逐步丰厚，品质在不断地嬗变中得以提升。一次次

---

① ［瑞士］皮亚杰．教育科学与儿童心理学 [M]．傅统先译．北京：文化教育出版社，1982：25．

的讨论、分享、思考,凝聚了人心,形成了外小人独特的人文气质。(见表4-1)

表4-1　2022学年教师人文讲坛安排一览

类型	主题	主讲人	时间
读书分享	如何培养注意力?——《读懂学生》读书分享之注意力篇	马金亚	2月24日
成长地图开发与实践	让品格培育走向纵深	王真真	3月3日
	有变化 有传承 有创新	孔 瑜	3月10日
	外小学子坚韧品质培养	陈 云	3月17日
	思维发展(善思考)	杜美玲	3月24日
	心中有爱 怀里有梦	徐 剑	4月7日
读书分享	《读懂学生》读书分享	何婷婷	4月14日
	《阅读力》读书分享	曹旭阳	4月21日
	《好课多磨》读书分享	陈亚平	4月28日
项目式学评探索	以表现性评价推动整本书深度阅读	吕 欣	5月12日
	表现性评价在小学数学教学中的应用	何珊珊	5月19日
	表现性评价在小学英语戏剧课程中的运用	韦佳佳	5月26日
	项目赋能 学向未来——小学数学项目化学习的尝试与思考	王玲玲	6月2日
	"走进英语戏剧"项目化学习设计初探	程珊珊	6月9日
	素养视角下语文项目化学习的探索与思考	陈晓茹	6月16日
金点子分享	微信沟通架桥梁 爱心匠心聚人心	吕彩芳	9月8日
	让沟通架起一座美丽的桥梁	楼 瑾	9月8日
	忙而不乱的秘密	曹旭阳	9月15日
	123原则,唤醒学生自我意识	冯晓飞	9月15日
	我的小妙招	詹琼琼	9月15日
	班主任工作小妙招	余云仙	9月22日
	做一个温暖的老师	徐 剑	9月22日
读书分享	探寻数学深度教学,助力学生思维进阶	陈亚平	10月13日
	教育戏剧在小学英语教育教学中的应用	金剑东	10月20日
磨课分享	一路成长 一路芬芳 助力赛课的收获	王玲玲	11月17日
	一个小跟班的所得所思	吕上一	11月17日
	好课诞生记	杜美玲	11月17日
	2022省赛磨课历程	郭 春	11月17日
综合素质全息式评价探索	综合素质全息式评价探索之梦想秀场	卢 宽	11月3日
	岘峰书苑的评价探索	陈晓茹	11月17日
	运动场的评价探索	陈 丹	11月24日
	论辩场的评价探索	赵小玲	12月1日
	智慧生态园的评价架构	蒋仰林	12月8日

3. 顶层设计：形成学校核心价值观

外小创办之初，提出"做文明人，做现代人，做国际人"的校训，组织"三风"论坛，明确校风、学风和教风。2011年，学校历时半年，制定了《学校三年发展行动规划》，既尊重学校的历史，又诊断学校的现状，审视教育发展的趋势，考量学校未来发展的空间。同时，学校还组织"外小价值观大讨论"活动，提炼了外小教师核心价值观。2015年，外小承办浙江省校园文化建设推广会，进一步明确了学校的办学愿景、办学目标，形成了《学生核心素养发展记录册》和《教师评价手册》，构建了学生评价体系。2018年，学校提出"全息关怀、走进心灵、全面精彩"的育人理念和"育具有健全人格，有自主行动力，能和谐发展的现代公民"的育人目标，不断推进基于数据的学生核心素养评价。

把务虚的工作做实也折射出了外小教师文化建设的智慧。在轰轰烈烈的全市价值观大讨论活动中，外小不走过场、不搞形式，只要求全体老师用一句话表述自己的教育价值观，然后用一分钟的演讲诠释。最后请书法家协会会员来校开了一个笔会，挑选出30句教师的自创名言，将它们艺术性地上墙展示，建成了外小教师价值观长廊。"用平常心对待生活，用进取心对待工作。""一个人走，可以走得更快；一群人走，可以走得更远。""教师的存在应该让孩子的生活更美好！"这些朴素而深刻的话语来源于教师，影响着团队，对形成外小精神起到了不小的作用。

每次开会，校长都事先备课，做到三思而后言：

无私无畏，无欲则刚。

心不善者，无以为师。

你想让怎样的老师教你的孩子，你就得努力成为怎样的老师。

学生、教师与学校是利益共同体，学生发展才能促进学校发展，学校发展才能成就教师发展。

每个人不论在什么岗位，在人格上都是平等的，尊重是赢得尊重的前提。

学校应该远离庸俗，教师应该有尊严地生活。

……

这些话，在老师们心中都留下了痕迹，影响着他们的思想与行为。

于是，"服务、合作、敬业、感恩"成为宝贵的外小精神。全校教师在这个大家庭里，有着共同的理想，共同的追求，一起拼搏，一起奋斗，一起幸福！学校已经真正成了全体教职员工的家。在这个大家庭里，"全息关怀、全面精彩"的外小文化，全面激活了教育合力。

在学校文化建设顶层设计中，我们从不同的层面分别提炼了相应的文化，不断丰富学校的文化内涵，更重要的是让文化建设一直贯穿学校教育教学活动的全过程。

二、外小标识：学校文化的外显路径

优秀的校园文化是随着时间的推移、时代的进步而不断更新迭代的概念，时代在发展，社会在变迁，任何学校都必须不断调整自己的发展目标，更新自己的价值观念与行为方式，才能获得不断的发展。2011年至今，学校进入高速发展期。学校校园文化建设的内涵和特色根植于自身的土壤，经过十余年的沉淀和总结经验，已形成了与学校发展息息相关的教师团队文化、学生团队文化、家长团队文化、管理团队文化和校长领导力文化。

1.“一训三风”凝练学校办学方向

校训：做文明人　做现代人　做国际人

校风：严谨开放　合作进取

教风：立己立人　厚积薄发

学风：善思乐行　享受学习

严谨的工作作风，浓郁的学术氛围，开放的合作态势，打造了一支有竞争力的智慧型教师队伍。教师团结协作，共同提高，是校本研修的灵魂；同伴互助，专业切磋，是校本研修的标志。从学校管理的角度，就要在重视教师独立工作的同时，更重视教师相互依赖的发展，发挥全体老师的团队力量。

教师把提高自身修养与培育学生做人作为首要目标，先“立己”而后“立人”，追求丰厚而简约的教学境界。“厚积薄发”含三层意思：一重在丰厚人文底蕴，对于教师来说这是提高执教能力的根本，对于学生来说，有利于综合素养的全面提升；二追求丰厚而简约的教学境界，当然，这种“简约”是去粗取精、去伪存真后的返璞归真，是“厚积”后对学科教学规律的准确把握，是积淀丰满后的水到渠成，是涵养丰富后的挥洒自如；三“厚积薄发”是师生朴实、扎实、厚实的精神风范的归纳。

《论语》中言“学而不思则罔，思而不学则殆”，是讲在学习中要做到学思结合。爱思考、会思考是学生十分重要的学习能力。“善思”要求学生勤奋学习并善于思考，要有“钻”劲和“韧”劲，要勤学好问，在学习和探索中获得知识，增长智慧。“业精于勤荒于嬉，行成于思毁于随。”勤学善思，才能学有所成。乐行有两层含义，其一是勤于实践，知行合一。学生对于所学知识不仅能够牢固掌握，而且能够灵活运用，做到知行合一，学以致用。其二是能够乐观、和谐地做事。从这个意义上讲，乐行有利于建立和谐融洽的人际关系。学生“乐行”，也就学会了如何做事。享受学习，是将学习过程和结果紧密结合起来，使学习者更直接地感受到当前学习的满足和愉快。让每个学生都有发展，让每个学生都体验成功，这是一种理念。学习是一个苦乐交织的过程，因为学习是一个探究和发现的过程，需要克服困难，刻苦努力。也正是在这个过程中，我们不断地发现自身的潜能，获得一种不断超越自己的快乐。

"善思乐行,享受学习"的学风对学生人格的完善和发展具有重要的意义。它激励着学生逐渐养成勤奋好学、善于思考、勇于实践、知行合一的良好学习习惯,并促进学生逐步学会学习,学会做人,学会做事,成为全面发展的新时代学子。

【例4-1】如何让学生"善思"? [①]

让学生善思,我认为首先教师要创设轻松的氛围,允许学生"胡说八道""胡思乱想",创新的萌芽,往往就藏在这些"怪念头"里。有一件事给我留下很深刻的记忆。我记得那是三年级吧。有一天,学连乘应用题,我出示例题让同学们试做。

运动会上,张老师给同学们买了2箱矿泉水,共花了多少钱?

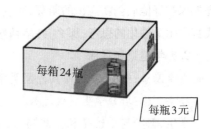

每箱24瓶

每瓶3元

第一个同学说,先算出买1箱矿泉水要花多少钱,24×3=72元;再算出买2箱矿泉水一共要花多少钱,72×2=144元。

很好,同学们都没有异议。

第二个同学说,24×2=48瓶,48×3=144元。24×2=48算的是2箱一共有几瓶矿泉水,再用48瓶去乘每瓶的价钱就能算出一共花了多少钱。

这种算法也没有问题。

教材上就是这两种方法,我看大家理解得不错,就想转入下一个环节,这时,小楷来了第三种方法。2×3=6元,6×24=144元。

这下麻烦来了,有一个学生站起来提问:"2×3=6元是什么意思呢? 2是2箱,3是每瓶3元,难道2箱只要6元? 我觉得这是没道理的!"其他学生像是受了他的启发,都连声附和。

小楷急了:"不是的! 我是先算2瓶矿泉水要6元,再算6×24=144元的!"

为了防止学生根据已知的得数凑算式,我非常注重说清每步算式的意义。果然,又有一个学生向他提问:"那你为何要先算2瓶的钱呢? 2瓶的钱再乘24又表示什么呢?"

小楷解释不了,但他不服气,就是坚持自己方法是对的。双方僵持不下,我灵机一动,拿来两盒粉笔,让小楷演给大家看。这一演,真相大白,他从每个粉笔

---

① 本案例由东阳外国语小学张凌云老师提供,有删改。

盒里各拿了一支粉笔,合在一起:"这两支粉笔代替 2 瓶矿泉水。2 瓶矿泉水就要 6 元,2×3=6 元;再拿一次,2 瓶矿泉水又要 6 元,这样一共可以拿 24 次,所以要花的钱是 6×24=144 元。"

多么有创意的方法呀!一个小小的动作让我们恍然大悟!

每个人的生活体验是各不相同的,成人的思维和儿童思维也各有自己的特点。作为老师应该了解,孩子眼里的数学与成人眼里的数学是不一样的。因此,学生可能会有很多"怪想法",这些想法可能不是纯数学的东西,但是体现了孩子们可贵的思维,如果老师能够欣赏孩子们的这些想法,不但能挖掘出这种"怪想法"背后的智慧,还能保护好他们创新意识的萌芽,实现可持续发展。如果,教师用自以为是的理解去代替学生个性化的思考,那么,许多精彩的创造就会被扼杀在萌芽中。

2. 办学愿景和目标

办学愿景:浙中名校,省内外同类学校的标杆

办学目标:培育学生　成就教师　发展学校

学生、教师与学校是利益共同体,学生发展才能促进学校发展,学校发展才能成就教师发展。全息视角下的学校办学,遵循教育的发展规律,尊重人的发展规律,始终以全息化的管理做好顶层设计,建立科学有效的管理制度和运行机制,创设平台,培育文化,浸润团队。全息管理,让育人无处不在;全息课程,为发展搭建平台;全息课堂,促孩子生成精彩;全息评价,助学生个个成才。

校长和教师都是心理学教育学的专家,以浸润式德育为首,通过丰富学生的校园生活,全息关怀的育人理念,识别学生的需要,尊重学生的天性,引导学生更新学习方式,促进学生素质全面均衡发展。从教师的师德建设与提升专业能力入手,尊重、搭台、激励,全面提升学校教师专业水平,成就每一位教师,全力打造了柔软而又富有力量的强大团队。

3. 育人理念:独具特色的全息实践

全息关怀　走进心灵　全面精彩

"全息关怀"是我们对教育本质的思考。我们认为教育的本质在育人,育人必须全方位、全时空关注人的生存状态,关怀其身心健康、学业发展、精神成长等。"走进心灵"是育人的核心途径。育人先育心,教师要走进孩子的心灵,充分考虑孩子的需求,尊重生命成长的规律,发现每一个生命的独特之处,让每一颗心灵自由成长。"全面精彩"是培养目标,外小希望每一个生命全面发展、个性张扬、独特而精彩。(见表4-2)

表4-2　全息育人理念在近五年活动标识语中的呈现

年份	活动标识语
2015年1月	培育精彩文化，圆美丽教育梦；弘扬法治精神，立文明现代人
2015年7月	深化课程改革，人人能出彩；坚持文化育人，个个可成才
2016年8月	深化课程改革　提高教学品质　人人出彩 落实立德树人　发展核心素养　个个成才
2017年2月	坚持立德树人　弘扬核心价值　培育健全人格 深化课程改革　发展核心素养　培养现代公民 校门口横幅：走进学生心灵　打造智慧家园
2018年3月	横幅：走进儿童世界，培育幸福儿童 竖幅：开放办学　牢记使命　铸一流名校 　　　全息教育　不忘初心　育精英学生
2018年8月	竖幅：开放办学　牢记使命　铸一流名校 　　　全息教育　不忘初心　育精英学生
2019年2月	横幅：办走进孩子心灵的教育 竖幅：开放办学　铸一流名校 　　　全息教育　育精英学生

4. 外小誓词：教师核心价值观

我是光荣的外小教师，我们肩负着东阳教育的重托。我每时每刻都在传承文明的薪火，一言一行都应成为学生的楷模。我推崇在服务中体现价值，我崇尚在合作中积聚智慧，我信奉在敬业中创造卓越，我乐于在感恩中收获幸福。我们坚信：潜心教育事业，必能推动学校发展；我们坚信：走进儿童世界，必能培育幸福儿童。

【例4-2】协作备课欢乐多 [①]

接受这么艰巨的任务，我们一点也不敢怠慢。这不，吃完中饭，姐妹们就急急忙忙赶回办公室，今天年级内要进行集体备课。

"今天大家有什么说什么，把你的金点子毫无保留地奉献出来。好好想想这堂课中，我们该怎样体现趣味性？如何与学生沟通对话？"杨群组长首先发言了。

话匣子一打开，大家纷纷议论起来。

金华教坛新秀王宇燕接过话茬："我看还是得从我们教师自己的角度出发，肯定是我们在上课的时候存在一些问题，比如说对孩子们太严肃了，没融入他们的情境中去，语言可能还不够儿童化，这些问题都会让学生不喜欢上课，对学习没有兴趣。"王老师总是"不鸣则已，一鸣惊人"。

---

① 本案例由东阳外国语小学马笑莲老师提供，有删改。

　　一语激起千层浪。

　　"我觉得首先要让学生觉得上课是在和老师交流对话,教师的语言非常重要。因此,我们要先想想谁来上这节课。"教导主任吴江云老师提醒了我们。选谁上示范课呢? 课堂上活泼开朗,地地道道的大朋友王宇燕无疑是我们一致推荐的对象。

　　"我觉得我们还要选一篇与孩子生活比较贴切,学生比较喜欢的课文,这样和学生的对话沟通会更方便,更自然。"

　　"我认为《菜园里》比较好,里面的蔬菜都是学生常见的,并且如果我们把课堂创设成菜园,这样会比较生动,再说,学生一定跟家人去菜场买过菜,这样沟通不就水到渠成了吗?"

　　对,对,对! 课文选定《菜园里》,上课时间定在下周。

　　暖暖的阳光洒在办公室里,洒在每个人的脸上,讨论继续进行,我们的谈论声、笑声充盈着办公室。这里,心与心在交流;这里,思维和思维在碰撞——商讨整堂课的环节设计、方法运用等等。的确,教无定法,但教学中却有细节、有真诚,有一颗爱学生的心。两节课的时间就在集体备课中悄然度过了,看着仍然在激烈讨论着的"战友"们,我觉得很荣幸,能和这样的他们共事;很庆幸,我能身处外小这个大家庭,我们外小真的是一支战斗力很强的团队。

　　当然,我们学校还围绕"协作备课"开展了其他丰富多彩的活动,例如名师挂牌课、师徒结对课、平行同质课、合作教研课等等,促使教师人人参与进来,在互补共生中合作成长。

三、公众评价:媒体中的外小形象

　　学校形象一般有三个维度:一个是行政系统中的形象,一般是指教育局等政府机关中的形象,基层学校中则表现为评优评先,如每个学校大厅或者门口显眼处,大都有一墙的各类获奖铭牌,就是告诉大家学校的办学得到政府肯定,是值得信赖的学校;一个是学术界的形象,小学主要涉及教研室、教科院所、学术学会等,如学会会员数量,在各类教学技能大赛中获奖,发表各类论文,出版著作等;还有一个是指学校在公众中的形象,金杯银杯不如老百姓的口碑,这类形象原来一般通过口耳相传,现在更多借助公众传媒和自媒体进行传播。

　　学校形象就是对学校的框架性勾勒,它是在学校现实形态和未来趋势的结合点上对办学宗旨所做的高度概括,它界定学校在何种范围内进行规划、实施办学活动,希望呈现给公众怎样一个形象。

　　一般人对学校的了解,由于时间限制以及对信息的依赖,往往不是建立在自身对学校的亲身体验上，而是依托媒体的综合判断。因此，我们在了解一个学校的形象时，从媒体这个角度出发，也不失为一个方法。下面我们就选择了一些有代表性的媒体对外小的报道。

1.《激发孩子梦想力》[①]

这里是梦想的舞台，有谁比你更精彩。

没有华丽的舞美，没有绚丽的灯光，没有时尚的音响，甚至每次演出都是"幕天席地"。5年来，浙江省东阳市外国语小学在一方简陋的舞台上，打造出大气的全息教育品牌——梦想舞台天天演。

开发潜能，人人参与展才艺

每天中午，随着熟悉的旋律响起，图书馆前的"梦想舞台"就成了校园热点。你方唱罢我登场，30分钟时间，各班展示的节目让人惊叹连连。

"午间怎么过？休息、学习、嬉戏，未尝不可。但能不能有一种形式，可以兼顾上述功能，让午间30分钟成为独特的教育资源？"2013年，经过深思熟虑，该校校长、浙江省特级教师卢雁红提出了"梦想舞台天天演"的设想。老师的反应是"太疯狂"。

没想到，这一顶层设计让孩子们的才艺大暴发。出海报、写主持词、编排节目、寻找音乐，全由孩子们做主，这极大地激发了他们的表现热情。除了审核学期活动计划、上台前的把关、期末的"捡漏"——那几个漏着没上过台的，由特长生帮助排个集体节目，照样体验一把登台的紧张与快乐，老师绝不过多干预。这一舞台真正属于孩子，它践行的，其实是学校全息教育理念中的"全面精彩"。

在这方舞台上，几乎每个孩子都有过"一秒钟变怂"的经历，忘记台词、做错动作等糗事层出不穷。但是，每个孩子都不可思议地恋上了这方舞台。正如六（3）班马乾凯所说："这是一种独我的挑战。能上台，说明我不弱；能参加，证实我有能力。"才艺的展示，让孩子们绽放出自信高雅的风采。

开拓课堂，小小舞台大智慧

秀才艺、练胆量，梦想舞台的能量是否就局限于这些？

"梦想舞台就是一个特殊的课堂，应该成为学校课程建设的试验田。"在外小人看来，才艺展示仅是表象，最终要借助梦想舞台，助力培养学生"有健全人格、有自主行动力、会和谐发展"的核心素养，让梦想舞台成为价值引领的德育基地。

每一年，学校都会有感恩日、诚信周、读书节等系列文化活动，孩子们就会在梦想舞台上用各种形式演绎相应的主题。自编的《诚信三字经》，用《红领巾飘起来》重

---

① 吴旭华. 激发孩子梦想力——浙江省东阳市外国语小学有个"梦想舞台"[N]. 中国教育报，2016-06-07.

新填词的《诚信之歌》,把诚信周演绎得刻骨铭心;感恩日演唱的《烛光里的妈妈》,朗诵的《感谢》浸润每个孩子的心田。

智慧在梦想舞台的倒逼与激发下滋长,更在表演的协作与磨合中提升。一同学上台朗诵,中途忘词尴尬极了。这时,台下小观众们纷纷鼓掌,台上的同学回过神来,顺利地完成了朗诵。"那一刻,同学们的掌声给予了我最真诚的鼓励,我一辈子也忘不了,我以后也要像他们一样多给予他人掌声。"这种人生的智慧,正是在拓展课堂上最珍贵的收获。

开放办学,多元评价促精彩

"他,动作迟钝,不管什么事,反应都慢半拍。最严重的是口齿不清,经常让人听不懂。……但是,他开始唱了。一句句的歌词不再结巴,吐字是那么清晰,手势是那么灵动。同学们的眼神中满是吃惊,他与平时判若两人。看来,只要认真努力,梦想舞台便不再是只有梦想,丑小鸭也能变成白天鹅。"六(8)班的卢婉倩清晰地描述了梦想舞台激发出她的同学"梦想力"的这一幕。

"在外小,没有差生,只有差异。"一语道出梦想舞台的终极目的——让每个人绽放光彩。成绩不是全部,多元发展才是目标,梦想舞台成了学校多元评价的平台。为了激励孩子多元发展,学校规定孩子上台演出后能获200个以上点赞的,就可认为已有一技之长。

每次演出,许多家长都会赶到学校,只为捕捉孩子们精彩绽放的时刻。在这种"无声胜有声"的开放展示中,学校悄然完成了家校互动,成功地在家长们心中植入了全息教育的理念,以及让孩子成为"文明人、现代人、国际人"的培养目标。学生李沅桦的家长有一次听到几位初中校长在议论,说他们普遍觉得外小毕业的孩子,"行为和思维的活跃程度优于一般学校的学生",为此她由衷感叹学校搭建的平台太优异了。

梦想舞台培养了现代人的大爱气质,体现了外小开放办学的姿态。它是一面镜子,折射出东阳市外国语小学课改的每一步,更折射出学校激发孩子梦想力的探索。

2.《勾勒"全息育人"的美丽图景》[①]

这里的学生,每天中午有专属自己的剧场,吹拉弹唱,吟诗作对,一个不落,都要登台展示。

这里的学生,只要凑齐6幅画,就可以申请个人画展,优秀作品还会被学校珍藏。

这里的学生,亲手制作学校的模型,让前来参观的人们不禁赞叹,偌大的校园沙盘模型竟是出自学生之手。

---

① 蒋亦平,汪瑞林,胡园珍. 勾勒"全息育人"的美丽图景——浙江省东阳市外国语小学的课改探索 [N]. 中国教育报,2021-03-12.

......

这不是大城市里的重点名校,而是在浙江东阳依山而建的一所县级小学。在"中国院士之乡"东阳,办学近二十载的东阳市外国语小学,正在勾勒一幅"全息育人"的美丽图景。

全息德育育"英"才

培育英才,德育为先。这是浙江省功勋教师、东阳市外国语小学校长卢雁红教育观的"基石"。

"在东阳做了几十年教育,读书好的学生见过不少。但真正能走得远的,能为社会创造价值的,还是那些有家国情怀和高尚品质的学生。"卢雁红感叹道。

卢雁红担任东阳市外国语小学校长后,就对学校发展有清晰的判断:学校应充分开发和利用"寄宿"资源,校园既是学生的学习场,也是他们的生活场;教师既是课堂的"引领者",也是生活的"大伙伴"。基于这样的思考,卢雁红大胆提出"全息德育"的理念,迈出了全息育人的第一步。

所谓全息德育,就是将学校教育与学生生活进行无缝对接,融合"家""校"的两重标准,填补德育的"空白点",夯实德育的"基本点",培植德育的"生长点",为学生的幸福人生奠基。

为了模拟家庭生活,卢雁红策划了"大手牵小手"活动。新学年开学第一天早晨,五年级的学生会在校门口迎接一年级新生,带着小朋友找到教室和寝室。下午举行"大手牵小手"启动仪式,五年级学生在队旗下宣誓:传承外小的文明,关心、爱护、帮助弟弟妹妹。晚上,"大手"拉着"小手"走向寝室,刷牙、洗脸、洗脚,睡前还会陪伴"小手"阅读半个小时,直到"小手"进入梦乡……正如一位新生家长所说,孩子入学第一天就喜欢上了这个大家庭。这种幸福感,是走读的学生无法体会的。

等到新生适应了学校生活,学校将开展一系列的德育实践活动——宣讲学校文化,入队见证成长,远足结伴同行……

浸润在真实场景中,"家庭"生活不再是一片空白,学生的友爱、责任、诚信、感恩等多项品质自然养成。几年后,"小手"又会成长为"大手",爱的传递生生不息。

"大手牵小手"至今已坚持了10年,学校把这项活动作为德育课程来设计,已将其编入校本教材《全息德育》(共12册)。该教材涉及德育的四大版块:礼仪培训中明理、生存教育中长智、乐观养育中怡情、价值引领中增慧。考虑到学生的现实需求和心理特质,学校在编排时非常注重真实生活的体验,每一课例由"话题引出、理论剖析、操作引领、践行拓展"四部分组成。

卢雁红说,全息德育几年实践下来,她的最大体会就是小学德育要通俗易懂、避免说教、精于实践。《全息德育》梳理的许多德育的"基本点",比如"生活常规""快乐宝典""就餐礼仪"等课程项目,都是采用学生朗朗上口的语言,教师在课堂内外通过示范、讲解、帮扶等方法,内化学生之心,外化学生之行。"学生走出校门,就是外小最美的行走符号,他们言行优雅,心中有他人,证明了我们的德育是成功的。"

除了"空白点"和"基本点",东阳市外国语小学也在探索德育的新生长点。在午间半小时,学校专门开辟一个"哲思吧",学生可以自行选择话题,从正反两方面阐述个人观点,教师不干预,只观察,从中了解孩子的心理和思维走向。

"学生的思辨能力超乎我们想象,他们自己找材料,关注国家大事,联系世界形势,在思辨中根植正确的价值观,每次活动都传递着思政课的力量。"副校长马笑莲说。

全息课程育"全"才

在教学上,东阳市外国语小学构建了全息课程体系,目的在于培养学生的健全人格、自主行动能力,促进学生身心和谐发展。每门基础课程除了使用国家教材外,还有一套自主开发的校本教材,如《全息语文》《生长数学》《生活英语》《创意美术》《健美体育》等。

"让课堂成为一篇精美的散文",是《全息语文》的形象描述。全息语文的三部曲是:"读厚—教薄—延伸"。教学设计前教师会充分进入文本,然后在众多教学资源中,将一篇长文章精简成一两个最具挑战性的学习主题。

比如《草船借箭》一课。课前,任课教师仔细阅读文本,学习王荣生教授的专著《小说教学教什么》,还参考了曹文轩的《小说门》,研读了《三国演义》的相关章节。然后,依据教学点设计了两个学习活动:画借箭示意图,悟诸葛亮下的几个"令"妙在何处;补对话提示语,悟留白提示语的内涵。简简单单的学习活动,激活了学生的思维和学习兴趣。课后,教师又顺势让孩子们读整本《三国演义》,试着给诸葛亮写人物传记。

这种教学在视野上开放、大气,在实施上简约、本色,是国家课程校本化实施的一条有效路径,学校称之为"元课程"。

往前更进一步,学校又打造了基于"元课程"的拓展性课程,开发了"全息阅读""思维拓展""全息德育"等课程。这些课程以元课程为纲,有序辐射,既联结生活,又拓宽视野,有大纲、有教材、有评价,因此称为"辐射课程"。例如脱胎于"全息语文"的"全息阅读",融入语文课堂,进入了学校课表。该课程有一套12册的阅读辅助教材《小学语文全息阅读》,与统编语文教材完全配套,每单元按照厚积薄发、博学广闻、书海冲浪和超级链接四个版块编排,在最后附录部分推荐本学期必读书目,构建了一个相对完善的课外阅读体系,该课程被评为全国新教育实验卓越课程。《小学语文全息阅读》已在浙江全省推广,累计辐射学生近30万名。

同时，为使"全息阅读"课程落地生根，学校营造了浓郁的书香氛围。每个班级设置图书角，校园各处都设了开放书吧。学校图书馆还引进了智慧云图书管理系统，教师可根据学生阅读数据开出个性化阅读书单，帮助学生广泛阅读、有品质地阅读。同时学校还开发了阅读特色课程群，如小莫言社团、绘本创作工作坊、百灵鸟诵读社团、科普探究苑、七彩童话剧团等，让阅读活动也能个性化发展。如今，东阳外小已建成50多个社团，周二晚上、周四下午同时开放，为每个孩子的特长发展提供了充分的选择空间。

打通学科间的知识、能力链接，开展适合小学生的STEAM学习活动，也是全息课程的重要考量。东阳外小有一个"智慧生态园"，是融数学、科学、美术、语文等多个学科内容的科创劳动实践基地。比如，学生会收集植物生长数据，以及学校气象站基础气象数据，上传到学校自行开发的"智造未来研究院"平台，为持续开展研究提供依据。学生进行种植干预实验，有的覆膜，有的任其自然生长，有的用有机肥，有的用化肥，然后进行对比研究。学生还在教师的指导下，收集雨水用于灌溉、收集果皮作为堆肥，将绿色环保理念进行到底。种植季学生向学校申请"借款"，按银行利率付息，在种植管理中进行成本核算，收获的农产品除分享外还向社会义卖，在此过程中，节俭的意识得以培植。

全息评价育"真"才

全息德育、全息课程，为东阳市外国语小学在"五育并举"上找到了突破口，但光有好的教育教学架构还不够，如果评价仍停留在"考试本位"，就抓不住关乎学生未来发展的关键基因。

在东阳市外国语小学的教育教学改革中，评价改革始终相随相伴。卢雁红有一个明确的观点：评价融入学习生活，操作过程越简单越好。

评价有载体——《我的核心素养发展记录册》，记录册以全息德育、全息课程为依据，梳理出每个学段学生的关键能力，不计入学科考试成绩。比如，一年级注重生活习惯、学习专注度，三年级培养阅读习惯、乐观品质，到了六年级则关注演讲朗诵能力和体艺特长。每种能力都有具体的评价要点，通过自评、互评、家长评，总计得出A、B、C、D四个等第，作为学生期末的核心素养评价结果。

评价有流程——平日特色"争章"、期中关键点过关、期末全面评估。其中，最具特色的是期中关键点过关，它取代了通常的期中考试、期中竞赛，以学生"核心素养表现"是否过关为准绳。考评的方式也是五花八门，有场景观察、实战模拟、量表测试等。"核心素养在本质上是应对和解决复杂的、不确定的现实生活情境的综合性品质。"副校长王宇燕说。

期中评价的要点和方法，最后都被收入学校自编的《学生核心素养评价教师手册》,为期中评价的常态化提供了简便易行的依据。

卢雁红告诉记者,早些年,学校就搭建了一个数据化的评价平台。学生的日常、期中、期末评价数据都会进入数据库,按照一定的占比,最终生成每个学生"五育发展"雷达图,从德智体美劳五个方面精准诊断每一个学生的个人优势、上升空间、学习攻略,进而开出个性化成长处方,指导学生全面发展。

历经"全息育人"的多年实践,东阳市外国语小学探索出了一条"五育并举"的有效路径。近年来,学校共有三项科研成果获浙江省一等奖,该校《小学生核心素养评价实践》成为浙江省评价改革的典范,舞蹈、管乐等艺术节目每年都在浙江省艺术节上获一等奖。

3.《东阳市外国语小学:全息德育滋养精神育全人》[①]

一群大孩子牵着一年级新生的小手,报到、领课本、参观校园和宿舍,忙得不亦乐乎。夜晚,一年级的新生寝室更是温馨:"大手"们手把手地教自己的"小手"洗脸、刷牙、洗脚,然后声情并茂地给"小手"读书、讲故事,直到临近熄灯,"大手""小手"才依依不舍地道晚安。让人揪心的"小手"们想家啼哭的现象消失了,一个"大手"兴奋地说:"我那'小手'亲了我两口。"开学第一天,这样大手牵小手,双双行走在校园的小伙伴成了东阳外小一道特殊的"风景"。校长卢雁红说:"国外让孩子体验母亲的辛苦用的是模拟的'护蛋活动',我们干脆来一个外小版的'护娃行动',让大孩子带小弟弟小妹妹,每晚的睡前呵护要坚持半个月,足够考验孩子们的爱心和毅力了!""让孩子一进校门就感受到家的温暖,有助于缓解孩子的入学焦虑,尽快融入校园生活。"副校长马笑莲则说。让五年级大孩子牵手一年级新生的活动是外小多年来坚持的传统,有了这种生活和学习的"小导师制",一方面新生很快就适应了寄宿生活,另一方面五年级大孩子的责任、示范意识大大加强。这种融入生活的德育活动,自2010年举办以来,颇受孩子及家长的欢迎。

囿于单向传授的弊端,过去,学校德育往往陷入苍白无力、无效重复的困境。东阳外小通过近五年全息德育的探索,通过开放情境的创设,在活动、生活中进行真实的体验,开展润物无声式的引领,来提高学生的道德修养,形成良好的价值判断。"我们希望通过全息德育模式的构建,帮助学校形成一个滋养学生精神的'场',为培育全面发展的'全人'奠基。"校长卢雁红告诉记者,学校根据寄宿制学生的实际需求,整合各种德育资源,以校园生活重构和课程建设为突破口,为学生搭建起"无中生有、无不成体;无时不有,无处不在;无物不寓,无人不育"的全息德育平台。

---

① 张莺. 东阳市外国语小学:全息德育滋养精神育全人 [N]. 浙江教育报, 2015-09-07.

校园生活浸润 "内化于心"

聚焦儿童需求，重构校园生活。让学校生活逼近家庭生活，且高于家庭生活，在学生生活中赋予更多的教育内涵，东阳外小一直在尝试和创新。在他们看来，全息德育是一种以关怀养育关怀的教育。校长卢雁红最愿意与人分享这样的故事：校门口有一大块空地，有水有树有草，何不把它变成校园里的"动物园"，让孩子们在饲养小动物的同时，培养他们的责任心和同情心？于是，学校在那里养了四只大白鹅和一群小鹦鹉。学校还郑重其事地为孩子们举行了一个领养仪式，让大白鹅戴上大红花登上主席台，由三年级的孩子们领养，小鹦鹉由二年级的小朋友领养。孩子们轮流值日，就在与小动物朝夕相处的过程中，孩子懂得了爱与责任。

除了"动物园"，学校又相继开辟出多个学生种植活动基地，在通往餐厅的路边，一大片草坪现如今已成了四年级学生的开心农场。平日，他们在这里劳动，做实验；一到收获季节，孩子们采摘分享，食堂还会专门为他们开小灶，过个收获节。放假了，有教师提议假期里农场就请花木工托管，校长说，不行啊，对于孩子来说，最大的教育价值就在于假期。于是外小暑假就多了道奇特的景观，每天都会有学生和家人一起回校精心看护菜地，浇水、施肥、除草、捉虫，收工后到门卫室做好轮值日记。

为了把孩子的心留在校园，学校还"毁"了校门口的一片绿地，把体能乐园也搬了进来。乐园底下的防护层不是塑胶，却是一个大大的沙坑。"现在城里的孩子太缺少亲近大自然的机会了，有一个够大的沙坑能让孩子们尽情嬉戏有多好！但当时也有老师反对，说用沙坑，满校园都是沙子怎么办？"学校坚持，他们相信德育的力量！乐园建成了，学校也精心制定了《游玩须知》，要求所有的小朋友进体能乐园必须脱鞋子，既按摩脚底，又不会带出沙子。"教育是解放孩子心灵的，全息德育就是在处处给孩子们带来心灵自由的同时，又时时传递着规则意识和文明人的素养！"卢雁红告诉记者。

德育课程引路 "外化于行"

常吃方便面，倒退三步；拉肚子，住院三天，停三次……这个由孩子们自己发明的食品安全飞行棋出现在东阳外小的德育课堂中，很是吸引眼球。用游戏的形式来引领孩子的行为，这样的创意来自学校教师在开发德育课程过程中的灵光一现。语文教师、班主任杜亚琴告诉记者，在推行全息德育的过程中，相关校本课程的开发与建设一直相伴而行，什么样的德育课程才是学生喜闻乐见，并且深入人心的呢？教师们的第一反应就是与各种儿童游戏的结合，将一些不常见的、无法体验的生活情境，比如火海逃生、野外生存、家中遇险等场景，借助互联网技术，开发成各种互动游戏。基于这样的想法，学校开始着手分年级开发以小学生存教育体验为主要内容的德育游戏，形式也日益丰富起来，有桌面生存游戏、有习惯和安全飞行棋、有网络小游戏，还有弹子跳棋等。学生参与的学习热情更让教师吃惊,如今,大部分德育游戏都是学生自主发明的,其中由卢思颖、厉嘉铭自己设计的桌面生存游戏,已经申请了教育玩具和实景棋的专利。

德育要外化于行需要科学的课程体系引路。除了将游戏融入德育课堂中,学校还组织开发了六册校本教材《全息德育》,以培养学生健康的生活态度和生活习惯,培养良好的德行修养和心理品质,提高生存技能和生活情趣为目标,内容的架构共有四个版块:礼仪培训中明理,生存教育中长智,乐观养育中怡情,价值引领中增慧。记者发现,《全息德育》是一门强调活动性、生活化的课程,编排时非常重视真实生活的体验和综合实践的设计,每一课例都由"话题引出、理论剖析、操作引领、践行拓展"四部分组成。《全息德育》也被纳入学校的日课表,每周一节,定期落实,且由班主任执教,确保教学的针对性。

利用假期开展德育主题实践活动,也是东阳外小德育课程的一部分。自2005年以来,每年的寒暑假已经成为学生精神成长的"必修课"时间:从责任教育到红色之旅,从传统美德体验到如今的社会主义核心价值观教育。诚信是什么?怎么践行诚信?缺乏与生活的关联和体验,这样的问题,对于年龄尚幼的小学生来说似乎有点难。暑假归来,东阳市外国语小学的孩子们却围绕着"诚信"展开了热烈的讨论,同时还展示了他们利用一个暑假时间搜集得来的诚信故事、诚信行为。孩子们有的写了诚信日记,有的设计了诚信公益海报,还有的开展了诚信小调查并完成了报告。特殊的开学第一课,不仅帮助学生深入理解诚信内涵,更将诚信的"种子"扎根在孩子的心里。

与课程相配套,学校构建了全息德育评价机制。在全面梳理本校学生德育要求的基础上,设置了7枚大章33枚小章,按照"一条常规一小章,系列小章换大章,累积大章赢称号"的操作方式,整个争章活动以"阳光小子""甜心女孩"为最高荣誉,构建了一个完善的过程评价体系。学生争章目标明确,路径清晰,取得了很好的效果。《全息德育》的相关成果获得2014年浙江省基础教育研究成果一等奖。

4.《东阳市外国语小学:探索指向学生核心素养的评价》[①]

近期,东阳市外国语小学利用大数据,开发了一个数字化评价平台。在这个翔实记录了学生发展性评价数据的平台上,每个学生在不同阶段的发展情况以及具体学科的学习情况都能通过图表的形式得以呈现。

"期中,教师们能根据每个学生综合素养发展的关键点所呈现的色块颜色,快速

---

① 张莺. 东阳市外国语小学:探索指向核心素养的评价 [N]. 浙江教育报,2020-06-15.

掌握班内学生的整体发展情况。到了期末,由大数据生成的'五育雷达图'成为全学科评估的重要依据。"校长卢雁红告诉记者,大数据使得学校教育教学从群体走向了个体,让跟踪评估每一个学生成为可能。

早在 2013 年,东阳市外国语小学就开始探索小学生核心素养发展综合评价。在卢雁红看来,不同于传统教育思维中的"唯智主义",该校的评价体系更聚焦于学生身心健康、富有教养、审美情趣、家国情怀、学会学习、科学精神、劳动创新、人文底蕴、国际视野等核心素养。为了将这九大素养进行校本化评估,教师团队根据不同年段学生的评价内容,设计出了记录每个学生成长的《学生核心素养发展记录册》。

近些年,基于核心素养,该校教师还逐步梳理出了学生综合发展的成长关键点:"五个习惯"分别指向生活作息、书写习惯、同伴交往、体育运动、日常阅读;"六大能力"包含书写能力、生存能力、阅读能力、写作能力、演讲能力、体艺能力;"三种品格"则是指学习品质、乐观品格及正确的价值观。结合学生成长的特点,这些关键要素被各有侧重地落实到 6 个年级之中,而日常争章、期中过关及期末考评 3 种方式则贯穿了每一个学期。

"争章活动,注重的是学生平时习惯的养成;期中过关,关注的是评价的落实情况;期末考评,鉴定的是学生的全面发展情况。"卢雁红说。其中,"一条常规一小章,系列小章换大章,累积大章赢称号"的争章模式在培养学生良好习惯的过程中发挥了重要作用,譬如学生每天坚持就餐光盘即可获得"节俭章",每天真心夸赞他人一次就能拥有"夸奖章",每晚认真阅读半小时以上且持续两周即可得一枚"悦读章"等。当这些小章积累到一定的量,学生们就能得到"爱国小传人""学习小能手""阅读小明星""体艺小达人""劳动小能手"等大章,而这些恰恰在于引导学生实现德智体美劳全面发展。

为了给教师们提供具体可行的评价手段,该校开发了《学生核心素养评价教师手册》,以此指导教师通过独具特色的方式来完成期中测评。例如,三年级的"乐观品格"测试由量表测试和同伴评估的方式完成,学生们在"跟着感觉走"游戏中完成自我测试,再通过"送出你的最佳人气奖"完成互评;四年级的"生存能力"考核则包含了知识测评和实战模拟,学生们不仅需要完成知识问卷,还得在真实的演练情境中逃生;五年级的"独立价值判断"评估在情景化问答中完成,教师在与学生聊天的过程中完成学生价值观的评估。

渐渐地,教师们在实践中形成了"评价不是目的与结果,而是改进教育教学的一种手段"的共识。为了让评价成为激励学生成长的内在动力,他们绞尽脑汁设计既贴近学生经验,又能整合多种素养的、情景化的真实任务,以此评估学生的学业成就。"未来,核心素养最终要体现在解决复杂的、不确定性的现实问题上,因而对它的评价也应更多地还原学生真实生活。"卢雁红说。

5.《教师专业成长的小"秘密"》①

"终于把抽象的结构化思维讲清楚了。"数学教师蒋益飞走下讲台,大大地松了口气。她是东阳市外国语小学有着 10 年教龄的青年骨干教师。该校日前开启 2020 年度"整合·思辨"学术周,作为学术周的"重磅"——教师人文讲坛也正式开讲,蒋益飞用短短 10 分钟的时间,将结构化思维与生活数学联系起来,深入浅出的讲解赢得了众人点赞。

说起这人文讲坛,在东阳外小可有些年头了。从 2003 年开始,这个讲坛每周一次,一办就是 18 年。比较特别的是,讲坛很少请外面的"专家",大部分时间都是让学校教师登台亮相,内容也由教师们自己选择,可以是身边的教育故事、自己研究的教育小课题或者自己开发的特色课程分享,等等。18 年来,全校 117 位任课教师,一个不落全部上过讲坛。

每学期初,学校会做一整个学期论坛的规划,并落实主讲教师和选题。别看台上短短 10 分钟,台下其实花费了不少工夫。蒋益飞说,当初选择了关于结构化思维的主题,正是因为这是她自己在研究的"小学数学教学如何运用结构化思维"的一个课题,一开始的演讲文本里有大量专业学术术语。文本提交给校长卢雁红后,两人进行了多次交流,几易其稿。经过她和校长以及年级组的同伴们充分打磨,历时 3 个月终于完成了如今这个通俗版的讲稿。

和蒋益飞一样,因为有了人人都要参与的人文讲坛,教师们从"想明白"到"说明白",不断地和同伴一起主动汲取各种知识,潜心研究课堂和学生,寻找身边的教育课题。慢慢地,学者型教师就在这样的文化中滋养和成长起来了。

这些年,每一位教师的人文讲稿,卢雁红都细品品读、认真修改。在她看来,修改教师讲稿、和教师打磨提炼的过程本身就是一次很好的交流机会,"我的管理理念,我对教育、对课堂的理解,就是通过这样一次次无声的交流,慢慢地浸润和改变"。

多年持续下来,人文讲坛还逐渐成为一个集聚教师智慧,调动教师内生动力的平台。《外小教学质量标准》《外小学生核心素养评价方案》……一项项规章制度的制定和落地,全部源于人文讲坛上教师们分享的思想和实践。这些来自一线的集体智慧,贴近东阳外小的实际,接地气,针对性也强。"事情虽小,但方向对了,就一直坚持做下去,让这个小讲坛成为全校教师凝心聚力的载体,为打造一支高素质的教师队伍打下良好的基础。"东阳市教育局党委书记、局长顾在响评价说,这个讲坛还有个很

---

① 张莺. 教师专业成长的小"秘密"——东阳外小坚持 18 年做精人文讲坛 [N]. 浙江教育报,
2020-12-16.

好的作用是,教师的主人翁意识和校园幸福指数同步提升了,这是他最愿意看到的一种校园生态。

第二节 学校运行机制中的价值文化

一、常规机制:外小工作细则 60 条

为了更好地融洽师生关系,激励学生学习的积极性,学校归纳梳理出"教师形象、教师沟通、班级管理、教学常规"4 大类共 60 个教师应当做好的细节,这些细节涵盖了教师日常教学管理的方方面面。其中,与"教师形象"相关的有 17 条;"教师沟通"方面 18 条;"班级管理"内容有 15 条;"教学常规"有 10 条。从而使团队更加专业,更加敬业。这 60 条外小教师应当做好的细则,实际上就是对学校、荣誉、责任的具体诠释,是每位教师的教学行动指南,体现的是理念、管理、方法、思维和格局。

教师应当做好的 60 条工作细则

为了更好地将"教书育人、服务学生、促进发展"落到实处,更好地融洽师生关系,激励学生学习的积极性,特归纳梳理出"教师形象、教师沟通、班级管理、教学常规"4 大类 60 条教师应当做好的细则,使外小团队更加专业,更加敬业。具体内容如下:

一、教师形象(17 条)

1. 主动微笑着问早问好,给学生树立榜样。

2. 教师间的交流要轻声,要尽量避开学生,不当着学生的面对孩子、家长或同事评头论足,不讨论私事。

3. 不在学生面前抱怨,向学生传递正能量。

4. 工作期间,做到着装整洁、大方,佩戴外小的校徽,体现教师的美感与气质。

5. 女教师不化浓妆,不涂颜色艳丽的指甲油,发型和颜色要端庄大方。男教师发不过耳,勤刮胡子。

6. 不在教室吃早餐。

7. 无特殊原因,教师不坐着给学生上课。

8. 学生出操集会时,老师之间不交头接耳。

9. 及时整理自己的桌面,保持自己的工作台和抽屉干净整洁。

10. 在学生面前,不跷二郎腿。

11. 做到校园里"看到垃圾不捡,是我的错"。

12. 女教师穿高跟鞋走路,不发出比较大的声响。

13. 课堂上,会议时,不接听电话,除教学用之外,不碰手机,专心上课,专注倾听。

14. 爱护学生的书本、作业本,轻拿轻放,不乱丢。

15. 教师离开教室或休息室,做到一关一查。

16. 学校征求意见时,积极参与并提出合理化建议;学校活动时,积极参加志愿者行动。

17. 学校公共财物有损坏,或有安全隐患,及时上报,及时整改。

二、教师沟通(18条)

18. 在学生面前,教师之间称呼要尊称如"某某老师",不直呼名字或昵称。

19. 教师之间及时补位,班主任要在课堂上多表扬及感谢任教教师对班级的付出与关爱,各科教师在课堂上相互欣赏,树立每位教师在班级中的威信。

20. 教师间相互尊重,有不同意见,当面沟通,有分歧或观点争论要回避学生,维护教师形象。

21. 与学生交流时,请对方坐下,保持双方眼神位置可以平视为宜,面带微笑,语言平和。不干其他无关的事情,如看电脑、用手机等。

22. 指导学生站立排队时,不大声吼,不拽着衣服走。

23. 对学生进行教育时,多用鼓励性的语句,不用带有威胁、歧视性的话语。

24. 表扬时,要想方设法让更多的人听到;批评时,最好只有"你"和被批评的学生两人知道。

25. 学生犯错时,先要多方了解,做到心中有数。调解时,耐心听取学生的意见。让学生充分表达他的想法,不随意打断。批评时就事论事,不翻旧账。

26. 看到学生书桌掉落的物品,及时捡起整理,给学生无声的教育。

27. 和家长的沟通,方法要多样,要热情、亲切、专注、平等。沟通中要多一些表扬,少一些批评;先表扬再指出问题及建设性的对策。

28. 需要家长参与班级活动时,要减少分配性指令,多调动家长积极性。

29. 发给家长的短信做到谨言慎行,字斟句酌,无错别字,无歧义。增加个别化的语言沟通,尽量不群发短信。

30. 有特殊情况留学生补课或各项训练,需提前与家长做好沟通。非紧急事情,不让家长在上班期间给孩子送书、本子等学习用品。

31. 与家长交往要节制有度,不接受学生家长的宴请、礼品和礼金,不要求学生家长为自己或亲友办私事,不向学生、家长索要或变相索要财物。

32. 从家校沟通中获取的家长、学生信息，要为家长和学生保守秘密，保护隐私。

33. 向家长告知孩子的一些学习或行为的问题时，要给予一些方法的指导，体现教师的专业性。

34. 如果学生未按时到校，第一时间和家长取得联系，了解原因；学生因病未能上学期间，及时关心。

35. 新接手的教师不可评论原班级教师的是非，维护原班级教师的形象。

三、班级管理（10条）

36. 走进教室，给学生一个温暖的微笑，以平和的心态对待学生。

37. 每学期和每位学生至少有一次单独谈心。

38. 教室不设特殊学生座位，对学生一视同仁。

39. 对刚入学的孩子，要耐心教会学生扫地、洗抹布、锁门、关窗、整理书包、整理抽屉等力所能及的劳动技能。

40. 教育并落实《外小就餐礼仪》：饭前先洗手，餐中不喧哗，嚼饭不张嘴，喝汤不出声，吃饭不挑食，放盘轻又轻，常怀感恩心，节俭又文明。

41. 落实《外小生活常规》：每天早晚洗漱，每天喝水三杯，每天定时"大号"，每天坚持运动，每天看看天气预报。

42. 多关注性格内向、不主动参与的孩子，积极为他们创造展示的机会。落实《外小快乐宝典》：每天夸人一回，每天助人一次，每天分享一事，调控自己情绪，睡前回味乐事。

43. 在颁章、颁奖时，注重仪式感，无论奖级高低，都要让获奖学生感受到荣誉和尊重。

44. 经常关注孩子阅读的书籍，引导有品质地阅读。

45. 组织学生定时、定点、有序、有效地进行运动，长期坚持，以期达到运动改造大脑的效果。

四、教学常规（15条）

46. 提前5分钟到上课教室，延迟5分钟离开教室。

47. 观察班级里每个同学的情绪，发现情况及时沟通处理。

48. 到达教室后，检查学习环境和材料的准备情况。比如场地有没有安全隐患、课桌椅的摆放是否符合教学要求、教室多媒体等要使用的设备是否已连接好。

49. 课件的背景颜色要柔和一些，课件的字号要确保最后一排学生能看得清楚，用完后及时关闭。

50. 给每个学生发言的机会，留足学生静静思考的时间和十分钟的练习时间。

51. 每一次板书，书写认真端正，给学生良好的示范。

52. 请学生发言时,用手掌邀请,不用手指点;当学生发言时,教师面带微笑,注视学生,学生发言完,教师要说"请坐"。

53. 个别辅导时,教师要俯身或下蹲,声音要轻柔,以免影响其他同学。

54. 教师讲课和辅导时的行走路线不能只停留在一条线上,要能照顾到更多的学生。

55. 关注学生的写字、站立、听课姿势以及回答问题的礼仪。

56. 课堂中采用面批时,不要让学生排长队等候。

57. 下课不拖堂,微笑道别,注重礼节示范。

58. 课后提醒孩子做好课前准备、上洗手间或喝水、做星空眼操等事宜。

59. 按各学科的规范批改作业,及时反馈,在校课课过关,人人过关,不落下一个学生,不搞有偿家教。

60. 综合学科的作业要及时反馈和评价,要及时收集作品和活动素材。

【例4-3】日常工作中践行外小工作细则的体会 [①]

60条工作细则并没有什么"高精尖"的内容,大部分都是我们老师应当以身作则的,以培养孩子的责任心和好习惯。在今后的教学道路上,这些细则会让我们每位老师清晰地知道"好老师"应该做哪些事情,怎么去做,采取合适有效的教育方法,让我们一起努力践行之。

践行工作细则之后,我们老师的变化主要体现在:

【更在乎教师形象】教师形象17条,当时讨论的时候还引起过我们的热议。这些外在和内在的要求都让老师们变得更加自律,更加注重自身形象。都说外小教师变得更美了,这种美我想不仅仅是外在的,而且一定是由内而外散发出来阳光和自信的气质。

【更注重教学细节】关于教学细节的规定(班级管理和教学常规的)共有25条,可见其分量。细则要求我们在工作中务必留意每一处细节,要从一点一滴做起,并用心一一做好。每个细节,每个操作流程,都要规范细致,不能有丝毫的马虎。必须做到扎实工作,用心服务,以学生的满意为首要目标。

【更具有爱心和责任心】60条工作细则,为我们每位外小教师提出了具体而又细致的行动方向。细则中第一条就是"主动微笑着问早问好,给学生树立榜样"。这就充分体现了我们老师以身作则、为人师表的重要性。还有我们刚刚在做的学生个性成长评估,也充分体现了外小老师的责任和对学生满满的爱。

---

① 本案例由东阳市外国语小学厉宏强老师提供,有删改。

教师的"身教"会比"言传"更有力度。润物细无声，我们要用行动落实好细则的每一项细节，用笑容赢得孩子们的喜欢，用方法赢得孩子们的信任，用负责赢得孩子们的尊重；要在无形中成为孩子最好的榜样，在点滴中提升教育的品质。

二、特色机制：寄宿制学校的生活教育

家园文化的基本追求是亲情、温馨、快乐，因此我们首先应让学校生活尽可能逼近家庭生活，且高于家庭生活，并让其发挥应有的教育功能。

为了把孩子的心留住，学校还"毁"了校门口的一片绿地，把五彩缤纷的体能乐园搬进了校园，建成了孩子们又一个小天堂。建设初期，我们为底下防护层用沙坑还是铺塑胶一直举棋不定。塑胶更简单，沙坑够麻烦，但更温暖——现在的孩子太缺少亲近大自然的机会了，如果有一个够大的沙坑能让孩子们尽情嬉戏该有多好！只是许多老师都说："用沙坑，满校园都是沙子怎么办？"我们还是相信教育的力量！乐园建成了，我们精心制定了《游玩须知》，规定所有的小朋友进体能乐园必须脱鞋子，既按摩脚底，又不会带出沙子。结果，雪白的石英砂确实没有被小朋友满校园洒落，几年下来依然好好地躺在沙坑里，每天快乐地拥抱着外小的孩子们。教育就是解放孩子的心灵，我们外小的教育在处处给孩子们带来心灵自由的同时，又时时传递着规则的意识！

孩子们的活动丰富了，是不是还得让学校更有家的元素、家的温馨呢？比如晚自修后回寝室，对孩子而言就应该是回家。想到孩子们每晚睡前最享受的事就是看书，于是几经折腾，学校给每个房间装上了先进的防眩光护眼灯，还安上了一个小广播。如今每天晚自习归来，孩子们洗漱干净，再也不用老师急急地催促着熄灯入睡，而是悠闲地坐进被窝，开启空调，捧起自己心爱的书美美地享受阅读的愉悦。半小时后灯熄了，伴着柔美的音乐，每个房间墙上的小音箱里又传来了迷人的童话、扣人心弦的评书；再过二十分钟后，孩子们享受完了这些精神大餐，心满意足地进入了梦乡。就是因为这样点点滴滴的培育，这么多年来，阅读文化已经融入每一个外小孩子的心灵深处，成为外小的骄傲。

【例4-4】生活常规中的价值内涵 [①]

作为学校，为孩子安排的生活仅有温馨是远远不够的，寄宿制学校有责任为孩子设计更科学的生活，更富有教育内涵的生活。一次无意间我听老师说一、二

---

① 本案例由东阳市外国语小学卢雁红老师提供，有删改。

年级的小朋友总是只顾玩，忘了喝水，所以扁桃体发炎、便秘的现象多。我茅塞顿开，马上动手拟了一个《外小孩子生活常规》："每天早晚洗漱，每天喝水三杯，每天定时'大号'，每天坚持运动，每天看看天气预报。"从此，饮水机上也就多了那么一点点"文化"："今天你喝水了吗？"渐渐地，孩子们扁桃体发炎少了，便秘现象也消失了，孩子们的身体更加健康了。这五句常规已成为孩子约定俗成的生活方式，孩子们明白了：来外小不光是学知识的，也是学生活的，孝敬父母的最好方式就是让自己健康地生活。学校老师也逐渐达成了共识：我们外小因为始终坚持课堂教学改革，坚持轻负高质的教学之路，学业成绩已经处于高位了。分数仅仅是发展学生智力、能力的拐棍，一定不是全部。作为教师真正的使命是如何让孩子学会生活、学会学习、学会共处、学会改变，这四个"学会"才是现代人应该具备的核心素养，学校应该多做这些能惠及孩子一生的事，这才叫"为有厚度的人生奠基"。

三、精神家园：地域文化的传承和有机更新

一方水土养育一方人，地域文化是学校文化的"底色"，为学校生长提供了适宜的土壤和有机的养料，融合地域文化是学校文化建设的现实之路和有效之举。每个孩子的人生底色往往来自自己的家乡，从学校教育的角度看，地域文化也是学校文化的一个重要组成部分，是学校文化的源头之一。学生需要有自己的精神家园，家乡是学生最重要的精神家园。

东阳教育扎根于有千年历史的古越文明，浸润于当今开放大气的海派文化中，形成了聪明智慧、勤教苦读、尊师重道等具有东阳特质的教育人文精神。这些教育人文精神不是什么明确的规定或规范，但却是"无状之状，无象之象"，正是这些精神造就了东阳教育的辉煌。古时林林总总的书院、各门各派的名儒，现今如郭广昌、潘建伟等等优秀的东阳学子，以及备受称道的"东阳模式""办人民满意教育""智慧课堂，快乐校园，特色学校"等办学追求，无不证明东阳教育始终走在全省乃至全国的前列，"教育之乡"当之无愧。

外小有一个两层楼的图书馆，那里因为有书，有温馨自在的阅读区，还有丰富多彩的与阅读有关的社团活动，所以，那里是学生们很向往的地方，一有空就会往那里跑。这个图书馆背靠一座东岘峰——东岘峰是东阳的文脉所在笔架山的延伸，山上至今还矗立着古老的岘峰书院古迹。山上的清泉引入校园，然后蜿蜒至雅溪，而"雅溪"也是东阳文脉的一个标志性意象。可以说，东阳文化的最典型意象都在外小汇聚。那我们学校是否该承接？让不长的学校历史变得不再单薄？更重要的，学校本应该担当起传承优秀文化的使命，让学生成为有根的人。于是，我们上山实地考察，四处

寻访东阳文人，再三研究东阳文化，最终将图书馆更名为"岘峰书苑"。"笔架山下始行千里路，雅溪水边开阅万卷书"高悬门框，文脉承续的意识深入每一位家长学生的心中。

从 2017 年开始，每学期少先队大队部都组织一次集中收集废纸板的行动。每一个孩子都会利用假期，搜集报纸、废纸板，捆扎、称斤两都是自己动手。平时，孩子们也将在"智慧生态园"里种植的绿色蔬菜、水果进行义卖，用勤劳和诚信为少先队积累"梦想基金"。孩子们用筹集的基金购置书吧，捐给山区的学校，圆"百个岘峰书吧"的大梦想。

书苑的"表"有了，"里"怎么进一步丰厚？我们又在门口立了一篇《岘峰书苑记》，同时在书苑内开辟了一个"三乡文化园"。因为东阳历史悠久，是著名的教育之乡、工艺美术之乡、建筑之乡，"三乡"文化源远流长，博大精深，我们学校有责任将优秀的传统文化传承并发扬光大，一个有着家国情怀的人才是有根的人。于是学校开展了"找寻家训印记 传承优秀文化"的综合实践活动。孩子们历时一个月，探老家、走村落、看名门、找物件、访老人。一帧帧珍贵的照片、一件件有意味的物件、一个个感人的故事、一份份有创意的研究报告呈现在我们面前。这些物件、报告成为三乡文化园的重要组成部分，孩子们成了学校文化的创建者。三乡文化园也成为外小学子"做有根的人"的教育基地，每年的读书节，各个班都要在这里开展一个传承优秀文化的宣誓仪式：

我的家在三乡大地，
这里兴学重教，
从小，
我就知道什么叫勤耕苦读、善思乐学；
这里有竹编木雕，
精工善艺的大师们，
一代又一代传承着千年绝技；
这里还有卢宅肃雍，
一座建筑就是一方史话天地。

我是三乡大地的孩子，
三乡文化是祖先留下的深深印记。
我是三乡大地的孩子，
我要把三乡文明带向未来新世纪。

我们希望这样的声音能在外小学子的耳边回响一辈子。

每年的毕业典礼上,每一个外小毕业生还要深情地朗诵《岘峰书苑记》,让"一坛霉干菜,一袭土布衫,论道半壁山房,修为十年寒窗,勤俭立身,本实取信,吃苦耐劳,勇闯八方"的东阳精神代代相传,让"名校学子,尤需承前启后;家乡厚望,寄托外小少年。开卷常有益,永怀家国情,赤子须争先!"的谆谆告诫时时在外小学子耳边回响。"永怀家国情"的种子就这样在孩子们心底萌发。

第三节　师生校园日常中的价值弥散

一、学生站在最中央:师生校园交往中的价值选择

"在服务中体现价值,在合作中积聚智慧,在敬业中创造卓越,在感恩中收获幸福"是学校教师工作的核心价值观。教师工作从对象主体来看主要涉及三个维度:一是同事,二是家长,三是学生。因此,教师工作的核心价值观也是面对这三部分对象的,其中最重要的自然是和学生的交往。

师生交往是指师生在校园生活中交流信息、沟通情感等的过程。学校一切教育教学活动都是通过师生之间的相互交流、相互作用来实现,良好的师生交往,可以促进师生健康心理的发展。师生交往在学校内部的人际交往中居中心地位,一个学校的文化和价值观,也往往可以透过师生交往这一视角发现。

1. 课堂教学:师生交往的主要载体

孩子们觉得学校就是温暖的家。正是因为在这样的环境之下,孩子的学习是快乐的,孩子的思维是活跃的。特别是在课堂上,外小孩子的表现尤其令人称赞。

【例4-5】《长方体的认识》[①]

在教学《长方体的认识》时,我设计了"正向体验——造长方体""逆向体验——破长方体""整体体验——包装长方体"连续活动,从"做"数学进阶到"创"数学。其中有个环节令人记忆犹新。

———————

[①] 本课例由东阳市外国语小学许美娜老师提供,有删改。

活动二：逆向体验——破长方体。

"造"长方体是正向强化长方体的各要素及其关系，"破"长方体则是从反向加深这种理解。双管齐下，更能刺激学生的学习兴趣。

师：刚才我们是动手造长方体，接下来我们要破坏长方体。请你们静静地想一想：至少要留下几条棱、几个面才能还原？破坏得越多，留下得越少，水平越高！

学生静静地思考。

生1：我留下4条棱，能还原回去。

生2：我留下3条就可以了。

师：和他一样的请举手！请你把准备留下的3条棱去电脑上描出来。

生3：老师，我想的是面，我只要留下3个面就一定能还原回去！

师：为什么？

生3：因为3个面里一定有一组长、宽、高。

师：还有更少的吗？

生4：我留下2个面。

师：2个面真的可以吗？请大家也想象一下，看看有多少人支持他！（师拿出一个长方体）来，请你来破坏一下！

通过观察，发现2个面就可以确定长、宽、高了。

精彩的片段中可以看出学生的思维被彻底激活了，在想象、推理、分析、判断的过程中，不仅内化了长方体各要素及其关系，更是于无形中培养了学生的空间观念。原本冰冷冷的一个长方体，竟在造与破的过程中变得古灵精怪起来，孩子们将永远记得如此与众不同的图形。因为他们的学习，除了多感官参与，还扩展到了情感与思维。这就是我们外小的课堂文化，孩子们感想、敢说，但又不失严谨。在平时的课堂中，我们常常提醒自己，时时都要尊重学生，尊重他们的表达，尊重他们的体验，真正创设一个平等和谐的学习氛围，让学生敢哭、敢笑、敢言。我们外小的课堂里就应是这样的，以学生为本，而不是教师一言堂。

【例4-6】蹲下来和学生说话[①]

今天去上一年级的美术课，上课的内容是《漂亮的瓶子》，我指导了十几分钟后，让学生画漂亮的瓶子。学生迫不及待地画了起来，自己也非常有兴趣地指导小朋友画画。当看到金天下小朋友画瓶子时，发现她已画得差不多了，瓶子画得

---

① 本案例由东阳市外国语小学吴佳燕老师提供，有删改。

非常好,而且画面效果不错。她看到我在边上,抬头笑了笑,我趁机表扬了她画得不错,进步很大。于是她继续作画,我也继续看着,心里想瓶子画好了,她还会画什么。她不紧不慢地画着,画完了瓶子,就在最下面画了一些乱七八糟的小草。这时我真是生气,好好的画,怎么画一些乱七八糟的小草,影响了画面效果。但我又觉得有些奇怪,于是我问了一句:"金天下,你为什么画好瓶子后,下面还画小草呀?"她还是笑了笑,抬头说:"吴老师,这个瓶子很大,一个人把它从店里买回来,太重了,先放在草地上休息一下。""哦,原来是这样。吴老师还不知道呢,谢谢你告诉我。"金天下还是笑了笑,继续画她的画。

　　在我们老师认为的一个普通的行为后面还有这么精彩的故事,我感叹孩子的心就像是没有加过任何色彩的红、黄、蓝,是那样的纯洁,那样的天真,那样的鲜艳!不时地散发着光彩,带给人们美好的想象!上完课,我心里特别舒畅,在这节课中,我又一次明白了孩子的心是那样的五彩缤纷!如果我没继续问金天下为什么画小草,而是生气地批评她怎么画一些乱七八糟的小草,我想金天下的心情和自己的心情都不会好,而且在她幼小的心里会留下阴影,以后画画就会变得有约束。在教学中,对于一些问题我们往往只是停留在表面,不会深入研究孩子的心里到底在想些什么,孩子们到底想做些什么。蹲下来平视学生,我们就会发现他们的心灵世界超乎我们的想象。就让我们这些老师多一份童心,和小朋友一起分享他们的快乐!

2. 闲暇交往:师生交往的有益辅助

　　校门口有一大块空地,有水有树有草,那里应该是个动物园,孩子们一定喜欢!于是,学校在那里养了四只大白鹅,还有一群漂亮的小鹦鹉。我们还郑重其事地为孩子们举行了一个领养仪式,让大白鹅戴上大红花登上主席台,由三年级的孩子们领养,小鹦鹉由二年级的小朋友领养。孩子们轮流值日,轮值的孩子每天挂着护鹅小天使的牌子,一吃完饭就到食堂阿姨那里领剩菜剩饭:"阿姨,我是护鹅小天使,我来领鹅食!"很神气呢。校园里有了动物园,孩子们的精神有了更多的寄托和牵挂,他们会为在草丛中找到一个鹅蛋欢呼雀跃,也会为一只冻僵的鹦鹉伤心落泪。在与小动物朝夕相处的过程中,孩子们学会了爱与责任。

　　朱光潜先生提出:"要求人心净化,先要求人生美化。"美化学生的人生,从营造美好的校园空间开始。学生与校园空间的关系非常密切,校园空间直接影响学生的生活品质。舒适美好的校园空间,可以直接影响学生的情绪,让他们内心充满阳光。校园空间也可以作为一种特殊的教育载体而存在,良好的环境犹如一本生动的教科书,刺激着学生的感官,通过广泛而持久的渗透作用,潜移默化地对学生产生教育效果。于是,学校不断美化环境,让校园空间有家一般的温馨;我们也不断关联,从满足儿童需求的视角入手,让校园空间进入学生的心田。

外小校园里都是绿树和草地,怎样才能让这些绿化带也成为孩子们的牵挂呢?挖走图书馆四周的樟树,换作48棵金橘树,再把它们全都分到各个班级,让这些树成为人人需要尽责的班树。为了孩子们,学校不惜"毁"绿开垦开心农场。平日里,孩子们在这里劳动、做实验。放假了,每天也还会有孩子和家人一起回校精心看护菜地,收工后到门卫室做好轮值记录。丰收的季节,孩子们收获蔬果,通过售卖筹集慈善经费。

小河一直存在于外小的校园中,但它有一人多深,且循环不畅,几乎成了臭水沟,不仅难有景观功效,更有安全隐患。于是,生态河的几番改造,为孩子们提供了一处产生互动、创造意义的空间。为了把孩子的心留住,学校还把五彩缤纷的体能乐园搬进了校园,建成了又一个快乐天地。

走在外小校园里,无论是路面还是路两旁的梦想秀场、哲思吧,或是理念墙,处处皆有"魂"。梦想秀场墙上的"让天赋自由",既是对孩子们的热情鼓励,又是对教育工作者尊重孩子天性的呼唤。哲思吧里满墙的文字,清晰地表达出学校希望通过论辩场的活动,让思想深刻、让人格独立而健全、让德行扎根于儿童精神土壤的价值追求。综合楼大堂里的两面理念墙上书写的"发现儿童的伟大,守护儿童的宇宙"和"天天做就成了习惯,集体做就成为文化",是外小人共同的理念。在这样的校园里生活,时时处处都能得到鼓舞。

二、立己立人:教师同侪交往中的价值意义

"立己立人"包含三层意思:一是教师始终将提高自身修养与培育学生做人作为首要的目标。当我们将"育人"作为首要目标的时候,一定能处理好眼前利益与长远目标的关系。比如学一个字词,也不忘教给方法;做一道奥数,绝不会让学生死记硬背,只图几分分数,一定会更看重学生实实在在思维的发展。二是先"立己"而后才能更好地"立人"。我们信奉率先垂范才能取信于人,达到最好的育人效果。三是"立己"与"立人"可以互动共生,促进师生的共同发展。当我们将"育人"作为首要目标的时候,我们不光能爱自己的孩子,也能爱别人的孩子,会照顾他们的感受,会分担他们的痛苦,会呵护他们的视力,会关心他们的身体。

1. 办公室文化

校风是学校在办学发展的历程中,长期积淀而成的一种稳定的具有道德意义的,在校内乃至社会上有较大影响的,被师生普遍认可的思想和行为风尚。优良的校风能起到潜移默化的作用:陶冶情操、净化个性心灵、规范行为习惯、培养集体荣誉感,对人的人生观、工作方式及治学风格发挥着重要的熏陶作用。好的校风不是学校一

诞生就有的,需要经过很长的时间,经过很多人的不断努力,酝酿、发酵、培育、保持、创新才形成的。外小从 2002 年创办,在历任领导的带领下,在所有老师的努力下,取得了辉煌的业绩,正是因为所有老师的不懈追求和努力,逐渐形成了外小良好的校风——"严谨开放 合作进取"。

【例 4-7】榜样周老师的影响 [①]

外小的老师在工作上勤勤恳恳,很多有经验、甘于奉献的老师给年轻老师起到了示范作用。这一点在我进外小的那一刻,就有了深切的感受。

刚到外小,就常听人说:"咱们学校的周俊萍老师才华出众,不仅长得漂亮,字也漂亮,连声音都悦耳动听。""周老师的论文获得了一等奖。""周老师从来不批评学生,还经常和我们一起玩耍,她可亲切了,我们都非常喜欢她上课。"因此我就很想看看这个老师到底是什么样子。

学校第一次集中开会,当校长宣布我是周俊萍老师的搭档的时候,还没等我回过神,周老师已经笑着对我说:"你就是陈敏吧?"她那和善的微笑,给人一种自然、清秀的感觉。就这样,我有了亲近她、了解她的机会。

在我印象当中,周老师总是会早早地来到学校,她几乎每天都做到了比孩子更早一步到教室。最重要的是她对学生的那份执着,对工作认真负责的态度,让我深深感受到外小老师的敬业。班里哪个小孩子心情不好了,细心的她都会发觉,并及时跟他聊天,当孩子的大朋友。课堂上也一样,朗读指导时,有些学生开小差了,她发现了,并没有批评他们,而是用另外的形式来提醒学生。她是学生的好朋友。学生嬉戏时,陪学生一起玩耍;学生学习时,和学生一起努力;学生快乐时,与学生一起分享;学生伤心时,给予母亲般的关怀。

这些都让我受益无穷。可能多少受周老师的影响,自从自己当了班主任,我也尽量早早地来到教室,跟孩子们一起学习,一起玩耍。我觉得跟孩子们一起是幸福的,快乐的。

2. 团队就是力量

"合作进取"是外小团队的突出标志,是外小人深层次、高品位追求的动力源泉。"合作"是外小团队基本的工作方式,"进取"是外小师生奋发向上的精神面貌的集中体现。

俗话说:"一只蚂蚁来搬米,搬来搬去搬不起;两只蚂蚁来搬米,身体晃来又晃去;三只蚂蚁来搬米,轻轻抬着进洞里。""三只蚂蚁来搬米"之所以能"轻轻抬着进洞

---

① 本案例由东阳外国语小学陈敏老师提供,有删改。

里"，正是团结协作的结果。有首歌唱得好"团结就是力量"，而且团队合作的力量是无穷尽的，将创造出不可思议的奇迹。

而我们的学校将团队合作看作保持组织活力的重要源泉。为了让教师间形成互帮互助的习惯，在日常的工作中，学校尽量淡化教师间个人的竞争，比如，不搞学生成绩的排队，不搞个人业绩的排名，这就很好地避免了教师间的封闭与排斥。相应地，学校更注重年级组、教研组、课题组的团队合作。比如，连在家长会中教师的讲话稿学校也要求我们在年级组内讨论，这给年轻教师提供了很好的学习舞台，久而久之，团队合作的习惯就养成了。

【例4-8】团队使个人更完美 ①

学校在看重结果的同时，更注重每一次追求的过程。比如，为备战东阳市普通话比赛，由语文教师、班主任、普通话测试员组成的辅导团队，群策群力，取长补短，从语音、情感、动作各方面进行训练，充分体现了团队合作的精神，享受了团队合作的快乐，也形成了团队合作的氛围。正是这一次次的合作过程，培植了我们学校倡导的团队成员在互动合作中追求卓越的核心精神。为备战金华市英语素质大赛，英语老师们各自发挥所长，利用自己的业余时间指导学生；英语教师自身也要参加比赛，我们一起练题，一起讨论，指出各自不足的地方，相互纠正，相互学习，相互帮助。因为大家的共同努力，我们的学生跟教师都取得了优异的成绩。

不管哪位老师有事，学校的每位老师都会挺身相助。合作已成了我们外小团队的基本工作方式。没有一个人是完美的，但我们一个团队可以做得更完美。

只要需要，老师们出力流汗都毫无怨言。学校要召开家长会，近半把的椅子从东外体育馆三楼，搬上皮卡，来回近10趟。帅哥们手套磨破，汗流浃背，还笑呵呵地说："这本就是外小男人们干的活！"只要需要，老师们总能出谋划策、倾囊相助。就拿上次数学团队参加比赛来说，晚上5点多接到内容，第二天8点要到横店报到。数学团队匆匆吃完晚饭，说课组、上课组、评课组就开始分头行动。设计好题目进行前测，根据前测数据设计授课方案，查找资料、分析教材、研究思路。晚上7点，所有成员就已经集中在一起听试教，定框架，琢磨细节。那一夜，奋战的是整个数学团队。最让人感动的是，负责做课件的老师凌晨2点才接到电话通知，却只是问了一句："什么时候要？"

---

① 本案例由东阳外国语小学陈敏老师提供，有删改。

三、心中有他人：学生在校园日常中的价值弥散

校园文化建设的使命之一在于将物化的环境开发为无处不在的隐性课程，这是将文化育人的理念落到实处的切实体现。我们以"心中有他人"为核心，紧扣德性养成的机理，将其纳入德育范畴系统实施，重塑有意义的校园日常生活。例如，我们基于校园不同空间、家庭不同场景、社会不同场域，开展了系列礼仪实境体验，内容从校园餐厅的就餐礼仪，到不同空间的听声音看文明，到社会不同场景的小招呼暖心行动，核心都指向"心中有他人"。

1. 校园礼仪：尊重校园中的每个人

正是为孩子一生的幸福着想，我们提出了从小培养孩子乐观心态的构想。怎样才能让孩子更乐观更宽容，生活更智慧更高雅？我们以为这完全取决于一个人的思维方式。于是学校开展了积极心理学知识的普及，为每一位老师发了一套美国积极心理学之父马丁·塞利格曼的著作：《持续的幸福》《真实的幸福》《教出乐观的孩子》。老师们展开持续的阅读与讨论，然后提炼出了《外小快乐宝典》："每天夸人一回、每天助人一次、每天分享一事、调控自己情绪、睡前回味乐事。""每天夸人一回"，是引导学生在夸人中学会宽容、学会欣赏。"每天助人一次"，帮助别人，快乐自己，让这份快乐成为挖掘自身潜能的动力。"每天分享一事"，一个人的快乐两个人分享，那么快乐就变成了双份。"调控自己情绪"，是要培养学生做情绪的主人，管理好自己的情绪。"睡前回味乐事"，是让学生在回味过程中感受正能量带给自己的快乐。如今，《外小快乐宝典》已成了外小孩子每天的必修课。自从有了《外小快乐宝典》，"心中有他人"这个德育的核心在外小也得到了淋漓尽致的体现。

重塑生活不仅让学生生活温馨快乐，更培养了他们高雅的生活方式，高尚的生活情操。实施多年的《外小就餐礼仪》更细致地规定了孩子在餐桌上应遵守的规范："饭前先洗手，餐中不喧哗；嚼饭不张嘴，喝汤不出声；饭菜吃干净，放盘轻又轻；常怀感恩心，节俭又文明。"孩子们就这样践行着，一天天变得高雅有教养。

2. 做有梦的人：做祖国建设的接班人

如果说"有根"能增加人的厚度，"有梦"就能提升人的高度。教育应该让每个孩子心中有梦，有梦才能开启精彩人生的序曲。

学校门口建成了动物园，成了国际视野的培育基地。动物园门口赫然立着中央电视台公益广告上播放的钟面，那一根猎枪式的指针在时时警醒孩子们：不忘"做国际人"的校训，时时谨记"我思人类，我想家园"使命，担当起保护环境、保护动物、珍爱和平等等义不容辞的责任。

学校图书馆前的小广场，开辟成孩子们展示才艺的场所。2013 年 12 月至今，每天午后或晚饭前，只要不下雨，梦想舞台就开演。周一六年级，周二二年级，周三三年

级……轮到的小朋友把音箱车啦啦啦啦推到小广场，立刻就热闹了。主持的奶声奶气，表演的绘声绘色，喝彩的自由自在。出海报、写主持词、编排节目、寻找音乐，一切都由孩子们自己来。到学期末，老师只负责"捡漏"就行了——因为校长特意规定每个学生每学期至少登台一次——那几个漏着没上过台的，就由老师帮助排个集体节目，照样体验一把登台的紧张与快乐。

想当初，校长在会上一提"梦想舞台天天演"，几乎所有的老师都瞪大了眼："天天演？"怎么可能呢？谁吃得消啊！可如今，梦想舞台并没有昙花一现，倒成了外小一道独有的风景，一种特有的文化。老师们最担忧的事反而成为最不需要操心的一件事，要操心的只是要求小朋友多唱儿童歌曲，多诵经典诗文，传递正能量，弘扬社会主义核心价值观。"天天演"演出了外小孩子高雅的气质，也演出了一身正气。校园，真的成了学生快乐的家园，成了学生精神成长的殿堂。

学校梦想礼堂的大厅是孩子们觉得最神圣的地方。如果说梦想舞台给了每一个孩子展示自我的机会，而这里却是最富才艺的孩子的"圣地"——梦想秀场。左侧是图文展区，提供个人绘画、摄影、习作展示平台；右侧立着一架白色三角钢琴，供个人演奏。想要到此一秀才艺，须经个人申报、班主任审核、学校审核，审核通过才具展演资格。小画家、小演奏家、小作家、小摄影师们陆续登场。机会来之不易，他们非常珍惜。为了展现最好的自己，孩子们极用心地上网搜集或请教专业导师，了解展演的注意事项。设计海报、选择作品、精心装裱，其隆重程度绝不亚于成人的演唱会或画展。课余，一群群小粉丝奔向梦想秀场，除了期待与赞许，更多的是激起自己不断努力的欲望。

体艺馆前面的大片草地中央有一个梦想画池。露天设计，边上摆放着粉笔、颜料、画笔等工具，所有的学生课余可以在这个画池里涂鸦。边上还设有不少水龙头，可以冲洗以后不断更新画作。老师也会经常走入这片画池区，静静地关注，通过图文发现孩子们的内心需求，并及时在教学或管理方面给出相应的策略。

就这样，外小建成了一系列活动基地，开发了一系列德育微课程，成为弘扬社会主义核心价值观的学校实践平台。教育的使命在于"人的成全"，教师的使命在于发现每一个儿童的潜能，并创造更优的环境，让各种潜能生长。只要充分相信学生的潜能，舍得恰当"放弃"时间和空间，有效"留白"，他们一定会给以丰厚的回报！学生的层次不一样，他们的艺术需求也不一样，个性化的梦想平台，拓宽了孩子自主选择的时空，有时如柔风细雨，有时似疾风劲雨，滋养着每一个孩子的心田，让天赋自由，让梦想启航，让学校成为"育人"家园，我们做到了。

第一节　寻找外小课程的生长点

　　课程设计是学校实施教育理想的规划蓝图，具有设定育人计划、方案的功能，也是教育与学生之间建立对话的必要桥梁，因师生均具有不确定生长的因素，全息课程内容突出动态生成的特质，不是简单传统的知识体系，而是复杂性、非良构性的适合学生个性发展的情景化模块体系。从学生成长的视角看，课程首先需要关注学生的生命状态，关切学生的生命需求；从学校发展的视角看，课程必须能体现学校的办学目标，体现学校的理念追求，凸显学校的办学特色；从教育价值的角度看，课程也要体现文化的传承和智慧启迪，体现一个国家的意志，延续一种民族的精神力量。我们坚信，有什么样的课程，学生就可以展示什么样的才华，得到什么样的发展。

一、契合儿童精神的课程生长点

　　我们所指的小学生的儿童精神主要包括但不限于以下几项：儿童是好动的，喜欢游戏；好模仿的，喜欢学习；好奇的，喜欢询问；好胜的，喜欢成功；好友的，喜欢伙伴。这些精神，是我们在设计课程内容和形式时需要关注的。符合儿童精神的课程，就是儿童喜欢的课程。

　　美国著名教育家爱莉诺·达克沃斯认为："智力发展的实质是精彩观念的诞生。"[①]她认为教学必须建基于每一个学生的独特性之上，同时帮助学生在原有观念的基础上产生新的、更精彩的观念。学校要做的就是提供丰富多彩的育人情境，让学生时时有产生完全属于自己的精彩观念的可能；同时做到"解放"二字：把个体的心灵从群体的束缚中解放出来，把儿童的心灵从成人的束缚中解放出来，让每一个孩子有充分的选择权，让每一个孩子的潜能得到最大限度的发挥，以达到教育旨在"人的成全"的至上追求。

　　课程具有选择性，我们以社团活动点单化的形式，使外小课程向纵深发展。现在，学校已建成五十多个社团，活动菜单从体艺特长到实践活动，门类齐全，兴趣广泛，在周二晚上、周四下午同时开放，可以说为每一个孩子的特长发展提供了充分的

[①][美]达克沃斯.精彩观念的诞生——达克沃斯教学论文集[M].张华等译.北京：高等教育出版社，2000：9.

选择空间。

全息阅读特色课程群是我们重点建设的一个内容。因为坚持"全息阅读,读出精彩"的理念,我们把课外阅读课,以每周一节的频次排进课表。渐渐地,又派生出了一系列阅读活动社团:百灵鸟诵读社团、七彩童话剧团、绘本创作工作坊、科普探究苑、礼仪天使苑、小莫言社团等,让阅读活动也能个性化发展。这样一来,喜爱课外阅读的学生,便可以根据自己的喜好,在这一课程群中进行个性化选择。社团活动的个性化点单,使学生有了充分的选择权,真正意义上满足了学生的内在需求,促进每一个生命健康成长。

二、链接学校资源的课程生长点

2016 年 9 月,教育部发布《中国学生发展核心素养》。"核心素养"导向下的学校课程建设如何落地和转化? 我们认为,学校需要回到育人原点,思考学校课程的出发点,需要找到属于自己的课程实践底层逻辑。从学校地域资源、文化传统、组织特点中发现、梳理、整合课程要素,是学校课程发展的基础。

外小地域特征:外小有很多优势,占地 120 多亩,绿化面积占 36%,校内有树、有溪、有桥,俨然一个生态公园,经过持续不断的优化,校园场景的可实践性、可探究性随处可见。

外小住宿特点:学生 24 小时在校,在沉甸甸的"包袱"背后,是大量宝贵的可影响学生成长的时空。我们将孩子 24 小时的生存方式、生活品质全都纳入学校关注的视野,不仅关注学业成绩,也关注学生多方面的成长,关注他们每一天的生活品质,开发和利用好寄宿这个资源,形成具有外小鲜明特征的课程,这既是挑战,也是契机。

外小学生观:外小文化将儿童放在最重要的位置,走进孩子的心灵,读懂孩子的需求。孩子需要什么? 皮亚杰说:"所有智力方面的工作都要依赖于兴趣。"[1] 杜威认为儿童有四种本能:语言和社交的本能、研究和探索的本能、制造的本能、艺术的本能[2],这四种本能会产生四种相应的兴趣。苏霍姆林斯基说:"在人的心灵深处,都有一种根深蒂固的需要,就是希望自己是一个发现者,探索者。在儿童的精神世界里,这种需要特别强烈。"[3] 的确如此,孩子需要朋友与被爱,需要活动与游戏,需要探索与成功。所以,我们改变的关键在于拓宽关注视野的同时,必须聚焦学生内心的需求。

① [瑞士] 皮亚杰. 教育科学与儿童心理学 [M]. 傅统先译. 北京:文化教育出版社,1981:25.
② 胡碧霞. 重新解读杜威的儿童观 [J]. 徐州工程学院学报(社会科学版),2008(6):81-84.
③ [苏] 苏霍姆林斯基. 给老师的建议 [M]. 杜殿坤编译. 北京:教育科学出版社,1984:56.

三、拓展教师发展的课程生长点

教师作为课程资源的一个最重要的因素之一，教师自身的专业特长、志趣和专业风格以及累积的个人经验都是课程开发的重要依据，甚至有的专家提出"教师即课程"。教师的个人性向确实是国家课程校本化和拓展性课程系统化的主要支点。

学校实施了"教师自我发展规划申报计划"，评选的标准就是两条：一看能否切实促进教师的成长；二看能否很好地服务于学生。最终我们选定了22位教师作为重点扶持对象，希望通过几年的努力，打造一支有专长的全科型教师队伍，同时以未来学校的标准创建校本课程，比如教育戏剧、旱地冰球、儿童哲学等，培养能适应未来的学生核心素养（见表5-1）。

表5-1　教师校本课程创建一览

教师姓名	个人性向	创建（或参与）校本课程名称
丁佳妮	戏剧表演	戏剧课程
樊秋霖	礼仪	茶艺与茶礼
程春晓	器乐	铜管乐入门
陆国正	键盘	钢琴
王　帅	唱歌	天音合唱
李　琳	舞蹈	天使之舞
胡　豪	编程	机器人之家
李晓燕	木工	木作空间
蒋仰林	科创	智慧生态园
陈承武	星空	I-star 天文社
卢　丹	烹饪	我是小厨师
吴航军	手工	编编乐
潘丽丹	摄影	阳光摄影
卢　宽	书法	小小书法家
吴佳燕	绘画	童画世界
陈临华	泥塑	泥塑之乐
金剑东	英语	英语趣配音
陈　东	篮球	篮球小子
李志兰	羽毛球	羽毛球
蒋　帅	网球	网球
何珊珊	数学	思维拓展
陈晓茹	语文	全息阅读

走进外小综合楼大厅，只要留意一下两面墙壁上的"园丁圃"，就不难判定，这里有一支善学习、善钻研的教师团队。学校名师荟萃，省特级教师、省市各级教坛新秀

不下三四十人,在国家、省市级优质课比赛中获一等奖的教师也比比皆是。学校提出教师"人人争上研究课,周周都有公开课",边教学边研究。如今,寻求专业成长已成为这所学校教师的共识和不懈追求。

第二节　构建五育融合的全息课程体系

国际上多数国家、地区和国际组织都认为,以个人发展和终身学习为主体的核心素养模型,应该取代以学科知识结构为核心的传统课程标准体系。只有关注对学生终身发展有益的素养形成,才能在为孩子打下扎实的知识基础的同时,也能为他们的未来发展储备足够的空间和后劲。为顺应国际教育的改革趋势,增强国家核心竞争力,提升我国人才培养的质量,国家也将素质教育的发展趋势指向了核心素养的提升。这些对于我们的课程改革具有重要的指导意义。

一、细化课程育人目标

我们一直在思考和讨论,外小学子该具备的核心素养究竟是什么? 除了传统的分数以外,还有哪些素养对学生一生的幸福是至关重要的? 学校应确定怎样的育人目标? 该怎样契合课程"生长点",架构出外小全息课程体系?

基于这样的问题,我们把学校的育人目标"全息关怀,走进心灵,全面精彩"进一步细化,致力于培养有健全人格、有自主行动力、能和谐发展的现代公民,从而实现五育融合,人人出彩,主要明确了以下三个领域八项目标:

【有健全人格】身心健康:指的是身体和心理健康,外小学生要养成良好的生活习惯,努力达到身体发育良好,视力达标,体态匀称,体质强健,每个学生至少有一项自己喜爱的体育运动。要豁达乐观,积极向上,拥有朝气蓬勃的"精气神"。富有教养:指的是能学会微笑、感谢和赞美,言行有礼仪规范,举止能合乎公德。审美情趣:指的是要有一定的艺术素养,具备符合社会主义核心价值的审美意识和创造美的能力。每一个学生至少要有一项自己喜欢的艺术特长。家国情怀:指的是应有爱家人、爱家乡、爱集体、爱祖国的情怀,扎中华根,铸民族魂。

【有自主行动力】学会学习:指的是学习时有较好的独立思考能力和主动学习意识,能选择适合自己的学习方式,能评估调控自己的学习进程,并能将所学运用于社会生活,做到知行合一。科学精神:指的是善于主动探索,乐于哲学思辨,具有理性思维,敢于质疑批判。实践创新:指的是会有计划地做事,有较敏锐的环境感知能力和信息捕捉能力,面对不断发展进步的社会,能掌握较强的生存技能,能灵活应变,勤于劳动,敢于实践,勇于创新,不断自我超越。

【能和谐发展】国际视野:指有开阔的视野,能感受、理解并尊重多元文化,能与不同文化背景的人进行平等交流,友善交往。人文底蕴:指的是具有古今中外人文领域基本知识和成果的积累;能理解和掌握人文思想中所蕴含的认识方法和实践方法等。具有以人为本的意识,尊重、维护人的尊严和价值;能关切人的生存、发展和幸福等。

"有健全人格、有自主行动力、能和谐发展"是我们对学生核心素养的校本化思考,正好对应于我们的校训"做文明人、做现代人、做国际人",这三大领域又可细分为九大核心素养——身心健康、富有教养、审美情趣、家国情怀、国际视野、人文底蕴、实践创新、科学精神、学会学习。这九大核心素养就是我们将育人目标真正落地的标杆,是学校教育行为的努力方向。

二、基于国家课程构建全息课程模型

明确了努力的方向,我们开始具体规划实施蓝图。我们把依据外小特色、办学目标确定的核心素养统称为"元素养",依据三大"元素养"相应地构建了**人格培养课程、行动力培养课程及理解力培养课程**。这样的课程体系既有全息元(元素养),又有广阔的视野,因此我们称之为"全息课程"(见图5-1)。全息课程努力开发校内外的教育资源,致力于培育"个个出彩"的外小学子,达成"个个出彩"的育人目标,促成学校达到"最美好"之境界。

图 5-1 全息课程模型图

　　全息课程体系,由理解力培养课程群、行动力培养课程群和人格培养课程群组成(见表5-2)。

表5-2　全息课程框架

育人目标	课程类型	培养内容	课程设置		
			元课程 (基础课程 校本化实施)	辐课程 (拓展课程特色化创建)	梦课程 (个性课程自主化选择)
有健全人格	人格培养课程	身心健康	健美体育	羽毛球	体育节 (10月)	田径队、篮球队、羽毛球队、网球、旱地冰球、少儿足球、攀岩队、快乐心灵吧、心理诊疗室
		富有教养	全息德育		节俭周 (10月16日)	儿童哲学、茶艺与礼仪、小记者团
		审美情趣	创意美术	口风琴	艺术节 (6月)	舞蹈、钢琴、电钢琴、铜管乐、打击乐、合唱、书法、绘画、彩泥、摄影、教育戏剧
		家国情怀	悦动音乐		感恩日 (5月第2个周日)	三乡文化研究、我看世界
有自主行动力	行动力培养课程	学会学习	生长数学	思维拓展	科技节 (9月)	数学问题诊疗室、七巧板、珠算、智慧扑克、数学实验室、数独研究、数学迷宫、多米诺、磁力球、速算与巧算
		科学精神	STEM科学			
		实践创新	综合实践 信息技术		假日实践活动 (寒暑假)	创客空间、开心农场、微世界观察、电脑制作、智慧生态园、VR空间
能和谐发展	理解力培养课程	人文底蕴	全息语文	全息阅读	读书节 (4月)	百灵鸟诵读社团、七彩童话剧团、绘本创作工作坊、科普探究苑、小莫言社团
		国际视野	生活英语		英语节 (12月)	英语绕口令、英语绘本表演、魔音ABC、电影赏析、剑桥英语俱乐部、阳光英语俱乐部、英语戏剧
			少先队活动		诚信周 (3月第2周)	演讲与辩论、金话筒社团

学教方式也采用跨学科整合学习、跨空间泛在学习、跨学段贯通学习与传统课堂有机结合的多元方式。学校实现基础课程校本化实施、拓展课程校本化创建、社团活动个性化点单的梯级课程实施机制①。在确保国家课程、地方课程的落实基础上，目前有全息德育、全息语文、生长数学、生活英语等特色课程，已开发与国家课程配套的《小学语文全息阅读》12 册、《思维拓展活动》12 册、《全息德育》12 册、《生活英语开口说》1 册。学校积极进行跨学科、综合化课程探索，开展了基于智慧生态园的科创劳动系列课程、教育戏剧课程等活动，培养了学生的创新精神和实践能力。

第三节　元课程：基础课程校本化实施

为了更好地培养学生的核心素养，我们对国家课程进行校本化处理，根据学科特点及教学实际，进行增减、组合，使核心素养通过课程这一重要途径更好地落地。因此，元课程在体现国家意志的基础上，通过校本化实践，形成了具有全息学习特质的学科课程，如全息视域下的语文、生长数学、生活英语等应运而生。

一、全息视域下语文的探索与实践

全息语文采用"1+X"的模式开展学习。"1"指的是教材，"X"指拓展延伸。全息语文的"三部曲"是"读厚—教薄—延伸"。第一环节：教师重视课前备课，把文本看成一个研究主题，以全息性为依托研读文本，潜心研读文本，把书读厚；第二环节：以全息元为抓手，以形散神聚的方式组织教学，把书教薄，力争高效；第三环节：注重课外拓展，提出了"以省略号结课"的构想。这种教学在视野上、在思维上是开放的、大气的，在学习方式上是简约的、具有本色的，充分体现了课堂高效的本质。如今，"以全息阅读打造书香校园"的外小语文教学特色之路已闻名省内外，相关的专著及开发的配套教材 12 册跟现行的统编版语文教材完全配套，构建了一个相对完善的课外阅读体系，为语文教学的整体改革提供了一个操作性极强的推进模式，已在全省推广，得到专家的充分肯定。（见图 5-2）

---

① 2015 年颁布的《浙江省教育厅关于深化义务教育课程改革的指导意见》中只分基础性课程和拓展性课程，但前期分类未明确，本章中出现的社团活动一般归类在拓展性课程，不再一一注明。

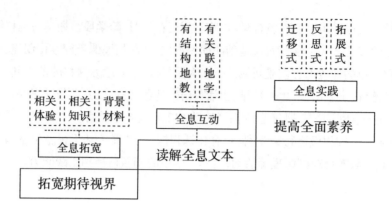

图 5-2　全息视域下语文基础课程的实施

外小的老师始终相信"汝果欲学诗,功夫在诗外",因此无论面对怎样的文本,在进行教学设计之前,他们都会在文里文外来来回回"走"上几回,直至将文本、作者等所有相关联的信息读得透透的,把一个简单的文本读成一份丰厚的教学资源。然后才静下心来,在众多的资源中,寻求本源,将一篇长文章精简成一两个最具挑战性的学习主题,确定好教学点,设计学习活动进行教学。

1. 拓宽期待视界

期待视界至少应当包括这样几个层次和要素:世界观和人生观;一般文化视野,如读者的文化水准、智力水平、知识面、实际生活经验等;艺术文化素养;文学能力,如文学方面的知识、阅读经验等。我们可以视文本为全息元,因为抓住文本的全息元,能最大限度地聚焦文本的全部信息,达到窥一斑而见全豹的功效,从"相关体验""背景材料""相关文本"三个方面拓宽学生的期待视界,这是全息阅读教学必不可少的准备阶段。

【相关体验】指拓宽主要从丰富学生的直接生活体验入手。有了丰富的生活体验,学生在阅读文本时更易于把相关的形象延伸转化为审美意象,更易于激起共鸣。学生的学习以经验为基础,让他们多参加社会活动,多体验丰富的生活是非常有必要的。当然有些课文的教学,教师也可以在课堂上直接播放相关的影片或音乐,来丰富学生的体验。

【背景材料】指的是跟文本相关的扩展材料,如时代背景、名人逸事、后续发展、作者的人生简历或所处的社会环境等等。如读《少年闰土》后,再了解一下中年的闰土,去读一读《故乡》。又比如上了《快乐的足球赛》,知道了踢进自己球门的球叫"乌龙球",那么,"乌龙球"的来历如何? 不妨找找相关的背景材料。

【相关文本】指跟已有文本在内容、体裁、风格等方面相类似或可比较的文本。比如丰子恺笔下的鹅和叶·诺索夫笔下的鹅就有不同的情趣,它们内容相近但语言风格不同,进行比较阅读一定会有不少的启迪。全息阅读教学非常注重在学生学了一篇课文后,推荐两至三篇的相关文本进行拓展阅读,有时甚至推荐整本书。叶圣陶对阅读相关文章做过深刻的论述,他说:"比如读了某一体文章,而某一体文章很多,手法未必一样,大同之中不能没有小异;必须多多接触,方能进一步领会优劣得失的所以然。并且,课内精读文章是用细琢细磨的工夫来研讨的;而阅读的练习,不但求其理解明确,还需求其手下敏捷。"[1] "参读相关文章就可以在敏捷上历练。"[2] "参读的文章既与精读文章相关,怎样剖析,怎样处理,已经在课内受到了训练,求其敏捷当然是可能的。"[3]

2. 实施全息互动

以全息思维方式观照阅读教学过程,是将教学过程看成一个全息的系统,其关注的是教师、学生、文本这三个全息元之间的互动关系。在当前的阅读教学中,尤其有必要重视而非漠视来自学生的信息。下面这位教师的经历能让我们深刻理解"互动"的内涵及其意义。

在一次《坐井观天》的阅读公开课上,有位老师让同学们以《青蛙跳出井口了》为题进行说话写话训练。许多学生的答案都在"标准"的框框内,教师自然非常高兴。但一位新转来的学生张雨说:"青蛙从井里跳出来,它到外面看了看,觉得还是井里好,它又跳回了井里。"同学们听了哄堂大笑,这位老师打断了她的话,问大家:"是井里好,还是井外好?"并示意张雨坐下,随口说道:"我看你是一只青蛙,坐井观天。"之后,老师让大家把自己想的和说的写出来。

在批阅同学们交上来的作业时,这位老师看到了张雨续写的故事:

青蛙跳出井口,它来到一条小河边,它累了想去喝口水,突然,它听到一声大吼:"不要喝,水里有毒!"果然,水上漂着不少死鱼。它抬头一看,原来不远处有一只老青蛙在对它说话。它刚要说声谢谢,就听到一声惨叫,一柄钢叉已刺穿了那只老青蛙的身子,那只老青蛙正在痛苦地挣扎。青蛙吓呆了,这外面的世界太可怕了,它急忙赶回去,又跳到了井里。还是井里好,井里安全啊!

显然,学生的信息——个性化的阅读结果,对教师形成的冲击是强烈的,她在教学反思中写道:

我的心被震撼了。河水里常漂有死鱼,菜市场上也常有卖青蛙的,这都是有目共睹的,让青蛙跳回井里又有什么不好? 可我却没有给她一个发表自己观点的机会。

① 叶圣陶.叶圣陶语文教育论文集[M].天津:天津教育出版社,1988:59.

② 叶圣陶.朱自清.精读指导举隅[M.]北京:中华书局,2013:6.

③ 叶圣陶.朱自清.精读指导举隅[M.]北京:中华书局,2013:6.

倘若让她把话说完,不仅同学们不会再笑她,而且也将给我的课堂教学增添一抹亮色。我不是要培养他们创造性的思维吗?可我竟然说她是一只坐井观天的青蛙。孩子的心灵就像井外那多彩的世界,需要跳出来的恰恰是自以为是的我自己!

后来,这位老师在张雨的作业本里工工整整地写下一句话:"对不起,老师是一只青蛙。"在这种互动中,教师、学生与文本之间由各自的"视界期待"走向了"视界融合",走向了丰富。

3. 开展全息实践

当师生带着丰富的视界期待,在课堂中展开充分的互动,完成对文本的多元读解后,全息阅读教学还需完成其循环系统中的最后一个环节——课后的综合实践。这是基于文本对话后的体验生发的听说读写的综合实践,是大力开发并利用全息教学资源的有效举措,可以全班共同确定主题,也可以根据各自体验自己选题、自己完成。如在学了《蝙蝠和雷达》后,针对小学生视力不佳的现状,发动学生进行"小学生视力现状的调查与分析"研究。学生通过问卷调查、采访观察、个案分析等方式进行研究,学会了分析与综合、收集信息与处理信息等诸多解决问题的方法,在实践中增长了才干,真正将所学创造性地运用到了现实生活问题的解决中。

小学生课后综合实践活动的内容要尽量贴近现实生活,比如家乡的风土人情、历史遗产都可以作为研究的对象。这比起只需在图书馆查阅资料就能完成的专题作业有许多优越之处。因为身边的事物是可触可感的,也是可访可探的,是个完全开放的变量,学生必须调动多个领域的智能参与活动。尤其在访问、活动的过程中可以培养合作交往的能力,在设计方案、探究渊源的过程中培养独立、创新的人格。

用崔峦老师的话来说,"以往的语文课程,在内容上'窄',教师只是'教教材';在途径上'封闭',与现实生活隔绝,'两耳不闻窗外事,一心教好教科书'"。全息阅读教学正是为变革这一现状所吹响的号角,是对新课程理念的有力阐释,是为探寻具有中国特色的语文教改之路迈出的坚实步伐。

二、全息视域下数学的探索与实践

全息视域下生长数学也是采用"1+X"的模式开展学习,在加强知识与技能的教学同时,更注重传授数学思想和方法,培养数学思维能力。目前,我们的生长数学教学已逐渐形成了"学习三部曲",即"教学准备:展示思维,整合资源—教学实施:紧扣本质,综合应用—教学延伸:错例诊断,拓展实践"(见图5-3)。《思维拓展》课程更是重在教学生正确的思维方法。学生在这样的学习中善观察会概括、善分析会归纳、善判断会推理,思维有了良好的发展,培养了浓厚的数学兴趣。

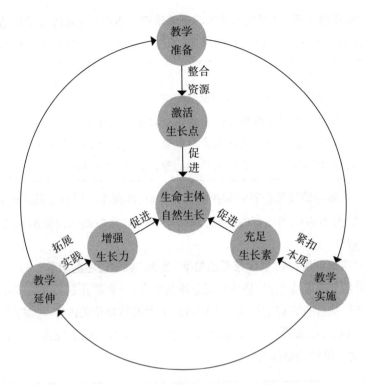

图 5-3　全息视域下生长数学实践

1. 教学准备阶段：从"带着知识走向学生"变为"带着学生走向知识"

准备阶段需要找准生长点，预设适合学生的教学。前提是粗读教材、读顺结构，以四年级上册第六单元《除法》为例进行说明。小学阶段共 5 次学习整数除法，列举如下：

年级	内容
二年级上册	除法的意义，表内除法
二年级下册	有余数除法
三年级上册	口算除法
三年级下册	两、三位数除以一位数
四年级上册	三位数乘以两位数

后续知识还包括五年级上册《小数除法》；五年级下册《分数除法》。在此基础上细读教材、读透意图。老师们仔细认真研读了北师大版和人教版两个版本，关注它们的主题图、例题、旁注等异同，解答了习题，努力寻找它们的联系以及隐含的数学思想方法，开展诊断学情，制定目标。第六单元《除法》是小学阶段学习整数除法的最后

一单元,对五年级上册《小数除法》学习至关重要。本单元《除法》,都是结合实际情境探索除法的计算方法,理解计算的算理。因此,我们设计了这样一张前测单:

> 第六单元《除法》前测
>
> 1.请你写一写什么时候用除法计算?
>
> 2.为什么在有余数的除法中约定余数要比除数小?
>
> 3.请你写出6个不同类型的整数除法算式,并给它们分类。
>
> 4.尝试解决2个除数是两位数的除法算式,进行验算。

让学生明确应该用除法算式解决的具体情境;唤醒学生已有的除法经验,架构除法知识网络;努力尝试用已有的经验去解决未知的"除数是两位数的除法",并养成验算的好习惯。

2. 教学实施阶段:从"数学结果的教学"变为"数学过程的教学"

实施阶段要充足生长素,搭建舒展思维的平台。一个单元划分课时,不同的教师、不同的班级往往会有不同的想法。教师可以适度地整合相关内容,缩减课时;也可以有机地分散难点,增加课时,但必须经过慎重思考,要有明确的理由。以下是课题组对《除法》这一单元的整体架构。

原来内容	课时数	调整后内容	课时数
除数是整十数的除法（口算和笔算）	2	口算除法与商不变规律	2
		笔算除法（一）：除数是整十数除法	2
笔算三位数除以两位数（四舍五入试商）	2	笔算三位数除以两位数（四舍五入试商）	2
三位数除以两位数（调商）	2	三位数除以两位数（调商）	2
		灵活试商	1
练习五	1	练习五	1
商不变的规律	1		
路程、时间与速度	2	路程、时间与速度	2
练习六	1	练习六	2
合计	9	合计	14

老师们再次研读教材,研究教学目标,寻找重点落实的载体方法,寻求难点突破的有效方式,使每一节课的目标都能有效达成。口算除法是笔算除法的基础,是本单元的重点,它的有效建构有助于笔算除法的正向迁移,因此我们以《口算除法和商不变规律》为重点课展开研究。

环节与目标	学习材料
前测：写出 6 个不同的除法算式，尝试计算	收集学生的前测卷，挑选典型算式
环节一：整体感知 1. 把 6 个算式分类并说明理由 2. 揭题"口算除法与商不变规律"	1. ① $12 \div 6$　② $13 \div 6$　③ $152 \div 6$　④ $60 \div 20$ ⑤ $160 \div 30$　⑥ $166 \div 13$ 2. 今天研究　④ $60 \div 20$　⑤ $160 \div 30$
环节二：自主探究 1. 小组合作完成并说明计算过程 2. 交流反馈，理解算理	$20 \times 3 = 60$,　$60 \div 20 = 3$ $60 \div 20 = 6$ 个十 $\div 2$ 个十 $= 3$ $60 \div 20 = 6 \div 2 = 3$　T：谁能看懂 $160 \div 30 = 16$ 个十 $\div 3$ 个十 $= 5 \cdots\cdots 10$
环节三：商的变化规律 1. 举例验证发现 2. 总结规律 3. 运用商不变规律进行简便计算	1. $60 \div 20 = 6 \div 2 = 3$ 举几个像这样的例子 2. 观察以下 3 组数据，你发现了什么？ $16 \div 8 =$　　　　$200 \div 2 =$　　　　$6 \div 3 =$ $160 \div 8 =$　　　$200 \div 20 =$　　　$60 \div 30 =$ $320 \div 8 =$　　　$200 \div 40 =$　　　$600 \div 300 =$ 总结商不变规律 3. 在加法、减法、乘法中有这样的不变规律吗？ 4. $400 \div 20$　$410 \div 20$　$400 \div 25$　$3000 \div 125$

3. 教学延伸阶段：从"着眼当前习得"变为"着眼长远发展"

延伸阶段增强生长力，提供应用完善的空间。精选习题，达成目标，整体设置单元目标达成的检测习题，围绕目标精心选择、编制，既保证学生的基础，又能发展学生的思维。除法练习的作业围绕除法计算方法展开，通过对题目的不断改变，调动学生的思维向纵深推进，学生在思考中收获，在思考中提升，不仅建构完整的认知，而且逐步发展数学的高阶思维。

【例 5-1】除法练习作业

第六单元 《除法》练习

（一）口算

$400 \div 50$　　　　　$620 \div 20$　　　　　$4800 \div 400$　　　　　$123 \div 30$

$410 \div 50$　　　　　$6200 \div 20$　　　　　$4800 \div 40$　　　　　123×30

（二）笔算并验算

$272 \div 26$　　　　　　　　　$448 \div 89$　　　　　　　　　$364 \div 72$

（三）解决问题

1. 王平家到外婆家的路程是 504 千米。他到外婆家应该选择哪种交通工具？

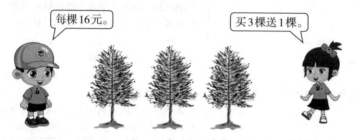

速度	14 千米 / 时	63 千米 / 时	72 千米 / 时	84 千米 / 时
行 504 千米用的时间				

2. 176 元最多能买多少棵下面这样的树苗？

每棵16元。
买3棵送1棵。

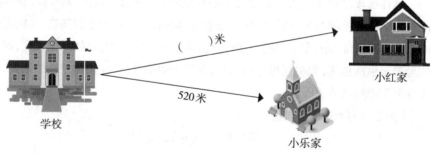

3. 小乐每分钟走 65 米，小红每分钟走 60 米。从家到学校，小红比小乐多走 5 分钟。小红家离学校多少米？

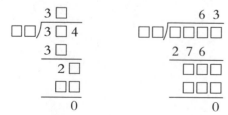

（　　）米

520米

小红家

小乐家

学校

（四）拓展题

★在（　　　　）里最大能填几使商成为一位数

　在（　　　　）里最小能填几使商成为二位数

□25÷38　　　　□76÷57　□62÷82

★★在□里填上合适的数

```
        3 □                      6 3
   □□) 3 □ 4              □□) □□□□
        3 □                      2 7 6
        2 □                      □□□
        □□                       □□□
         0                        0
```

★★★小明在算有余数的除法时，把被除数237错写成273，这样商比原来多3而余数正好相同。这道题的除数和余数各是多少？

学生学习完第六单元《除法》后，可以进行单元检测，教师应进行统计、整理、分析，及时改进教学，夯实除法计算的基础。

三、全息视域下生活英语的探索与实践

社会需求和实践使我们充分认识到语言交流的重要性，为更好地体现小学英语课程标准提出的"在用中学，在学中用"，我们一直寻求着一种最佳的教学方法——生活化教学，努力在校园里创设学英语、用英语的氛围。比如任何学科的老师上课前后跟学生的问好用英语，集体整队也用英语，学校活动也用英语主持，晚上熄灯后15分钟及早晨起床铃响后15分钟播放英语音频。

语言知识和技能应在自然的语言环境中培养，而不应人为地把语言知识和技能分割开来孤立地进行教学。因此，生活英语教学强调学习的重点是真实的言语以及语篇的意义，而非语言本身。我们选用大量题材广泛、程度不一的英语原著作为教材，尽量少用或不用简写读物；同时采用合作教学，培养学生独立学习的能力，培养与他人合作的意识。教学一般按以下四个阶段进行（见图5-4）。

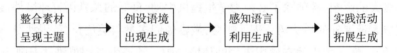

图 5-4　全息视域下生活英语教学阶段

1. 整合素材，呈现主题

我们所追求的动态生成型英语教学模式就是把听、说、读、写的教学活动围绕一个有实用价值的主题展开。在教学实践中，可以根据具体的教材内容确定相应的主题名称，比如牛津英语2A第二单元主要是学习一些快餐食物（pizza hot-dog biscuit...），可以把这些内容归纳成一个主题：Snack。第三单元是学习一些动作，就可以设计 Things I like to do 这样的主题。各种各样的主题能够激发学生的学习兴趣，也为教学提供了主题突出、内容丰富的整合性组织形式。由于学习主题相关性强，目的性明确，意义丰富，富含整合性和情景化，因此深深吸引学生的注意力，也进一步促进学生开展学习。

2. 创设语境，出现生成

语言能力是通过与其他人进行言语交际、思想交流而习得的。儿童不是主要靠模仿学会语言，而是靠置身于真实自然的语言环境中习得语言。因此，教师在确定主题以后，就可以围绕相应主题为学生创设真实自然、丰富的语言环境。可以通过图片

展示、多媒体演示、生动描述、音乐伴奏、周围环境布置、阅读相关的背景资料等方式进行环境创设，尽可能让学生体会到语言所处环境的真实可信性。在这样的环境中，学生就能畅所欲言，生成更多的精彩。

3. 感知语言，利用生成

教师除通过创设动态的语言环境，让学生对所学语言有一个真实的整体感知外，还应尽力引导学生在这样的语言环境中学习和运用语言。教师可以给学生提供各种贴近生活的情景，组织各种与生活息息相关的有意义的语言运用活动：情景对话、角色扮演、小组讨论、诉说个人感受等。在动态生成型英语教学课堂里，语言的运用需要丰富和真实的语言环境。比如在教学 How are you? 及其相应的回答这一语言知识时，可以先通过故事、录音、录像、示范等方式为学生提供大量的、需要使用该对话的真实语言情景，让学生听到、读到、感受到大量表示相互问候的场景片段，使学生在这些情景中将所学语言知识进行运用。接着让学生归纳总结如何根据自己的具体情况进行恰当的回答，最后让学生自己创造设计英语情景，通过对话、口头表演等深化和熟练运用这个语言点。

4. 实践活动，拓展生成

语言知识和应用技能应通过自然的语言环境加以培养。由于语言输入对语言学习具有极大的影响，教师除了必须为学生提供生动、良好的课堂语言环境外，还要给学生创造大量课外的口头语言表达机会，鼓励他们多参与英语角、英语沙龙、英语俱乐部等活动，使学生生活在使用语言的环境之中。动态生成型英语学习强调"以学生发展为主"，通过有意义的课堂内外活动，把学生的学习动力和兴趣调动到最佳状态，促进学生整体素质的提高。

总之，生活英语课堂教学是以学生的发展为中心的，通过动态生成的语言环境、丰富多样的课外整体语言运用实践活动，积极调动学生的情感，让学生学习贴近生活实际的真实语言，从而逐步培养学生用所学语言交流，提高实际语言运用能力，体验成功。

四、全息视域下探究式科学项目教学

长时间以来，由于教学设备、教学理念等原因，"读科学""听科学""记科学""看科学"教学方式延续了很长一段时间。虽然明确了教学内容，也让学生动手实验了，但是所有的过程都是教师设计好的，实验只不过是为了证实教师所列出的知识点，为了加深学生对教师给出的知识点的记忆。

例如，教师在黑板上写道：

1. 什么是温度？物体有冷有热，物体的冷热程度叫温度。

2. 什么是温度计？温度计是由玻璃管、玻璃泡（内装有水银、煤油或酒精等液体）和刻度三部分组成。

3. ……

李政道曾说："做学问，要学问；不学问，非学问。"探究是科学研究的基本方法，热衷于探究是科学家的基本性格组成，也是儿童的天性。美国国家研究理事会在美国国家科学教育标准中给出定义，探究是一种多层面的活动，它包括：进行观察；提出问题；通过浏览书籍和其他信息资源来了解什么是已经知道的知识；制定调查研究计划；根据实验方面的证据，评价已经知道的知识；用多种手段来搜集、分析和解释数据；提出解答、阐述和预测；交流结果。探究需要对假设进行证明，需要运用批判和逻辑思维，并考虑其他可供选择的解释。基于以上认识，我们提出探究理念指导下的动态生成型小学科学教学形态（见图 5-5）。

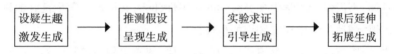

图 5-5 动态生成型小学科学教学形态

1. 设疑生趣，激发生成

兴趣是学生对学习的一种积极的认知倾向，它是学生获取知识，拓展眼界，丰富心理活动的内部驱动力，是学生学习中最活跃、最现实的成分，它能够更好地激发学生的求知欲望和探究科学现象的欲望。教师应在学生每次探究过程中，精心设计"问题情趣"，给学生提出一些引起学生兴趣的问题，引起他们的认知冲突，从而激发学生求知的欲望，引起他们好奇、生疑、新鲜、探索的情绪，引发情感体验，使探究过程始终对学生有一种吸引力，吸引他们主动参与到科学探究中，并积极主动地去探究其中的奥妙。

2. 推测假设，呈现生成

"没有做不到，只有想不到。"这句话证实了假设的重要性，在科学领域中，推测假设更处于一个举足轻重的地位。推测假设并不是漫无边际地胡乱猜测，而是根据已有的知识经验，对某种现象进行判断。这需要一个严密思考的过程。

3. 实验求证，引导生成

在课堂教学中，教师应把时间、空间最大限度地留给学生，让学生亲身经历科学探究的活动，将信息感受的内部语言转化为外部语言。在进行《测量摆的快慢》一课的教学，让学生经历改变摆的摆锤重量、摆动幅度、摆的摆长对摆动次数是否产生影响的实验活动过程时，一定要给学生足够的时间进行测量，每个实验必须做 4 次以上，使学生初步意识到精确的测量结果是需要反复测量的。测量完毕，让组与组之间进行交流、分析数据,从而得出最合理的结论,这种方式能充分调动学生的积极性,突出学生间的合作研讨,共同发现知识、运用知识、解决问题、优势互补,培养学生探究的能动性。

4. 课后延伸,拓展生成

由于课堂教学的时间有限,课堂上研究的自然事物也是有限的。因此,有些科学活动不可能在 40 分钟的课堂内完成,必须在课后来拓展延伸。如《生物与环境》单元中的《它们是什么关系》,学生不可能在 40 分钟内观察到蚜虫吃什么,瓢虫吃什么,这就需要把课内观察的内容延伸到课外进行。又如《观察生态瓶》,学生也不可能在一节课内发现生态瓶中生物的变化,必须靠大量的课外观察、记录。这样,学生可以在课外观察到一些课内观察不到的内容,然后在课堂上进行交流,从而了解了一个环境里生物之间的关系,为学习食物链、食物网打下了基础。课内课外的相互结合,课后不断延伸,不仅保护了学生探究科学的积极性,同时又培养了学生良好的科学素质和探究习惯,调动了学生探究知识的积极性。

总之,让探究成为学生学习科学的自我需要,使学生积极参与到科学探究活动中去,保持他们对自然界的好奇心和探究欲,掌握科学的探究方法,全面提高他们的科学素养。动态生成型科学教学应该是一个完整的过程。在此过程中,学生应学习探究的方法、掌握核心的科学知识和概念,同时培养批判性思维,即尊重事实、尊重别人、合作而主动积极的科学态度等。

第四节　辐课程:拓展课程特色化创建

辐课程是遵循全息理念开发的校本课程,以国家教材为纲,联结生活,有序拓展,成为国家意志落实的有效补充。外小的拓展课程总的原则是"人人惠及,计划实施"。现有小学语文全息阅读、思维拓展、全息德育等拓展性课程(详见前表 5-2)。

一、《全息阅读》的开发与实施

我们依据全息阅读教学理论,用数年的时间编写了一套 12 册《全息语文》的配套学习资源——《小学语文全息阅读》(简称《全息阅读》)。其编制遵循语文教学文本全息的原则,根据全息阅读教学的一般模式,以文本为全息元,从相关体验、相关知识、背景材料、相关文本 4 方面进行拓展,充分发挥了教材的吸引功能和点燃功能,让学生的课外阅读以教材为基点有序地拓展与提升，也为教师的教学提供有力的支撑。用人教社的王林博士的话讲就是："'课内课外'，不是指课堂内外，而是指课本内外。这套读本在实践过程中，并不是让学生在课外自由阅读，而是作为教学内容在课堂上学习。更多教学资源的加入，提升了教学效率，加快了教学节奏，也增强了教学的有效性。孩子读到的东西不只是教材，在单位时间内读得更多，视野开阔了，思考多元了，智慧增加了。"

　　本套丛书整体框架与现行教材配套，把每册内容分为 8 组，每组由主题与导言、厚积薄发、博学广闻、书海冲浪、超级链接 5 个版块组成。

　　【厚积薄发】这个版块充分考虑了诵读材料的经典性，既包含了课标中规定的 70 首必背古诗，又将唐诗、宋词、元曲、《论语》《三字经》等诵读经典做了精选，然后根据教材的相关性以及难易程度，将其有系统地分布于各单元之首，在数量上逐年增加，供学生平时有序地诵读积累。到高年级还增加了一部分古文名篇，为的是做好小学与初中的衔接。在内容上，尽可能与教材相关，以激发学生兴趣，比如第一单元是写景的诗歌，并且有白居易的《忆江南》，我们就配了《忆江南二》《忆江南三》。

　　【博学广闻】主要提供与教材内容相关的背景资料，比如作者介绍、名人逸事、语文知识、相关背景等等，是师生课内学习过程中遇难解疑的好帮手，可以为文本研读提供便利。这些资料是我们深度备课后根据教学需要配置的教学资源，是其他同步阅读丛书没有的，也是全息阅读教学理念的切实体现。有了这些资源，语文课可以上得更加丰厚，更加有效，更加灵活。从功能上来说，这个栏目可以起到拓展、点拨、释疑的作用。比如《长征》一课补充的资料有 3 篇：《二万五千里长征》《巧渡金沙江》《飞夺泸定桥》。博学广闻版块共 480 多条资料。

　　【书海冲浪】主要选编跟课文相关的名家名篇。这些阅读文章除了内容相关，更重要的是体裁、语言形式及风格的相关。比如《桥》(黎明的时候，雨突然大了。像泼。像倒。山洪咆哮着，像一群受惊的野马，从山谷里狂奔而来，势不可挡。)配《大江保卫战》，一是题材相关，都描写了抢险；二是语言风格相同，都用短句表现情况的危急，扣人心弦(暴雨，大暴雨，一场接着一场，奔腾不息的长江，转瞬间变成了一条暴怒的巨龙，疯狂地撕咬着千里江堤。荆江告急！武汉告急！九江告急！)。阅读这样的相关文本可以让学生进行比较性阅读、欣赏性阅读、迁移式阅读，利于阅读方法及语言图式的迁移，这不仅是课文内容的拓展和延伸，也是课内语文知识的巩固和提高。书海冲浪版块共配套了 385 篇阅读文章。

　　【超级链接】根据教材内容，给学生和教师指明进一步研究拓展的路径，比如推荐相关网站，设计一些由课内延伸到课外的综合实践活动，为师生打开更多的视窗，为他们呈现更广阔的天空。

　　另外，每册的最后都有一个附录，是本学期的课外阅读推荐书目。必读书目共60本，选读书目40本。至此，一套书已经构建了一个相对完善的课外阅读体系，为语文教学的整体改革提供了一个操作性极强的推进模式。这套书已由浙江摄影出版社正式出版发行，面向社会推广。

　　《小学语文全息阅读》的利用主要体现这样的精神：课内与课外结合，诵与读结合，自主与他律结合，使用与修订结合，学生成果与教师成果共享。其利用必须合理有效，以课内灵活运用和课外自主阅读相结合的方式进行。在课内的利用尤为讲究，经过反复实践，我们觉得课内运用要注意：煽情性的信息要用在火候上，背景性的信息要用在困惑时，哲理性的信息要用在实践中，延伸性的信息要用在感悟后。课外自主阅读有积累性阅读、比较性阅读、补充性阅读、探究性阅读等。

【例5-2】全息阅读实施策略

　　学生的"课外阅读"不是指课堂外的阅读，而是指课本外的阅读，崔峦先生提出今后语文教学改革的方向："怎样才能让课外阅读挤进课堂呢？首先应该将课外阅读指导课列入校本课程，设每周一节，进入日课表规范实施。这节课从哪里来呢？语文课中来！为了尽量不增加学生总体的学业负担，我们在做加法的同时，更应考虑做减法。因此老师要精讲精练，少布置无谓的、机械的、重复性的作业，少上聊天式的、没有目标的、低效的语文课，在提高课堂效率的同时，将课外阅读挤进课堂。"教育家苏霍姆林斯基曾说过："让学生变聪明的方法，不是补课，不是增加作业量，而是阅读、阅读、再阅读。"阅读是搜集处理信息、认识世界、发展思维、学习语言、获得审美体验的重要途径。

　　其次要进行有的放矢的指导。课外阅读指导课有许多种形式，不同的形式要体现不同的特点：

　　——拓展课要迁移。小学阅读教学中的拓展阅读至少有两类：一类是背景资料的拓展阅读，这一般结合到阅读教学中进行，可以加深对文本的理解；二是相关文本的阅读，其最大的好处是便于语文学习的迁移，比如文句的表达方式，文章的布局谋篇，文章中所叙述和阐发的事理，都可以在学习课文之后，在进一步的独立阅读中实现迁移和积累，这样的积累是更高层面的积累，是语文素养的提升。比起单一的抄抄写写的练习，这种用相关的阅读来巩固语文知识与技能的方法，效果显然要好得多，因为这样的过程为学生呈现的是在一定语境中的系统知识，是在阅读实践中运用的鲜活知识。这样的阅读与整本书的阅读相比，有一个小小的缺憾，即这类文选型的材料少了非常具有冲击力的故事情节，对学生的阅读兴趣也许会有所影响，但是它依然有不可替代的作用。

　　——分享课要发现。比如上《爷爷一定有办法》的绘本阅读分享课，老师可以利用学生的阅读惯性——只读文不读图的现实，以此作为学生的认知基础、教学起点，把整堂课的教学重心向读图倾斜，事实上对于绘本来说，图比文更重要。引导小朋友在一次又一次的读图中发现图画的生动传神，发现图中隐含的故事，发现书的角角落落给我们传递的许多信息。正因为这些发现是实实在在的，是学生事先没有察觉的，所以学生的学习就有了足够的动力。再加上教师有意识地引导语言的迁移，渗透读书方法的指导，有意无意间点拨选书的诀窍，上完这节课，学生满载而归。

——推介课要激趣。学生没有读过这本书，老师的意图在于让他们喜欢上这本书，能初步了解这本书的特点，然后迫切而有效地去阅读。选用猜读的方式往往能抓住学生好奇、乐于探究的心理，将书推荐给他们。在推介的过程中，既引导学生了解故事的大概，也感受生动的人物形象，更可以品味作家语言的魅力。

二、《思维拓展》的开发与实施

我们探索"生长数学"，是希望通过从"生产"走向"生长"，更好地突出儿童的"会思考"和数学的"可亲近"。为满足不同学生在数学学习上不同的发展需求，我们编写了一套《思维拓展》活动手册，与现行北师大版数学教材同步，内容贴近教材，贴近实际生活，使学生在掌握书本知识的基础上有所提高和深化，致力于发展学生的学习力和思维品质。活动手册的编写立足于课程标准的基本要求和教材的重点、难点，对教材的有关内容进行了必要的延伸与拓展；在知识点的选取，结构的设计，素材的选定等方面充分关注了学生的需求和发展，注重基础的夯实，强调能力和思维的训练，力求达到巩固基础、启迪思维、开发智力的目的。

12册《思维拓展》活动手册的编排以学生为中心，融知识性、趣味性、智能性、自主性、探究性于一体，以活动化的方式展开研究，让学生尽享探索乐趣，真正促进学生思维发展。每册书安排8～12讲，每一个知识点分为活动导航、活动示例、我能行、综合拓展4个版块，并配套一级挑战卷和二级挑战卷，满足不同能力学生的学习需求。

【活动导航】以文字描述的方式来阐述本方案的知识学习要点，提醒孩子需要注意的问题。

【我能行】每个例题都以人物对话的形式来展开教学，符合孩子的认知规律和学习特点，帮助不同层次的孩子接受思维的挑战，以满足分层教学、个性化辅导的需要。并跟进3道练习，便于及时巩固方法。

【综合拓展】本版块设计了6题星级挑战，从1星到3星合计为10星，针对不同的孩子选择不同的星级进行挑战，并跟进活动的评估，能很好地评价孩子的学习情况。

【知识链接】如果说前面几个版块在于拓宽知识的深度，此版块的设计则意在帮助孩子拓宽认知的广度,以数学阅读的形式呈现素材,可以打开孩子更宽的认知视野。

每周一讲,在学生自主探究的基础上教师引领,分一星、二星和三星题,让每个学生都能得到良好的发展。每讲都有活动导航,3个例题都以活动化的方式呈现分析与解答,并相应配套"我能行"3道题,最后是6道综合拓展题,分一星、二星和三星题,共10星,学生可以根据实力自主挑战,让每个学生都能得到良好的发展。每一讲后面都有一个趣闻乐园,激发兴趣,拓宽知识面。

学校每周设两节思维拓展课,作为生长数学的辐射课,具体操作原则是"适合学情,适度拓展"。每个年级组在集体备课时从《小学生思维拓展活动方案》中选择,并暂定学习内容,任课老师根据自己班学情,对活动方案进行再度选择,课中进行适度拓展练习。在生长式思维拓展课堂中,学生自主生长问题、生长方法、生长观念、生长经验……在主动寻求的过程中实现思维的递进和能力的增长,力求让每个层级的孩子都得到适合自己的思维锻炼和思维拔节。

【例5-3】思维拓展《还原问题》课例(片段)

(一)一星级★

1.一个数先乘6后再减8,再除以4,最后加3得46。那这个数是多少?

(1)学生独立尝试。

(2)拿上作品汇报一下:

方法一:运用模型

$$(\quad)\xrightarrow{\times 6}(\quad)\xrightarrow{-8}(\quad)\xrightarrow{\div 4}(\quad)\xrightarrow{+3}46$$

方法二:直接计算

46−3=43　　43×4=172　　172＋8=180　　180÷6=30

还有不同的想法吗?

(3)检验:这个数真的是30吗? 你有什么办法可以证明? ——正着验证。

(4)讨论:这种方法可以吗? 为什么?

46−3×4＋8÷6=30

2.平平走了一段路的一半后,又走了剩下的一半,还剩下2千米,这段路有多长?

方法一:在箭头图上为什么要写 ÷2?

$$(\quad)\xrightarrow{\div 2}(\quad)\xrightarrow{\div 2}2$$

方法二:画线段图

方法三:直接计算　　2×2×2=8千米

（二）二星级★★

3. 有一篮水果,拿出全部的一半多2个,篮子里还剩下10个,这篮水果原来有多少个?

（1）你认为是哪个答案?

A. 10×2-2=18 个

B. （10-2）×2=16 个

C. （10+2）×2=24 个

（2）你能选择一种方法来证明自己的想法吗?

A. 线段图:

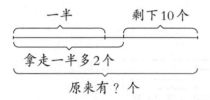

看图思考:怎么样才是一半呢?

B. 箭头图:

（　　）$\xrightarrow{\div 2}$（　　）$\xrightarrow{-2}$10

思考:这个箭头图上,为什么要先除以2,再减去2呢?

——先拿走一半,再接着拿2个,就是一半多2个了。

C. 计算过程:

（10＋2）×2=24（个）

答:这篮水果原来有24个。

（3）还有不同的证明方法吗? 如果老师把题目改一改,请看:拿出全部的一半少2个。你觉得用箭头图该怎么表示? 为什么?

（三）小结揭题

1. 揭题:你们真是太棒了! 来,比较一下刚才我们解决的这些问题,想一想:它们有什么共同的特征吗?

——从结果出发去推测开始状况,这样的思考方法在数学上叫作"倒推",也可以叫"还原"。这就是咱们今天研究的问题,叫——还原问题。

——还原问题可以分成三个步骤来解决:正着记录,倒着思考,正着验证。

2. 解决还原问题需要注意什么?

引导:如果我只知道最后的结果是10,你知道这篮水果原来有几个吗? 为什么?

——变化的过程。(方式和顺序)

3. 生活中可以用还原法解决的问题还有很多,平时我们要留心观察,善于发现,做个有心人。

(四)提高拓展　三星级★★★

4. 强强看了一本书,第一天看了这本书的一半多2页,第二天看了剩下的一半少3页,这时还剩下15页没有看,这本书一共有多少页?

方法一:(　　)$\xrightarrow{\div 2}$(　　)$\xrightarrow{-2}$(　　)$\xrightarrow{\div 2}$(　　)$\xrightarrow{+3}$15

方法二:(15−3)×2=24(页)

　　　　(24+2)×2=52(页)

　　　答:这本书一共有52页。

方法三:线段图

一半多2页

一半少3页　15页

共有？个

三、《全息德育》的开发与实施

《全息德育》是根据本校的学生实际,经过细致的调查分析,自主开发的独具外小特色的德育课程。开发生活、寄寓意义;开发教材,集零为整;完善课程,养育人格——这是我们开发全息德育教学理论和实践体系经历的三个阶段,为以往松散随意的学校德育提供了系统的改进蓝本。我们从问题导向、需求导向、价值导向三个维度入手,将德育的零碎行为固化为常态的活动,将无意识的活动提升为有系统的教育。

问题导向。教学中存在这样那样的问题:动不动就发脾气的孩子,不知怎么引导;学生早恋,分心严重;活动时会有同学受伤的,怎么应急?家长财大气粗,孩子也没教养,应该怎么做?

需求导向。一年级新生总是哭鼻子想妈妈;孩子们经常扁桃体发炎,怪学校照顾不周;喜欢小动物,但校园生活不能满足等等。

价值导向。家庭富有,怎样才是正确的消费观?怎样才是真美?

基于此,我们编写了12册《全息德育》活动手册,架构了4方面内容(见图5−6):

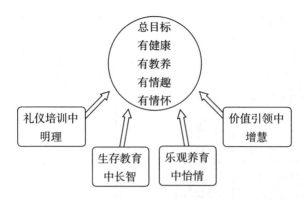

图 5-6 《全息德育》内容架构

礼仪培训中明理。根据学生实际及可能资源,编制了包括校园礼仪、家庭礼仪、社会礼仪等内容,比如第一册中我们就安排了《进餐厅有讲究》《小小问候暖人心》等专题,希望每一个学生能成为"心中有他人"的文明人。

生存教育中长智。充分利用寄宿制学校的资源,从生活教育、生存能力、生命教育三个维度安排内容,既有个人生活项目,也有生存教育内容,如《用药的安全》《急救方法》《鱼刺卡喉咙》,还有珍爱生命教育,如《父母养我有多难》等等。

乐观养育中怡情。心理健康教育与道德智慧启迪的高度融合是这套活动手册的又一亮点。借助积极心理学理论,我们将心理健康教育着力于乐观品质的养育上,如《勇敢面对黑暗》《做个合群的孩子》《条条大路通罗马》等。

价值引领中增慧。小学是学生形成价值观、人生观的重要时期,《真我才是真正美》《人生需要梦想》等内容,就是希望在人生教育的关键点,给孩子们一些引领。

在"生活浸润式"全息德育实践模式中,"全信息孩子"是全息德育实施的原点;"全营养生活"是全息德育实施的关键;"全人格学生"是全息德育的根本追求。因此,我们还构建以"心中有他人"为核心的全息德育课堂。以学生需求为基点,全方位审视并改善校园生活,有温馨科学的生活浸润,有丰富充盈的生活浸润,也有智慧高雅的生活浸润,重构了"生活浸润式"全息德育校园生活,并完善"生活浸润式"全息德育评价体系。(见图 5-7)

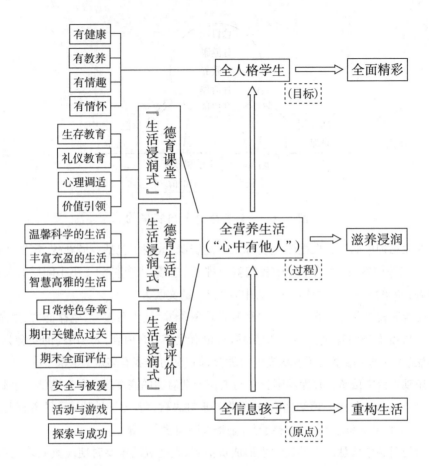

图 5-7 "生活浸润式"全息德育课程实践架构

我们还构建了一系列的文化日、文化周、文化节活动,作为学生综合实践活动课程。如两年一届的"外小奥运会"已有了完整的系列:第一届,感受多元文化;第二届,了解奥运历史;第三届,研究奥运项目……这个让学生感受多元文化的学习项目,取得了很好的效果,不仅点燃了学生的学习热情,还带动了广大家长参与的激情。每逢外小奥运会,相关照片、视频迅速在社交网络刷屏,在网上广为流传。

我们把全息德育课排入课表,常态开展教学活动,始终坚持生活体验。教师备课时充分利用手头的两本教材,《道德与法治》为主,《全息德育》为辅,互相补充,融合印证,上课时就能更加得心应手。教学目标制定根据学生和教材情况从笼统走向细化,定位就能更加准确。

【例5-4】全息德育《地球——我们的家》教学设计 ①

活动一：资料"1+1"，立观点

观点1：人类唯一的家园——地球

1. 假如离开地球，人类还能生存吗？

（1）基于证据做出合理判断。

A. 利用《道德与法治》第28页下方资料。

B. 利用《全息德育》中《知识窗》的内容认识除月球和火星之外星球的特点。

（2）形成观点：地球是目前为止人类唯一的家园。

观点2：和谐美好的人与自然

1. 选择三幅图中的一个案例，说一说图中的人们是怎样与自然和谐相处的。

2. 总结规律：关注三幅图中人类建造居所时的位置和使用的材料，与大自然和谐相处。

3. 除了书中提到的人类的居所与自然和谐相处，你还知道哪些人类与自然和谐相处的事例吗？

4. 学生自由畅谈后，出示《全息德育》第38页中经典图片（源于《我的野生动物朋友》），阅读《全息德育》中《小博士教知识》中的文章《春秋时期的一次成功野保行动》。文章内容大意：春秋时期，大夫里革阻止鲁国宣公捕鱼的事情。

5. 说说看完故事后的发现，多维度思考发现。

活动二：学习方式"1+1"，达深度——《环境问题敲响了警钟》

1. 资料学习，讨论：日本的水俣病事件告诉我们什么？请参照图示，说说你对环境问题的理解。

2. 探究性学习：从你所知道的环境问题入手，画出产生某个环境问题的关系图。《全息德育》中的《环境知识大比拼》提供了许多资料，可以使用。（出示）

> 随着人口的增长，水资源已经成为一个世界性的问题。当今世界人均供水量已经比25年前减少了1/3。请问：如今世界的缺水现象已经影响到了多少个国家？（80个国家）
>
> 汞、镉、铬、铅、砷是一类污染物，对人体危害很大，被称为"五毒"。这些污染物随废水进入水体后，被浮游生物吸收，小鱼吃浮游生物，大鱼又吃小鱼，人又吃污染后的鱼类，污染物会逐渐地聚集到

---

① 本案例由东阳市外国语小学吴阳娟老师提供，有删改。

人体内。我们称这样的关系为什么？（食物链污染）

1952 年 12 月发生了震惊世界的英国伦敦烟雾事件,2 个月内造成 1.2 万多人死亡。请问:造成伦敦烟雾事件的原因是什么？（燃煤产生的废气污染）

3. 启示:如果人类不尊重自然,不珍惜默默奉献的地球而是随意破坏环境的话,必将受到大自然的惩罚。

4. 哲思吧:人类发展与保护环境,谁更重要？开展一场辩论会,可以利用搜集到的资料。

统编教材《道德与法治》中的第 4 课《地球——我们的家园》,包括两个方面的内容:一是让学生运用资料说明地球是人类唯一的生存家园,萌发感恩与保护地球的情感;二是引导学生通过案例分析,感悟人与自然和谐相处的古老智慧,明白应该顺应自然、尊重自然的道理。书中提供了图表、文字资料和照片,为学生理解"地球是人类赖以生存的唯一星球"这一观点做了很好的证明,培养了我们要心怀感恩的价值观。

以上两个活动中分别穿插了《全息德育》中"1+1"两份资料的阅读。第一份资料是科学性知识,是有关温度、氧气、水的情况,是对书中"月球和火星"的再补充,也是对学生内心可能有的疑问的再回答,这样的资料补充就更具有说服力。第二份资料是一个生动的历史故事,让学生感性地认识到古人就已经懂得与自然和谐相处,并会了解顺应自然的规律,使学生情感体验更丰富。三张直观形象富有感召力的图片,强烈唤起学生内心的认同感,和动物们、植物们当朋友。

第六章

五育融合：
全息教育的德育架构

第一节　全息德育的指向及课程结构

一、核心素养的德育指向

2014年3月,教育部发布《关于全面深化课程改革落实立德树人根本任务的意见》,提出要把研究制定学生发展核心素养体系作为首要任务,并且"依据学生发展核心素养体系,进一步明确各学段、各学科具体的育人目标和任务,完善高校和中小学课程教学有关标准",文件中首次出现了"核心素养"的概念。

核心即中心、主要部分,素养,谓由训练和实践而获得的技巧或能力。《汉书·眭两夏侯京翼李传》:"马不伏枥,不可以趋道;士不素养,不可以重国。"[1]《道德经》:"万物之始,大道至简,衍化至繁。"[2]

2016年9月,由北京师范大学林崇德教授领衔5所高校90余名研究人员组成的"核心素养体系"攻关小组历时三年的研究成果公布,这就是"中国学生发展核心素养总体框架",共三个方面,六大核心素养,十八个基本要点[3]。(见图6-1)

图6-1　中国学生发展核心素养

---

① 班固. 汉书 [M]. 颜师古注. 北京:中华书局, 2000:3190.
② 王弼. 道德经 [M]. 楼宇烈校. 北京:中华书局, 2008:17.
③ 林崇德. 构建中国化的学生发展核心素养. 北京师范大学学报(社会科学版), 2017(1), 66-73.

核心素养有多重角度和途径，但不管是哪一种路径，最终还是要落到学生的关键能力和必备品格上。下面我们分三方面从全息德育的视角理解和阐释核心素养。

1."文化基础"方面的核心素养

文化基础主要包括人文底蕴和科学精神。

人文底蕴主要是指学生在学习、理解、运用人文领域知识和技能等方面所形成的基本能力、情感态度和价值取向。人文积淀的内涵主要指具有古今中外人文领域基本知识和成果的积累，能理解和掌握人文思想中所蕴含的认识方法和实践方法。学校要培养和引导学生树立以人为本的观念、意识，尊重、维护人的尊严和价值。全息教育的育人观是"全息育人，全面精彩"，就是始终把每一个人作为育人的核心，关心学校里每一个人的价值以及人的发展等，学校结合"生命教育""安全教育"等主题，利用发生在身边的事例来教育学生尊重、维护人的尊严和价值，积淀学生的人文情感。

科学精神就是人们在对世界进行认识以及改造过程中体现出的思维品质以及行为特征，包括反思、自主、理智，这是人核心素养中不可缺少的一部分，需要培养学生的独立思考能力、相互合作能力、批判性思维能力等。全息教育在教育中将独立思考及判断性思维放在重要位置。

2."自主发展"方面的核心素养

自主发展包括学会学习和健康生活。

学会学习是一项每个人都需要拥有的关键能力。2017年9月，中共中央办公厅、国务院办公厅印发《关于深化教育体制机制改革的意见》，明确提出："要注重培养支撑终身发展，适应时代要求的关键能力。"其中包括四个关键领域，第一个领域就是认知能力，要引导学生具备独立思考、逻辑推理、信息加工、学会学习、语言表达和文字写作的素养，养成终身学习的意识和能力。全息教育非常重视关键能力的作用，因为关键能力能够撬动其他学习，这样，学生才能拥有更加自由的可选择时间，才能培养获取信息、处理信息和运用信息的能力，形成终身学习的能力。

健康的生活模式，是学生应该有的校园生活样态，对于一所寄宿制的学校更加如此。学生在丰富多彩的生活中感受成长、身心健康、自尊自信，从而形成健康文明的行为习惯与生活方式等。包括培养健康人格，具有积极的心理品质，自信自爱，坚韧乐观；有自制力，能调节和管理自己的情绪，具有抗挫折能力；能够热爱并尊重自然，具有绿色生活方式和可持续发展理念及行动等。

全息德育的健全的人格包含四方面的内涵：第一是"有健康"。包括生理和心理健康，养成良好的生活习惯，努力达到身体发育良好，体态匀称，体质强健，并学会基本的生活技能；豁达乐观，积极向上，拥有朝气蓬勃的"精气神"。第二是"有教养"：能学会微笑、感谢和赞美，言行有礼仪规范，举止能合乎公德，具有公民的基本素养。

第三是"有情趣":有一定的艺术素养,具备符合社会主义核心价值的审美意识和创造美的能力。第四是"有情怀":具有正确的人生观、价值观,有爱家人、爱家乡、爱集体、爱祖国的情怀,扎中华根,铸民族魂。培育健全人格最终致力于学生的全面精彩。

3."社会参与"方面的核心素养

社会参与包括责任担当和实践创新。

责任担当是指每个人都要积极承担社会的义务,成为负责任的小公民。主要有三个层面的内容:一是热心公益和志愿服务,敬业奉献,具有团队意识和互助精神,能主动作为,履职尽责,对自我和团队负责。二是有社会责任感,具有公共意识,遵守公共秩序。树立法治观念,养成规则意识,养成法治的思维习惯和行为方式。三是对祖国和民族有责任感,爱党爱国,具有文化自信,尊重中华民族的优秀文明成果,积极传播弘扬中华优秀传统文化,自觉践行社会主义核心价值观,为中华民族伟大复兴而不懈奋斗。

实践创新主要是学生在日常活动、问题解决、适应挑战等方面所形成的实践能力、创新意识和行为表现。包括劳动意识、问题解决、技术应用等基本要点。尊重劳动,具有积极的劳动态度和良好的劳动习惯;具有动手操作能力,掌握一定的劳动技能;在主动参加的家务劳动、生产劳动、公益活动和社会实践中,具有改进和创新劳动方式、提高劳动效率的意识;具有通过诚实合法劳动创造成功生活的意识和行动等,善于发现和提出问题,有解决问题的兴趣和热情;能依据特定情境和具体条件,选择制订合理的解决方案;具有在复杂环境中行动的能力等,理解技术与人类文明的有机联系,具有学习掌握技术的兴趣和意愿;具有工程思维,能将创意和方案转化为有形物品或对已有物品进行改进与优化等。全息教育对场域十分关注,学生在校园生活的场域中发现问题,运用知识和技术解决问题,广泛开展 STEAM 等综合性实践,如通过校园的动植物,有效培养孩子们的劳动意识。

二、《全息德育》课程设计结构

外小德育有独特的载体,就是我们设计的《全息德育》。《全息德育》是为将德育的零碎行为固化为常态的活动,将无意识的活动提升为有系统的教育,从问题导向、需求导向、价值导向三个维度入手开发形成。《全息德育》是一门实践性、生活化的课程,编排时非常重视真实生活的体验,综合实践的设计格外注意点燃学生研究、实践的热情。

1."小小亮眼睛"——话题引出,力求生动

我们设计了很多根植于丰富的生活情境的话题,旨在激发学生的学习兴趣,引发他们的情感共鸣。纵观 12 册教材,不管是涉及礼仪教育的教材中提及的"宝贝故

事"小小亮眼睛"，还是涉及生存教育的"新闻链接"，或者是涉及心理教育的"个案回放"，无一不是学生乐读、爱读的小故事，只不过是为了配合各自不同的教育目的，以不同的"文体"出现在学生面前而已。涉及心理教育的，我们觉得选取学生个案，通过个案剖析一种现象，更具实际意义，所以设计了"个案回放"的部分。如礼仪知识教育的编写，采用的是"导语＋宝贝故事"的形式，心理品质教育的内容，就采用了"个案回放"的形式。再如养成教育中的生存知识，考虑到年段的特点，低段我们依旧采用了"宝贝故事"，高段则用了"新闻链接"的方式。

【例6-1】不同篇章举样

文明说话，做个合群的孩子

礼仪篇

> 如果有人问："你会说话吗？"你一定觉得很可笑。而实际生活中，确实有不会说话的人。当然，他不是聋哑人，而是指说出话来让人不受听的人。常言道：良言一句三冬暖，恶语伤人六月寒。那么，如何说话才会让人受听呢？

 宝贝故事

古代，有一位从开封到苏州去做生意的人，半路上迷失了方向，在三岔路口上犹豫不定，忽然，他看见附近水塘旁边有一位放牛的……

预防走在前，不怕传染病

 新闻链接

生存篇

2003年4月，一场没有硝烟的战争打响了，SARS病毒疯狂在空气中传播，全国上下，白色口罩遮住人们的笑脸，学校停课、工厂停工，长时间的封锁隔离给人民带来了极大的影响。

2013年3月，一种新型的禽流感病毒"H7N9"袭击了全国多个省市，给人们的生活和生命带来了一定的威胁。中国疾控中心主任王宇8月15日说，自3月底我国首次发现H7N9禽流感病毒以来，截至今日，大陆确诊病例134人，台湾确诊病例1人，其中45人死亡。由于人感染禽流感的病例已经出现并显现出很高的死亡率，近年国际上已将禽流感视为新出现的一种人类急性传染病。

2."小博士教知识"——理论剖析,力求通俗

俗话说,动之以情,晓之以理。学生的内心深处,也有一种对权威、对科学的崇拜情结。因此,为了使我们的教育更具有效性,在这一环节我们应该引用跟所学内容相关的科学理论。如涉及生存教育和礼仪教育的"小博士教知识",我们引用的是一些科学常识,一些礼仪规范;涉及心理教育的"心理解密",我们引用的往往是一些心理学概念。这样一来,不但使我们的教材有理有据,还让我们的学生在接受德育熏陶的同时,拓宽了知识面,开阔了视野。例如三年级《运动后缺水,宜正确补水》这一课,我们采用的就是"小博士教知识"方式,教授身体需要多少水分,判断缺水的方法等,渗透了许多科学方法。

【例6-2】"小博士教知识"举样

水是人体内不可缺少的重要物质,人体重的80%是水,体内一切物质的代谢活动,几乎都是在水的参与下完成的。比如说,食物消化需要水,营养需溶于水才能被细胞吸收,代谢物需溶于水才能被排出体外。但是喝多了水,会增加心脏的负担,也会增加肾脏的负担。口渴时,千万不可一次"喝个够",要少喝、多喝几次才好。

如何判断是否缺水?

1. 自觉口渴。

2. 长时间没喝水。

3. 运动过程出汗极少或无汗,且容易疲劳,敏捷性和协调性下降。

4. 嘴唇干燥起皮。

5. 大汗或严重腹泻后。

3."开启心锁"——操作引领,力求简明

每一个话题的提出,都是为了指导孩子正确的言行。因此,操作指南也就成了我们这套教材编排体系的重中之重。所以我们想方设法地用尽可能简洁的言语,告诉孩子们一些简便易行的方法。如:涉及关怀教育、礼仪教育和中低段的心理教育中提到的"我们应该这样做";涉及心理教育中提及的"开启心锁"等。

【例6-3】"我们应该这样做"举样

运动补水方法

运动前加水：建议在开始运动前15~30分钟饮水100~250ml。注意要适量分次，饮水量一次不宜过多，否则会加重心脏和肾脏的负担，不利于运动的顺利进行。

运动中补水：补水的方法是"少量多次"，不要一次喝大量的水，以免造成腹部不适，影响运动效果。

运动后补水：也应逐渐少量多次补水，不要一次大量饮水。

4. "桌面游戏棋" ——践行拓展，力求可行

作为一本培养学生良好行为习惯、品德修养的校本教材，如果只停留在行为规范的说教上，那就好比是纸上谈兵。用什么样的方式能让每节课的教学目标真正达成，让学生真正得到锻炼、成长呢？我们把每课知识点先讲解，再用儿歌的形式总结归纳，紧接着安排相关的实践活动，最后通过各种形式的评价反馈孩子的活动成果。为了把每条行为习惯落到实处，我们把"快乐行动"和"评一评"紧密结合，来督促孩子规范自己的行为。我们还尤其注重设计一些情境性的实践活动，如小游戏、真实体验、竞赛活动等，让孩子在亲身参与实践、亲身体验活动中真正学到本领，切实提升道德智慧。

为避免空洞的说教，我们用儿歌归纳操作要领，安排有趣的实践活动，通过多种形式评价。比如学生自己设计的桌面游戏，"饮食安全跳跳棋""交通安全游戏棋"等，具有很强的趣味性。

【例6-4】"桌面游戏棋"举样

1. 小朋友们，刚才讲的都记住了吗？现在让我们排着队跟老师去餐厅，演练一下就餐的姿势和就餐完毕时碗盘摆放的方法，然后熟悉一下餐厅洗手的地方和卫生间的位置。

2. 课后和小伙伴一起玩饮食安全跳跳棋，说说你都学到了什么新知识。

第二节　全息德育的课堂范式

　　将礼仪培训、生存教育、心理健康、价值引领四大内容统整入德育范畴,创造性地构建了"生活浸润式"全息德育课堂,既强化了当前教育的薄弱环节,体现了提高公民素养的时代需求,也使德育根植于多样的生活,切实提高了德育的实效性。我们把全息德育课排入课表,常态开展教学活动,始终坚持生活体验,强调时时"心中有他人",取得了很好的效果。

一、"礼仪培训课"课堂范式

　　礼仪培训课一般包含四部分内容:"**故事引入**"贴近孩子生活,在讲的过程中,不断加入追问,引发孩子深入思考,拉近师生距离。"**辨别对错**"则是呈现为"小小亮眼睛",让孩子们找一找,用"笑脸""哭脸"进行判断、甄别图中小朋友的做法。"**实践体验**"是在实践操作过程中,体会做事待人之道。"**适时评价**"是以自评为主,他评为辅,课内与课外相结合进行评价。有教养的核心是公共空间要"心中有他人"。(见图6-2)

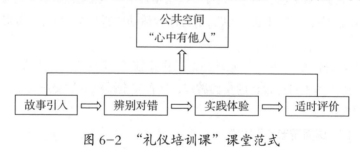

图6-2　"礼仪培训课"课堂范式

【例6-5】礼仪培训课(片段)[①]

　　在实践操作中,我们先从《道德与法治》中学生已知的内容入手,让学生知道中华民族是"礼仪之邦",从正面提升学生的民族自豪感;一个小故事引出话题,让孩子们了解到在生活中,注重仪表是多么重要。

　　我们不能以简单的是否落实"穿戴校服要整洁;穿着衣物看场合;搭配服饰要得当",来衡量孩子是否掌握了礼仪知识。既然这是"德育"课程,那么我们必

---

① 本案例由东阳市外国语小学吴滢老师提供,有修改。

须关注"德"的育人目标。结合《穿着得体人人夸》这一课的教学设计，我们重点关注了这样两个维度的辨析：

1.在礼仪操作层面，习惯审视世界

为了让学生掌握"穿着得体"这一礼仪行为，我们设计了三个版块进行教学。

第一版块：穿戴校服要整洁	第二版块：穿着衣物看场合	第三版块：搭配服饰要得当

在每个教学版块中，我们都设计了一系列的实践活动，让学生明白服饰穿着、搭配的要领。这样的礼仪操作知识点，对好奇心很强的二年级的孩子来说有一种莫名的吸引力。

但从德育的角度来看，了解这些知识点还远远不够。在每个版块的最后，我们都增加了一个"审视世界"的环节，从"对自我""对他人"等不同角度进行审视。

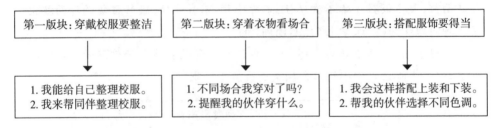

这两个教学环节的加入，促使学生滋生"审视自我"的意识和"审视他人"的审美观念。在这个过程中，为了养成学生自我反思和自我批判的道德品质，我们整合各类德育教材的相关内容。如《道德与法治》中的"我想对自己说……""我来评一评……"栏目，又如《少先队活动》中的"我来劝劝他"栏目。

经常性地自我反思，能帮助孩子们正确面对自己，树立正确的人生观和价值观，当几套教材的内容都指向这个层面，久而久之，学生对自我反思、换位思考的习惯性思维因素将会大大增加。学会了自我反思、学会了换位思考，他们就会在学会"心中有他人"的过程中向前迈进一大步。

2.在综合实践层面，学会动手操作

我们知道，德育不能是口号，不能给学生贴一张思想品德"好"或者"不好"的标签，育德不是纸上谈兵，也不是几个知识点、几个理论能说明白，育德的过程是要在实践、活动中一步步培养起来的。因此，德育课有它的综合性和实践性。

在教学《穿着得体人人夸》一课时，我们就把服装展示架搬进了课堂，把各种服装分门别类地搬进课堂，让孩子们在实践活动中实打实地体验了一次服装搭配。

我们把教学活动分为这样几个版块。

第一版块:服装征集	第二版块:服饰分类	第三版块:服饰搭配

看似平常的三个版块,却处处考验着孩子们的道德品质,在实践操作中,孩子们的互相磨合和妥协,无时无刻不在接受着"德育"。

第一版块:
服装征集

> **观察员声音**
>
> 刚刚告诉孩子们,分组把自己家里的服装带来,就有孩子不乐意了。原来,任务单上要求每四个孩子一组,每组需要准备两套正装(一男一女)、两套运动服(一长袖一短袖)、两套休闲服(一裤装一裙装)。四个孩子,准备六套服装。
>
> 有的小组因为带的数量不同而产生了意见;有的小组大家都抢着带运动服、休闲服,没有人愿意想办法找不太常见的正装;有的小组男女比例不同,大家又为此开始愤愤不平。

我们常教育孩子们,对人要宽厚,要忍让,退一步海阔天空,但是当实际问题摆在面前,大多数孩子都不肯忍让,不肯吃亏,不肯妥协,服装征集的场面就出现了各种问题和分歧,课堂上"热热闹闹"的。

发现了问题,总要解决问题,于是我们在课堂上引导孩子们思考:怎么分工、怎么合作,才能让我们小组准备的服装最符合要求。

第二版块:
服饰分类

> **观察员声音**
>
> 服装顺利进入了课堂,给它们分类又遇到了麻烦。我们让每个小组的孩子把不同类别的服装分别挂到"正装区""休闲区""运动区"三个不同的区域。但是有些服装比较不好定性,如衬衣(带花纹的)、短袖 T 恤衫、毛呢短裙等,有些既可以算正装,也可以属于休闲服,孩子们的各种声音又出现了。
>
> "这件衣服是我带来的! 所以听我的安排!"
>
> "我先拿到的! 我先挂上去的!"
>
> "你凭什么把我刚挂好的又拿走啊!"
>
> "我们几个人守住这个架子,除了这几件衣服其他不许挂进来。"
>
> 这样的声音,真让人啼笑皆非。

不实践一下,不动动手,怎么会听到孩子们这些奇奇怪怪的想法呢? 出现了这些问题,我们的德育工作才能润物无声、有的放矢地进行。

第三版块:
服装搭配

> **观察员声音**
>
> 在音乐声中,孩子们要根据不同的场景(葬礼、婚礼、逛街、购物、游乐场、运动场等),去不同类别的衣架子上选取适合的服装。考验孩子们会不会分工合作,会不会谦让的时候又到了。
>
> 能顺利在规定时间里完成搭配任务的个人很多,全体完成的小组却寥寥无几。有个别的孩子拿不到自己想要的服装,一赌气,对同学不理不睬,直接退出任务;有个别孩子为了一条喜欢的裙子和同伴吵得不可开交,直到下课也没有争论出头绪来……

这些都是孩子们真实的内心活动和表现，绝不是纸上谈兵能表现出来的。如果在课堂上不让孩子们动一动，而是简单地让他们进行连线、判断对错练习，恐怕永远也看不到这些真实的情况，难以对孩子们真实的道德水准和价值观进行判断。

二、"生存教育课"课堂范式

生存教育课一般包含三部分内容："创设情境，引出话题"是用"新闻链接"的形式，直击生活事件，在情境中产生问题，引出话题。"自主探究，实践体验"就是充分关注学生原有的知识经验，自主尝试解决问题，在实践中体验磨炼才干，在共同生活中强化"心中有他人"。比如《野外逃生》一课，因为实践难度大，我们就开发了体验版网络游戏，让学生在虚拟的情境中体验，尝试解决问题。既有单人学习的设置，又有多人互动的扩展，培养玩家勇于面对困难及互帮互助的精神。"举一反三，拓展运用"是引导学生活用所学的生存知识，为生活服务。（见图6-3）如在《科学饮食才健康》中引导学生了解这些知识之后，自己制作食物搭配飞行棋，边玩边巩固所学知识。

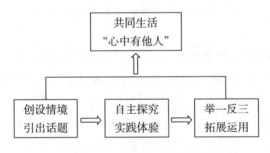

图6-3 "生存教育课"课堂范式

【例6-6】合理搭配有营养①

一、谈话导入，揭示课题

1. 聊一聊：孩子们，在你心目中，你觉得哪一种食物是最好的？（注意：学生自由辩论，意识到没有一种食物是最好的。）

2. 小结：大家说得都很有道理。就像丝瓜，它的确很有营养，但我们通常都在7、8、9月份吃，而不吃冬天的丝瓜。俗话说得好，"逢熟吃熟"，就是说吃菜也要讲究季节。蜂蜜也很好，很多人爱吃，但糖尿病患者却不适合吃蜂蜜。所以慢慢地我们明白了，自然的，吃的人也很适合的，能提供均衡营养的食物是最好的。（板书：自然 适合 均衡）可见，饮食是有讲究的。那么怎么样才是科学饮食呢？

_____

① 本案例由东阳市外国语小学金美瑾老师提供，有删改。

这节课我们就来一起讨论这个话题。（板书课题）

二、学习文本，了解饮食知识。

1. 打开《全息德育》第10课，这一课告诉了我们很多的饮食常识。你如果想让自己科学地饮食，适当地了解、记住这些饮食常识是非常必要的。所以接下去老师想让你们挑战一下。马上看，看谁记得多，等会儿我们来一场比赛。

2. 积累常识。

3. 回顾生活：除了书上的，你还了解到哪些饮食常识？或者有没有要提醒大家的？

4. 小结：吃东西有风险啊！科学饮食很重要！可是刚才我们用了这么多时间也才记住了五六条。有什么好办法把这些枯燥的饮食知识变生动，让我们的"小手"们也能很快地学到这些知识呢？

三、制作飞行棋，活用饮食常识

（一）示范指导，制作棋子

1. 导入：今天我们就来制作饮食常识飞行棋，把这些知识换做一颗颗棋子，让"小手"们在游戏中增长智慧，在活动中学会知识。好吗？

2. 示范指导

教师拿出一颗棋子：孩子们动动脑筋，小小的棋子上该怎么写饮食常识？

（1）看，这条饮食常识——（出示：柿子空腹吃易患胃内柿结石，千万不要空腹吃。）

你在设计的时候会怎么写？ 还有更简洁的吗？ （控制在10字以内）

老师也写了一张（出示小圆片）。还有别的写法吗？

（2）再来一条——（出示：牛肉＋土豆：牛肉营养丰富，但较为粗糙，有时会影响胃黏膜，土豆与之同煮，不但味道好，而且因土豆多含维生素C，还可起保护胃黏膜的作用。）

这么长的一段适合抄上去吗？那该怎样写呢？还有更创意的写法吗？

老师也写了一张（出示小圆片）。第二个加号你明白吗？什么意思？这样是不是更简单更有意思了？

3. 制作棋子

（1）现在我们试着每人写3张，看谁写得好。

（2）写好了吗？我想请一组小朋友与大家分享一下，每位同学挑一颗棋子，其他小朋友竖起你的小耳朵仔细倾听，如果有好的建议或想法可以马上举手告诉大家。

（3）再看看你的棋子，有没有要修改的地方？

（二）小组合作，明确职责

1. 棋子做好了，咱们来分分工。每组推选一位画画比较好的同学画棋面。入选同学请举手。你们的棋面可别太简单，必须保证能放 20 颗棋子。请两位同学整理出 10 个棋子，内容重复的要取舍，有创意的要优先录取，不够的由你们俩负责再制作。最后一位同学写游戏规则。

2. 明确了吗？制作时间为 10 分钟。设计师们，先别着急，我给你们一个标准，你们的棋要做到：准确、简洁、有趣。（出示）等会儿音乐停止，大家马上停笔结束活动，能做到吗？那接下去开始有序活动吧！

（三）互动玩棋，完善设计

1. 接下来就是见证奇迹的时刻了，验证一下我们的棋是不是真的做到准确、简洁、有趣。一位同学拿着你们设计的棋找两三位老师一起玩，小组中其他三位同学在旁边观棋，观棋不语但要思考：棋玩得有趣吗？有什么问题吗？总之，验证结束后要请教玩棋的老师，带回合理化的建议。时间 3 分钟，老师拍手后马上回来。

2. 每组一位同学举着棋，汇报带回的建议。

3. 回去后完善自己的飞行棋，有兴趣的可以自己做棋送给自己的小手。

三、"心理调适课"课堂范式

心理调适课一般包含四部分内容："个案回放，聚焦表象"是从贴近学生生活实际的个案导入，引发学生的情感共鸣，然后客观地分析事件缘由，聚焦事件的表象。"心理解密，剖析原因"是科学准确地引导学生透过事件表象，分析背后的心理原因。"角色体验，掌握方法"指的是学生多角度地体验再现生活情境，运用所学的心理原理解决问题。如《同理心创造亲密关系》一课，我们就采用"心理剧场"方式，学生表演《吵架风波》，再现故事情节，剖析症结所在，明白与人交流需要"心中有他人"。"链接生活，拓展运用"是指激发学生对类似生活事件的反思，强化为人修养。（见图 6-4）

图 6-4 "心理调适课"课堂范式

【例6-7】《同理心创造亲密关系》①

一、体验生活,认识同理心

1. 个案回放,聚焦表象。

2. 分享故事,交流感受:先与大家分享一个故事《光头的故事》,看到这样的情景,你有什么感受?

3. 层层深入,认识作用:你能明白为什么他的妈妈眼里会闪着泪花?

二、心理解密,剖析原因

1. 引导:她被同学们所感动着——同学们能考虑到小男孩光头的尴尬,鼓起勇气全理成了光头。在心理学上这就叫同理心。

2. 剖因:他的同学为什么能这样做?(一个人可以用同理心去体会对方的感受,也可以用同理心去改变自己,理解对方的感受帮助别人,需要一个博大的胸怀。)

3. 小结:这是一种智慧,平凡而又伟大! 这更是一份爱心,博大而高尚! 想不想让自己也变得更加智慧? 去努力追求这种高尚? 那我们就走进同理心,让同理心为自己与同学创造更亲密的关系!

三、角色体验,掌握方法

1. 辨析导行,了解运用同理心的策略。

(1)导入,再现生活情节。

刚才咱们看了国外的故事,现在让我们一起走进生活,去看看发生在我们身边的故事。

(播放心理剧场《吵架风波》)

吵架风波(小品表演)

小美和小刚一起值日。正当他们整理讲台时,小刚参加兴趣小组的时间快到了,他想马上去参加兴趣小组活动。但小美一定要让小刚整理好书本再出去。小刚急着要走。小美大喊:"不许走,你必须整理好再走!"

小刚急匆匆地说:"我真有急事,我要迟到了,你整理一下!"

小美爱搭不理地说:"不行! 我有我的事。"

小刚还是坚持要走,小美生气地一把拉住他,大叫:"不许走!"

小刚急了:"你拉我干吗? 我真的要迟到了!"小美还是抓住他的衣服不放。

小刚使劲挣脱,小美就是不松手。小刚破口大骂:"你这个小麻雀,还不松手!"

脸上长了雀斑的小美听到小刚骂自己小麻雀,伤心地哭了起来:"你骂人,你这张臭嘴,你这个臭流氓!"

---

① 本案例由东阳外国语小学蔡倩老师提供,有删改。

小刚继续骂："小麻雀！小麻雀！你就是小麻雀！"

小美听了气急了！一把抓住小刚的脸，顿时小刚的脸上就出现了几道血口子。

小刚也恼火了，举起拳头就朝小美脸上打了过去……

（2）辨析，讨论中明理。

这个情景熟悉吗？这场风波就像一场车祸，其实前面有好多次刹车的机会，可以避免矛盾升级的，请你找找看，哪些地方可以踩刹车？

生：小刚急着要走，小美不让的时候。

师：对，大家各自有理由，却没有明说。这个兴趣小组活动小刚已经迟到两次了，老师说再迟到一次小刚就该退出兴趣小组了，但小刚实在是喜欢这个兴趣小组，所以他着急呀！小美呢？因为讲台不整理好班级会被扣分，本学期班里已经扣了两分了，若再扣一分，优胜班级就评不到了，她也着急呀！看来换位思考多重要啊！看他们两人没有冷静、没有换位思考，更没有好好沟通，车没刹住，继续往悬崖边走了！

师：第二次刹车可以在什么时候？

生：小刚一着急，叫小美小麻雀的时候。

师：为什么？

生：这一声小麻雀，让小美觉得很没有自尊。

师：是的，这就是互伤自尊，没有照顾对方。小美长满雀斑，已经非常自卑，同学们还在骂她小麻雀。如果你是小美，会有什么感受？

生：我会很生气。

生：我会觉得很伤自尊。

师：如果你这样想了，还会骂出这句话吗？

生：不会。

师：第三个刹车的地方在哪儿呢？

生：小美、小刚双方，小美抓小刚的脸，小刚动手打小美。

师：对呀，大家都没有读懂对方的情绪。看吧，芝麻大点事最终成了祸患，你们说这么多次可以刹车，都没有刹住，是什么原因？

生：因为大家都站在自己的角度考虑问题，没有用同理心。

生：他们两人没有冷静，没有换位思考，没有好好沟通！

师：刚才你们一次次踩刹车就是一次次在运用同理心。你们认为要运用同理心解决问题需要哪些技巧？

生：需要理智。

生：需要冷静。

生：需要站在对方的角度去思考。

师：没错，我们用同理心去解决问题首先要冷静，然后学会换位思考，这种换位思考是要彻彻底底地站在别人的角度去想，这真的需要智慧和气度！想要别人如何对待我们，我们就先要怎样去对待他人。

（3）讨论，运用中导行。

"刹车"是需要技巧的、智慧的，咱们该怎么运用同理心刹车呢？

根据学生的分析回答完成板书：冷静　换位思考　沟通　博爱

师小结：想要别人如何对待你，你就先要怎样去对待他人。如果用上同理心的技巧，不仅可以解决风波，还可以创造同学间的亲密关系（完成板书）。

四、链接生活，拓展延伸

1. 过渡：你想不想试试？你最近有没有什么烦心的事？

2. 想一想：最近与家人、老师、同学之间的一次矛盾、冲突。也许现在都还在烦恼着的事，或是成功的体验，知道了同理心后事情又可以怎么去解决。

当时我是怎么做的：

学会同理心后我想：

3. 交流分享：以后我会怎么做？突然发现你用了同理心后变得更加通情达理了！（学生讨论时，关注典型事例）

4. 总结：多一点友善，将心比心，学会从别人的角度看问题，这样你与他人的关系才会更加密切，社会才会更加和谐！

四、"价值引领课"课堂范式

价值引领课一般包含三部分内容："体验生活"就是截取生活个案，激发对生活纷繁复杂现象的思考。比如"给同学取绰号""追求名牌""过度消费"等，都真实地存在于校园中，但容易产生价值取向错位的现象，要引导学生进行深层次的思考。"辨析导行"是面对复杂的真实生活情景，进行道德辨析，使学生明晰正确的价值取向，牢记人生征途要"心中有他人"。"多维评价"是通过学生自己、教师、家长等多方评价，促进学生确立正确价值取向。（见图6-5）

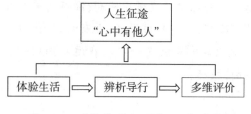

图6-5　"价值引领课"课堂范式

【例6-8】与坚韧同行①

热身：双手平举，单脚踮起脚尖，看谁坚持到最后。

采访：你是怎么做到的？

一、活动1：视频引出坚韧，感受坚韧

（播放小孩爬沙发的视频）

好看吗？有什么感受？

小结揭题：这真是一个很有韧劲的小宝贝。今天我们就来聊聊坚韧，让我们与坚韧同行。（揭题：与坚韧同行）

二、活动2：名人身上学坚韧，辨析导行

1. 课前大家都去搜集了名人的坚韧故事。下面我们就来分享一下。

（任务单：1.搜集让你敬佩的名人的坚韧故事。2.用自己喜欢的方式呈现搜集到的故事。3.做好分享的准备。）

预设一：陆朝阳

我今天跟大家分享的是：中国科技大学教授陆朝阳叔叔。

前几周，陆朝阳叔叔来我们学校，我还采访了他（出示照片）。今天我想跟大家分享一段我印象最深刻的采访。

我：陆叔叔，平时我在学习上碰到困难时，就会想放弃。您在搞科研时肯定也会遇到困难，有没有想放弃的时候？

陆叔叔：在我的字典里没有放弃两个字。任何事情在成功之前都会面临困难，这很正常啊。

我：那您遇到困难的时候怎么办呢？

陆叔叔：我会从不同的思路去思考，总能找到突破的方法的。

（1）幸福的女孩，采访陆叔叔你最大的收获是什么？

（2）同学们，听了陆叔叔的话，你们知道他是怎样坚持做科研的吗？

（适时地请学生写板贴：从不同思路找突破）

预设二：苏炳添

同学们，你们听说过苏炳添吗？今天我要跟大家分享的是我的偶像——苏炳添。我先跟大家分享一个视频。（视频1）

苏炳添为什么能创造这样的奇迹呢？我们再来看看他的日常训练。（视频2）

苏炳添为了加快频率，摆臂动作一练就是一年；为了提高肺活量，气球一吹又是一年；为了把握好跑步节奏，他从头开始练起跑！他对自己如此高的要求真让

---

① 本案例由东阳市外国语小学金燕巧老师提供，有删改。

我敬佩!

（1）听了你的故事分享,我终于知道了苏炳添为什么会成为中国第一飞人!同学们,你们知道了吗?（适时地请学生写板贴:高标准,严要求）

（2）没错,几年如一日地对自己"高标准,严要求"进行训练,这就是坚韧的苏炳添成为中国第一飞人的秘诀!

预设三:屠呦呦

我跟大家分享的是诺贝尔生理学或医学奖获得者——屠呦呦。

20世纪60年代,疟疾夺走了很多人的生命。屠呦呦见了,她心中便有了一个坚定的信念:一定要找到新药,挽救天下疟疾患者。下面我就跟大家分享她的两个小故事。

屠呦呦在发现抗疟效果为100%的青蒿提取物后,为了深入临床研究,开始制备大量的青蒿乙醚提取物。屠呦呦一连几个月没有星期天,每天加班到深夜,每天接触大量的化学试剂。由于实验室通风条件不好,屠呦呦开始出现头晕眼胀、鼻子出血、皮肤过敏的症状,后来居然发展为中毒性肝炎。可是她依然带病天天奋战在实验室。

青蒿提取物有了,但眼见着疟疾高发期夏天就要来了,如果让新药按程序走,就会错过高发期。于是屠呦呦找到中医研究院的领导说:"我请求用我的身体,进行人体实验。"她不顾领导劝说,头也不回地推开病房门,拿起黑膏状的青蒿提取物191号,没有丝毫迟疑,一口吞服而下。

而今,青蒿素作为一线抗疟药物,在全世界已挽救百万人生命,每年治疗患者数亿人。

（1）你真会找故事。屠呦呦是我国第一个诺贝尔生理学或医学奖获得者,她几十年如一日,全身心地扑在实验室里。同学们,是什么让屠呦呦这么坚持做科研?（板贴:心中有信念）

（无私奉献:像屠呦呦这样,把坚韧用在为天下苍生着想,她就成了伟人。）

（2）没错,屠呦呦有一个坚定的信念:找到新药,挽救天下疟疾患者。屠呦呦用她几十年如一日的努力告诉我们:这一秒不放弃,下一秒就有可能成功!

（3）总结:刚才同学们从自己敬佩的人、自己的偶像里看到了他们身上坚韧的品格,还找到了很多让自己变得坚韧的方法:从不同的思路找突破,高标准、严要求,做到心中有信念。

三、活动3:旁人身上悟坚韧,多维评价

1.评选坚韧小达人。

其实,在我们身边有很多同学也有着坚韧的品格。今天,让我们一起来评选我们班的坚韧小达人吧。

2. 小组推评。

要求:(1)每人阐述自己的坚韧小故事,并介绍自己的坚韧小妙招。

(2)小组推评一位组内坚韧小达人,提炼坚韧小妙招。

3. 全班推评(5位)。

(1)我们先请5位组内的坚韧小达人上台,陈述他们的坚韧小故事和坚韧小妙招。

(2)激动人心的投票环节到了! 请每一位同学拿好你手中的票,仔细回想刚才5位同学的分享。请慎重地投出你宝贵的一票。

4. 采访。

问题一:今天你落选了,此时此刻,你的心情如何?

(但是我今天要祝贺你。同学们,你们知道为什么吗? 坚韧的品格就是在一次次的挫折中成长起来的;这一次的失败,让你又有了一个锻炼的机会,你又一次变得更坚韧了。)

问题二:这样的一次失败,于你而言有什么意义吗?

四、活动4:自己身上树坚韧,拓展实践

1. 看来,同学们都有很多坚韧小妙招。但是你们发现了吗? 很少有人说到学习上的坚韧。其实,在我们的学习生活中,更需要坚韧的品质,前段时间,我做了这样一个调查(出示饼图)。你有什么发现?

2. 今天我们学到了不少坚韧的小妙招,那就让我们赶紧来用一用吧。

请大家拿出抽屉里的表格。

3. 请你回想一下,在争学习坚韧章的过程中,自己还有哪些不足? 针对这些不足,自己做个计划吧。

与坚韧同行

争章目标:学习坚韧章

我的诊断: _____

我的处方: _____

_____

我的行动: _____

_____

争章人: _____

这节课上,我们找到了不少做到坚韧的好方法,也在自己的学习中找到了不足和坚持的方向。未来的坚韧小达人们,让我们一起加油吧!

第三节　生活浸润:寄宿制的同伴镜像

我们是寄宿制小学,曾经"寄宿"是我们最大的"包袱":时间漫长、生活枯燥、心生厌倦。怎样才能将"包袱"转化为独有的教育资源？于是,我们以学生需求为基点,全方位审视并改善了校园生活,在校园生活中赋予更多的教育内涵,使校园成为能润泽学生心灵的最美育人家园。

学生的健康生活包括珍爱生命、健全人格、自我管理等基本要素,在全息教育中,健康生活包括科学的生活浸润、充盈的生活浸润和智慧的生活浸润。生活浸润是指学生在生活中学会生活,在生活中使自己的人格更加完善。

一、珍爱生命:科学的生活浸润

学生的健康,包括生理和心理两方面,生理方面主要是养成良好的卫生习惯,关心自己的身体,保护自己的身体。心理方面主要是科学地面对自己的情绪,悦纳自己的各个方面,形成乐观积极的心态,善于调整自己的不良情绪。《外小生活常规》就体现了科学生活的浸润。每天早晚洗漱,每天喝水三杯,每天定时"大号",每天坚持运动,每天看看天气预报,让孩子受益终身。每天睡前晚读孩子们格外享受,坐到被窝里美美阅读半小时、熄灯后听故事 20 分钟,一个全省闻名的书香校园诞生了,96.5% 的孩子"非常喜欢"阅读。《外小快乐宝典》成了乐观心态培养指南,"每天夸人一回、每天助人一次、每天分享一事、调控自己情绪、睡前回味乐事"。

我们始终以学生需求为出发点,全方位审视并改善了学校生活,积极创造美化、人文化、儿童化的育人环境,让学生处处感受到家的温馨。我们一直认为,良好人格的养成也是德育的重要内容。怎样才能让孩子更乐观更宽容？必须培养较好的思维方式,"心中有他人"依然是我们倡导的思路。

【例 6-9】《外小快乐宝典》:"睡前,你回味乐事了吗？"[①]

《外小快乐宝典》:"每天夸人一回、每天助人一次、每天分享一事、调控自己情绪、睡前回味乐事。""每天夸人一回",是引导学生在夸人中学会宽容、学会欣赏,并树立对学习和生活的信心。"每天助人一次",是帮助别人,快乐自己,让这

---

① 本案例由东阳外国语小学蔡倩老师提供。

份快乐成为挖掘学生潜能的动力。"每天分享一事"，一个人的快乐两个人分享，那么快乐就变成了两份。"调控自己情绪"，是要培养学生做情绪的主人。"睡前回味乐事"，是让学生在回味过程中感受正能量带给自己的快乐。

《外小快乐宝典》

每天夸人一回
每天助人一次
每天分享一事
调控自己情绪
睡前回味乐事

如今，《外小快乐宝典》已成了外小孩子们每天的必修课。这些常规的制订与落实，直接关系到孩子的身体健康，是对孩子的贴心关怀。"调控情绪"对小学生来说有些抽象，于是学校教给孩子们"1+3+10"的调节模式：在生气前马上对自己说一句："要镇定，放松"，然后做 3 次深呼吸，最后在心里慢慢地从 1 数到 10。经历这个过程后，同学们遇到任何事都能淡定面对。三（6）班的吴同学是个爱发脾气的小伙子，当他用了这个方法后，他发现很多时候还没数到 10，他已快忘了为什么要发脾气。同学们也发现爱发脾气的吴同学居然成了"好好先生"，他与同学们的关系越来越融洽。有了《外小快乐宝典》，学生总能有意识地调节自己的情绪，保持健康的心态，同学间的关系越来越融洽，笑容越来越灿烂。

像家一样经营外小，让学校生活尽可能贴近家庭生活，这样的思路让整个学校的面貌焕然一新，让学生的生活品质大幅提升。小小寝室更是布置得像家一样温馨：房间屋顶的防眩护眼灯明亮又暖心，自行设计的《弟子规》窗帘既美观又富有内涵，墙上一幅幅无框卡通画富有童趣，床上的卡通被套、墙头的布娃娃时刻带给孩子们温馨。每天晚自习归来，孩子们洗漱干净，不再由老师急急地催促着熄灯入睡，而是悠闲地坐进被窝，开启空调，捧起自己心爱的书美美地享受阅读的愉悦。半小时后，伴着柔美的音乐，灯熄了，墙上的小音箱里传来了迷人的童话、扣人心弦的评书，20 分钟后，孩子们享受完了这些精神大餐，心满意足地进入了梦乡。

这个温馨的大家庭里，还有一位可亲的"妈妈"——生活老师。她们给予孩子点点滴滴的关怀，让孩子在举手投足间，感受到暖暖的爱意。外小的生活老师，被孩子和家长戏称为"妈妈老师"。一提到她们，小朋友们的脸上都会露出幸福的微笑。哪个孩子发烧了，妈妈老师二话不说

学生寝室睡前阅读

放下手中的活,陪着孩子去医务室;哪个孩子的腿受伤了,妈妈老师会赶在吃饭铃声响之前,把饭菜端来教室,为的就是让孩子吃上热腾腾的饭;哪个孩子衣服被磕破了洞,妈妈老师会仔细地为孩子缝补衣裳;哪个孩子晚上睡不着觉,妈妈老师还会坐到他的小床边,拍拍他的背,讲个小故事,哄他入睡。

在外小,家的温馨处处都能感受到,家的温情时时都能体会到。这几年,孩子们都说"我喜欢我的家",连周末也盼着早点回校。

二、健全人格:充盈的生活浸润

健全的人格包括自立、自主和自信等内在的品质。全息教育中,学校通过充盈的生活浸润健全学生的人格。学校十分重视伙伴的交往,同伴的良好交往能有效促进学生的社会化,使学生在校园中有获得感和安全感,也是学生健康生活的重要载体。"大手牵小手"成了全息德育的重要内容。一开学,五年级"大手"就开始了半个月的"护娃行动",与一年级小朋友一对一手拉手报到、参观、找家,一对一教洗脸、刷牙、读书、讲故事等等。这种"小导师制"一结对就持续两年,让校园生活充满了温情。

从2010年下学期开始,我们每年都开展"大手牵小手,结对一起走"系列活动。每一次活动,学校都会进行细致的规划布置,既有操作层面的指导,又有具体的流程安排。

【例6-10】大手牵小手 [1]

吃完中饭,五(3)班班主任周老师和往常一样来到教室,却发现教室里空无一人。32个小不点儿哪儿去了? 她怔了半天,才有一个孩子急匆匆跑进教室,一问才知道,原来班里的孩子都去帮"小手"大扫除去了。周老师跟随着来到一(3)班教室,热火朝天的景象呈现在眼前:擦玻璃、整理课桌、清理地面,个个忙得满头大汗。连平日在班里经常偷懒的孩子,此时也和"小手"一起有模有样地擦洗窗台,俨然一位大哥哥的样子。突然,有人提议,叫上其他班的"大手"过来一起帮"小手"。没过多久,这上下两层的教室里、楼道上,三人一群,五人一伙,井然有序地进行着大扫除了。

第一周新生家长会,"大手"拉着"小手"及他们的父母,参观学校校园,开始了系列活动。此后,教"小手"刷牙、洗脸、叠被、整理书桌等等,都由"大手"承担。平日里,"小手"便成了"大手"的牵挂。"今天,你去看'小手'了吗?""我的'小手'今天可没有哭鼻子!""要是你想妈妈,你就来找姐姐,姐姐陪你玩!""今天是我的'小手'参加梦想舞台的演出,我一定得去捧场!"校园里,常能听到这样温馨的话语,看

---

① 本案例由东阳外国语小学马笑莲老师提供,有删改。

到许多温馨的场景。六一儿童节，"大手"
总会主动地找到"小手"，一起游园，一起
享受节日的快乐；就连参加"梦想舞台天
天演"，"大手"也会携着"小手"一起登
台表演。这些创意的组合，让独生子女不
再孤独，寄宿制学校的优势得到了充分
的发挥。这些都是学校将寄宿的"包袱"
当成了课程开发的资源的缩影。通过"大
手牵小手"一年级的"小手"马上就能适
应寄宿制的生活，充分感受到家的温暖。

大手牵小手

高年级"大手"的榜样作用更是发挥得淋漓尽致，责任意识大大加强，越来越懂得关
心他人。他们明白，要教育弟弟妹妹，首先得让自己更能干、更文明。这种自我促进
作用得到了很好的开发。

三、自我管理：智慧的生活浸润

　　自我管理是指学生能够自觉地对自己的行为进行规范，心中有他人，能够对自己
的时间进行合理的安排，做自己成长的主人。系列文化日活动使精神润泽成为常态，
如"一年五节"、诚信周、感恩日等独具创意的活动。"岘峰书苑"既是校内全天候开
放的图书馆，又是由阅读延伸的社团活动的基地，里面还设有传承家训的"三乡文化
园"，都在浸润学生的精神成长。

　　学校着手梳理了寄宿制孩子应具备的礼仪规范，针对不同年级的不同要求，形成
了外小的礼仪培训序列。从校园礼仪、家庭礼仪到社会礼仪，从课堂、课间到着装、交
往，从敬老待客到进餐做客等等，内容涉及学生生活、学习和社会交往的方方面面，实
现了礼仪教育内容的规范化、序列化。例如，我们以打招呼为突破口，开展"问候暖
心"行动，期望"微笑问声好"成为外小人的礼仪标志。每天早晨，值周领导、值周学
生都站在校门口迎接学生进校。此外我们还衍生出系列活动：设计礼仪卡，发放礼仪
卡传播文明行动；中秋节的"我为长辈献孝心"活动；每学期的"夸夸周"系列活动；
六一儿童节的"国学诵读游园"活动；定期开展的"大手牵小手，文明代代传"活动等
等。在一系列的活动中，孩子们学会了关心、帮助他人，与他人交往时更加文明、得体。

　　【例 6-11】就餐礼仪："嚼饭不张嘴能行吗？"[①]

　　正好是吃饭时间，老师们和往常一样来到餐厅。刚到门口，大家就被一个声

---

① 本案例由东阳外国语小学马笑莲老师提供，有删改。

音吸引住了："嚼饭不张嘴,哈哈,这怎么可能,你试试!""是啊,嚼饭还能不张嘴? 奇了怪啦!"旁边不吭声者,早已紧抿嘴唇,尝试做着不张嘴吃饭的动作,忽然转身做了个鬼脸:"哈哈,瞧我,不张嘴嚼饭!"看来,《就餐礼仪》的认可需要一段时间,《就餐礼仪》的落实也的确需要好好下一番功夫。

一直以来,外小以"做文明人,做现代人,做国际人"为校训,力求培养出文雅、有教养的孩子。"民以食为天",文明社会的"食"不仅要满足人类生理的基本需求,还应通过餐桌上的举手投足,展现一个人的文明素养与良好形象。《外小就餐礼仪》规定了孩子在餐桌上应遵守的基本规范:"饭前先洗手,餐中不喧哗;嚼饭不张嘴,喝汤不出声;饭菜吃干净,放盘轻又轻;常怀感恩心,节俭又文明。"

孩子们在天天就餐的过程中,体验到有了礼仪规范,时时想着"心中有他人",会让人更舒畅,生活更快乐。

《外小就餐礼仪》
饭前先洗手,
餐中不喧哗;
嚼饭不张嘴,
喝汤不出声;
饭菜吃干净,
放盘轻又轻;
常怀感恩心,
节俭又文明。

通过一段时间的实践,大家发现,餐厅里少了就餐时交头接耳,多了手势示意;少了喝汤和随手丢盘声,多了专注吃饭与弯腰倒盘。但是,也出现了新的问题:一桌吃饭的同学有快有慢,快的同学吃完了就离开了座位,慢的同学为了赶速度不得不狼吞虎咽。于是,在具体实施中,我们常提醒吃得快的同学们吃完饭等等同桌的同学,这样又多了许多家的温馨。如今,《外小就餐礼仪》早已深入人心,成了外小餐厅文化的一道风景线;"心中有他人"也已是孩子们心中常亮的一盏灯,照亮自己,也照亮了别人。

第四节　泛在空间:五育融合的资源保障

外小有偌大的校园,但是除了绿树就是小草,没有儿童喜欢的元素怎么能让大校园成为温馨的家园呢? 哪些元素才能真正留住儿童的心呢? 哪些活动才能丰富德育的内涵呢? 这是我们不断思考改进的方向。

全息德育是一种养育精神的教育,以教师对学生的关怀为前提,以养育学生关怀他人、关怀自然的情怀为旨归。让孩子了解自然界生生不息的力量,他们才会懂得重视生命、珍惜生命。让校园成为动物园,孩子们在饲养小动物的同时,更有了更多的牵挂和寄托。在与伴侣动物朝夕相处的过程中,儿童不仅观察体验到了生命成长的过程,而且培养起了强烈的责任心和同情心,学会了爱护、关心、体贴他人,与人分享的美好品质。

学校相继开辟出了多个学生活动基地,二年级养鸟,三年级养鹅,四年级种菜,几乎校园的每个角落,都可以看见孩子们活跃着的欢快身影。开心农场、饲养基地、幸福果园,这些都成了最生动的探究课堂。"梦想舞台天天演"成为远近闻名的经典项目,是学生体验的"大课堂"。出海报、写主持词、编排节目等等,每天一个年级轮值,每个孩子都要上台,演出内容不断创新,孩子气质不断提升。

外小校园一角

一、建立学生动手动脑的饲养种植基地

校门口有一大块空地,有水有树有草,那里应该是个动物园,孩子们一定喜欢!于是,学校在那里养了两只大白鹅,还有一群漂亮的小鹦鹉。学校还郑重其事地举行了一个领养仪式,让大白鹅戴上大红花,由三年级的孩子领养,小鹦鹉由二年级的小朋友领养。孩子们轮流值日,轮值的孩子每天细心地喂食、喂水,为它们铺好草垫,悉心照顾它们。孩子们在与动物的亲密接触中,不仅锻炼了动手的能力,更获得了一个呵护动物的机会,学会与动物建立一种单纯而充满爱的关系。在孩子走出课堂,走近小动物的过程中,自然而然地形成爱护动植物,关心周围环境,亲近大自然的态度。

【例6-12】鹅下蛋了![①]

"我来,我来!""我来,我外婆家有养着!""我来养,我最爱养小动物了!"当老师告诉我们,学校养了两只大白鹅,准备从我们三年级学生里招募喂养白鹅的小主人时,教室里顿时像炸了锅似的,一个个都兴奋得不得了。呵呵,我算是最幸运的,竟然被老师给选中了。为了不在老师和同学面前食言,喂食、喂水、铺草垫,我和我的小伙伴从不敢掉以轻心。最麻烦的要数每天定时去食堂领食物喂养了,因为食堂离我们较远,为了能够准时给"鹅老爷"献上它的营养大餐,我们总会在下课的第一时间冲出教室,冲到食堂,领取叔叔阿姨们早已为我们准备好的菜叶、生姜等,又心急火燎地赶到等候已久的"鹅老爷"面前伺候起来。令人开心的是,渐渐地,原先不可一世的"鹅老爷"与我们亲近了起来,有时我们会跟它们在校园的小道追逐嬉戏，有时我们也会抱着它们在校园里大摇大摆地逛上一圈。这时候，周围的老师同学总会向我们投来"羡慕、嫉妒"的目光，那时的我们，心里别提有多美了。当然，更美的还要数那一次了。那一天，我一来到养鹅基地，两只大白鹅就对我叫个不停，好像发生了什么事似的。我按捺住内心的好奇，在鹅笼旁边转悠了起来。突然，同伴尖叫了一声："蛋！鹅下蛋了，看，鹅蛋！"循着声音望去，果真，他的手上握着一个大大的、闪着金光的鹅蛋。再看他那张脸，那个开心样，就像中了五百万大奖似的。

——摘自三（1）班马欢日记

外小校园里满眼都是绿树和草地，怎样才能不让大校园浪费土地资源呢？最好的办法就是赋予绿化带更多的育人价值。移走图书馆四周的樟树，换成了48棵金橘树；通往寝室楼的路边，栽上杨梅树、桃树、李子树；餐厅后面还有很多棵枇杷树。校园俨然是一个生机盎然的果园，这些树都成了人人需要尽责的班树。从开花到结果，孩子们每天悉心呵护，哪怕少了一小颗果子他们也会心疼。果子成熟了，又是他们学会分享的好时机，老师会让每个孩子上梯子采摘几个，然后把所有的果子分装，与老师、同伴、家长一同分享。

为了孩子们，学校不惜毁"绿"开垦。通往餐厅的路边，一大片绿地现如今已成了学生综合实践活动的基地——开心农场。平日里，他们开垦、播种、施肥、浇水，付出汗水；一到收获季节，孩子们在老师的带领下，采摘分享，食堂还会专门为他们开小灶，过个收获节。放假了，全班同学轮值管理，每天都会有同学和家人一起回校精心看护菜地，做好浇水、施肥、除草、除虫等工作。对于成熟的、能储存的果实和蔬菜就妥善储存，不能储存的，就和家人一起拿到菜场上去卖，并把所得的钱妥善保管，作为班级慈善经费。每学期末，四年级都会组织一场校园土菜慈善拍卖会，然后用所得善款去敬老院、孤儿院做慈善。在这里，孩子们虽然付出了汗水，经历了波折，但永远是开心幸福的。他们收获得更多的还有责任、劳动、分享、爱心等等的美德。

开心农场

【例6-13】这是我们的班树！①

"摘李子去喽！"金老师一声呼喊，全班就像炸开了锅，大家兴奋地跳了起来。

我们抬着竹竿，排着队浩浩荡荡地来到李子树下。哇！好多李子哦！一个个红红的小李子就像一张张笑脸，正朝着我们笑呢！一群男同学迫不及待地竖起竹竿就朝李子树敲去。他们一敲李子树，那树干就一弹一弹的，好像在说："快打，快打！我的娃该离开家了！"哇！好多李子掉下来，像下起了李子雨！只见罗曼拿着袋子正瞄准掉下来的李子接呢！她接住了一个，又接住了一个，真好玩！更多的李子砸在我们的头上、身上、腿上，我们一点儿也不觉得疼，兴奋地在地上捡着、抢着，开心极了！

——摘自四（6）班周妍日记

二、创设激发学生自主探究的乐园

校内的小溪成了学生建设生态河的探究基地，他们设计方案，招标种植、放养，探究的激情被极大地激发。学校再一次"毁绿"建成的体能乐园，下面铺满了石英砂，孩子们可以尽情地亲近大自然。"满校园都是沙子怎么办？"的担忧也没有出现，因为学校的德育在让孩子们心灵自由的同时，又时时传递着规则意识和文明人的素养。

【例6-14】小河畔活跃着的身影②

上课了，可教学楼前的小河畔还活跃着一群身影。瞧，那几个孩子趴在石栏杆上，对着小河指指点点，是在观察水里的鱼儿，还是在说河面上漂浮的叶子？还有那坐在石桥上的小男孩，正咬着笔杆，一副绞尽脑汁的样子。更多的，则是三五成群地聚着，他们时而看看小河，时而互相交谈，时而又在笔记本上写些什么。原来，他们正在科学老师的带领下，开展生态河的调查活动呢！

四五年级的学生群策群力，不到一星期，科学合理的生态河建设方案便已新鲜出炉：在河中放养泥鳅3斤，土鲫鱼30尾，螺蛳5斤，金鱼藻30棵，浮萍4斤。同学、家长纷纷响应，加

生态河调查活动

---

① 本案例由东阳外国语小学周妍同学提供，有删改。
② 本案例由东阳外国语小学何霞霞老师提供，有删改。

入到这"让水更清，河更美"的生态河建设活动中来。

终于迎来了方案实施的那一天，那些中标的孩子，高兴得像中了奖似的，一个个卷起袖子，拎着水桶，拿着网兜，忙着给生物消毒，忙着给小河注入生机和活力。

就这样，我们从学生成长的视角出发，关注学生的生命状态，关切学生的生命需求，努力在校园里寻找有意义有价值的角落。一条不起眼的小河，只因孩子们下课时都喜欢趴在栏杆边，回寝室时都会不惜绕道去转转，我们便顺应了孩子们的需求，在小河上大做文章，创生出了"外小生态河设计"的科学探究活动。于是学校发出了"让水更清，河更美"的倡议，孩子们便开始了"小河探究之旅"——对小河进行实地考察，填写考察报告单，撰写《生态河设计方案》，罗列改善生态河现状的生物，投标并购买投放生物……忙得不亦乐乎。学校老师的小题大做，让孩子们体验到了科学探究的乐趣，成了一个个小科学工作者。

三、建设学生喜闻乐见的体能乐园

"体能乐园"是外小孩子最向往的地方。一有空闲，孩子们总会不约而同来到这里，攀、爬、挂、扭、滑，乐此不疲，连周末假日也不例外。从滑滑梯到旋转木马，从一开始的小心翼翼到最后的经验老到，惬意开心的同时，身体的协调能力也由笨拙变得灵活起来。体能乐园极大地满足了孩子攀爬游乐的天性，孩子的身体素质得到了加强，全方位激发了孩子的潜能，孩子们快乐了，学校也因此充满了生机！

但是，在外小老师的眼里，体能乐园的育人价值还不仅如此。在初建乐园的时候，学校为底下用沙坑还是用塑胶反复研讨。现在的孩子缺少亲近大自然的机会，如果能建一个大沙坑可以让他们尽情嬉戏。但有的老师担心满校园都是沙子。最终学校还是相信德育的力量，选择了沙坑。乐园建成后，学校特别制定了《游玩须知》，要求每班先组织上一堂游玩辅导课。同学们每次进体能乐园都会自觉地脱下鞋子。结果，几年下来雪白的石英砂依然完好地躺在沙坑里。外小的德育就是这样，处处给孩子们带来心灵的自由，但同时又时时传递着规则的意识，文明人的素养在点滴间提升！

体能乐园

【例 6-15】像小鸟一样快乐 ①

"爸爸妈妈，今天我们散步的目的地是外国语小学！"饭后，叮当向爸爸妈妈郑重宣布。

爸爸笑着说："你不是刚从学校回来吗？怎么又去学校了？"

"我想去嘛！我要去我们的体能乐园！"

你知道吗？我们学校有一个很大很漂亮的体能乐园！每次去体能乐园，我们全班小朋友都像小鸟一样快乐！我们在这里过独木桥比赛，在这里转圈儿，在这里滑滑梯、钻圈儿、过绳网……我们有时还会把沙子放在转椅上，沙子从转椅的四周像瀑布一样洒下来，漂亮极了！体能乐园真是我们游戏的乐园！我们几个小女生还经常躲在"蘑菇屋子"下面挖沙子，有时会挖出一个瓶盖、一块橡皮、一个发卡……每次挖到小宝贝我们就会大叫："挖到宝藏啦！"哈哈，这里还是我们探寻宝藏的乐园！

——摘自三(1)班卢思颖日记

四、搭建学生展示才艺的梦想舞台

学校设一露天舞台，谓"梦想舞台天天演"。每天一个年级轮值，每个孩子都要登台亮相，吹拉弹唱全凭喜好，每天半小时的坚持让校园生活充满了激情与梦想。外小奥运会更是学生们锻炼成长的舞台。

"随风飞翔有梦作翅膀，敢爱敢做勇敢闯一闯……"每天中午，校园内就会响起这一豪迈的旋律。"表演要开始了！快来看啊！"此时，学生老师都会循着音乐纷纷赶到校图书馆前的小广场上，等待"梦想舞台天天演"揭幕。

2010 年以来，梦想舞台天天上演，周一六年级，周二一二年级，周三三年级……每个学生每学期至少登台一次，学校希望通过这个舞台，丰富学生的课外生活，增强

梦想舞台天天演

---

① 本案例由东阳外国语小学卢思颖同学提供，有删改。

学生的语言表达能力,提高学生的人文素养和艺术修养,培育先进的校园文化,更希望能在学生心里播种一颗美丽的种子,成就未来更大的梦想。

敲锣打鼓动起来

"梦想舞台天天演"活动计划刚提出来时,想法并不成熟,只是想让在寄宿制学校里生活的孩子可以更快乐,在学校里有个平台展现自己的特长。

到底该怎样开展这个活动呢? 学校将这个任务交给了三年级。顿时三年级的师生们忙开了,先是每个班准备一到两个节目,待节目成熟时,"梦想舞台天天演"的海报开始满校园飞舞,卖力的宣传让"梦想舞台"在外小人尽皆知。

表演那天,三年级的学生敲起锣,打起鼓,绕着校园大声吆喝:"快来看我们的天天演吧,我们将有许多精彩的节目与大家分享。""只要你来,一定不会让你失望!""让我们相聚图书馆前吧,快来看啰——"这边敲锣打鼓,那边舞台上热辣的街舞已开场,四位帅气的男生随着音乐舞起酷酷的动作,尖叫声、欢笑声、掌声,梦想舞台激起了大家的表演欲望。

插上翅膀演起来

初战告捷,学校一鼓作气制作了《梦想舞台方案》,每天中午12:00—12:40为梦想舞台表演时间。每个年级有8个班,每周每个班都会准备一个节目,而主持人由8个班学生轮流担任。为了满足大家的愿望,学校少先队在安排节目时,尽量班班参加,人人参与。

梦想舞台开演以来,每天午饭后,安静的外小图书馆前就热闹起来了。锣声、鼓声、吆喝声时时入耳;报幕、表演、后台准备,个个忙碌。再看台下,围了一圈又一圈,看着的、聊着的、玩着的、叫好的,一个个悠闲自在,快乐无比。各类节目精彩纷呈,有演讲、相声、小品、课本剧、快板、拉丁舞、萨克斯、古筝、独唱、独舞等。每个上台者,无论是主持人还是表演者,在历练后,都解除了紧张感,变得落落大方。

孩子们越演越有经验,为了达到一定的舞台效果,他们总是一早就准备好表演的服装和道具。于是下课休息或是课间活动时,校园里到处可见孩子们排练的情景,暂时没轮到表演的同学则在边上围观,并讨论学习。

"梦想舞台"成了外小最热门的词汇,而且频频出现在学生的作文中。

微信互动赞起来

孩子们在梦想舞台表演过程中的一个个精彩的瞬间,都被老师们用照片记录了下来,上传到学校的门户网站或微信,让家长和朋友们见识孩子们的才华!

家长们看着孩子们的表现,都觉得孩子的胆子变大了,人也更加活泼有活力了。有些家长因为长期在外,当看到孩子们表演的照片时,一边感叹孩子的能干,一边又解了思念之苦！许多家长难掩内心的激动，为自己的孩子在外小的快乐学习和生活，欣慰不已。

——摘自《东阳日报》报道

五、营建放飞学生思绪的哲思吧

为了促进交往与沟通，提高孩子的价值判断能力，学校开设了儿童哲学课程，营建了一个论辩场——"哲思吧"。每天中午由高年级的学生自发组织论辩。论辩的内容由班级自主选定，然后每个孩子查阅资料，有序思考，小主持人做好 PPT 等前期工作。接下来，论辩就正式开始了，孩子们围绕"什么是爱国""做到清廉，自律和他律哪个更重要""清廉与我们小朋友有关吗？""人为什么要劳动"等话题展开论辩。通过论辩，孩子们越来越明白事理，分析问题也更客观，逻辑思维能力也得到了提升。同时通过哲思，安全意识、爱国情怀深入每个孩子的心田。

【例 6-16】我们哲思：什么是爱国①

什么是爱国呢？让我们好好想想。周末，外小的每个孩子都组织了一个家庭哲思会。一家人从自我剖析开始，从身边的小事想起，畅所欲言展开思辨。低年级的孩子在哲思中发现，爱国深藏于言行之中。"垃圾分类""写好每一个字""不咬红领巾""不吵架，不打架""不给别人添麻烦""坚持锻炼""做文明外小人""学会唱国歌"……这些都成为爱国的象征。他们的思考简单质朴，却又充满了儿童独有的智慧。

"究竟什么是爱国？"高年级的孩子们思辨后还举着相机，带着笔记，走街串巷，找寻祖国前行的一个个印记。走访身边的老人，听他们讲述过去的故事，了解到新中国成立之初的一穷二白；对比自家住房、通信工具、交通工具等等的变迁，感受到日新月异的幸福生活；走访烈士家属、建筑工人、科研工作者，了解到各行各业建设者的不易；还有的将其他国家近 70 年来的发展状况与新中国的发展速度进行对比。

经过一次次找寻、比较、哲思，他们对社会主义祖国的情感逐渐深厚。"社会主义制度多么优越！""我们的祖国多么伟大！""爱国是'我爱人人，人人爱我'的校训""爱国就是在国歌响起时能立正敬礼""爱国就是爱家人，爱朋友，爱邻居，爱家乡"……爱国的种子已在他们心中播下，爱国应自然地流淌在自己的血液里，自然地流露在日常的举止中。

在追寻中，爱国也不再是一句口号，它已往孩子们的心里走，往深里去。于

---

① 本案例由东阳市外国语小学胡园珍老师提供，有删改。

是,2017年开始,"礼敬国旗"成了外小人的"每天八点行动",也成了"外小"每天一分钟的思政课。每天早上八点,校园准时响起庄严的中华人民共和国国歌,操场上升起鲜艳的五星红旗,此时一幕亮丽动人的风景也随之出现:打扫卫生的孩子,马上停下挥动的扫把,向着国旗升起的方向敬礼;教室里晨读的孩子马上起立,高唱国歌,向国旗敬礼;老师和员工们也立马停下脚步,行注目礼。唱国歌,彰显了外小的精神风貌;升国旗,根植了外小学子的爱国情怀。

一场场哲思会,一次次地论辩,一次次地求真,孩子们亲身经历着:选择辩题,根据辩题查阅资料,结合辩题和资料理好提纲,做好ppt,参与论辩。在论辩过程中,我们常常能看到,不管是主持还是切换PPT,都由学生独立完成。论辩话题越来越丰富,也渐渐形成了这样的资源库。这些源于生活的论辩话题,有直击学校教育短板的,有叩问学生共性问题的,有针对家庭教育缺失的,还有聚焦社会热点的……如今,这样的哲思论辩,我们已经从学校拓展到了家庭,打开了不一样的周末生活,把亲子沟通、家庭教育推向了一个新的高度。

只为求真,无问西东。核心价值日日辩,给孩子们一个自由舒畅的空间,让他们在"打开来"的气质中沉下去,让思想深刻起来,让人格健全起来,让精神树立起来。学校开辟的论辩场,从儿童的视角看社会、看世界,让孩子们打开视野,胸怀天下,从最初判断到最佳判断,在探寻真理的路上获得了生命成长的动力。

第七章

素养立意：
全息教育的学教变革

第一节　全息教育学教变革的特征

　　全息是指整体上的任何一部分或母系统中的任何一个子系统,都包含着整体或母系统的全部信息。文本的全息性如何理解? 一方面,指的是文本内部也是一个全息系统,字—词—句—段—篇之间存在着千丝万缕的联系。另一方面指的是文本所表现的内容是外部现实生活的反映,是社会的缩影。

　　小学全息教学与其他的教学形态相比,有其特殊性,全息教学的思维理路和日常的教学有一些明显的不同,主要呈现以下两个特征。

一、"全息元"是一切教学开展的核心

　　全息教育与国家制定教育目标的理念一致,不是平均主义,更不是平均用力。"全息"主要是一种"聚焦核心,辐射全局"的思维方式,既有开阔的眼界,又能抓住主要矛盾。将问题放在大背景中,从尽可能多的角度和层次,全息观照事物间深层的联系;或者紧扣关键的小聚焦,从一点现象上透视出更多的信息。也就是说,看问题应一览众山小,问题的本质就揭示得深刻;解决问题,应抓住关键,牵一发而动全身,定能取得好的效果。

　　全息教学理论的一个核心概念是"全息元",全息元是指在功能或结构上与其周围的系统或部分有相对明显的边界,并具有系统或整体的全部信息的子系统或部分。这个全息元,可能是聚焦文本信息的一个词,一句话,一篇文章,一个知识点,也可能是课前评估发现的一个学情。因此,我们认为,教学是一个观察发现全息元,解构全息元,建构全息元,重构全息元的过程。(见图7–1)

图 7–1　全息元教学过程

　　所谓发现全息元,是指教师在课前观察发现教学内容和学情。解构全息元,是指对全息元的结构和内容进行剖析。建构全息元,是指教师设计基于情境的学习活动,让学生在学习的过程中建立起自己的认知。重构全息元,是指教师和学生在交流分享碰撞的过程中,重新调整并完善自己的认知。形态,是事物存在的样貌,生物体外

部的形状。全息教学的形态特征表现为：零碎信息结构化；为学日增，为道日减；促动内在需求，实现真正改变。

二、立足思维方式变革引发学教变革

1. 辐射与辐辏

全息教学改变了传统的线性思维方式，采用辐射与辐辏相结合的思维方式，这种带有探究意味的学习方式，对于提高学生的学习能力、培养探究品质极为有效。所谓辐射式思维方式，指的是由一个中心点向四周发散；反之，由多个点向中心聚焦，就是辐辏式思维方式。很多时候，辐射与辐辏思维几乎是并存的。这两种思维方式，都带有比较显著的探究意味，这种探究又带有较强的自主性，我们称之为全息探究。

2. 广阔与深刻

全息教学通过改变现行的学习方式和思维方式，促进学习过程的全方位互动，追求生成结果的广阔与深刻。所谓广阔，指的是生成的内容丰富，有学习资源的增加，有新的经验的生成，有多种意义的呈现；有学生的知识、能力、情感及价值观的生成，也有教师的教学方法、教学智慧的提升。所谓深刻指的是生存的内涵深邃，有令人满意的高度，有出人意料的感悟。可以说，这种生成的广阔性与深刻性必然带来教学过程的互惠，必然促进学生与教师的共同成长。学生能够通过全息教学的实施，提高探究的意识和能力，在广阔的探究式学习中提升学习力，在综合性的实践活动中得到历练，提高全面素养。

3. 互动与思辨

互动性指的是教师与学生、学生与学生之间的对话、合作、碰撞，使课堂不在"沉闷"中丧失它本应有的活力和生机。因为，我们必须认识到，学生在客观上是存在着差异的，具有不同个性、不同视界的学生的课堂表现和课堂需求是截然不同的，而我们的课堂教学过程是在适时变化、动态发展的。因此推进课堂的有效进程、焕发学生的生命活力，互动是最必要的。只有互动才能充分暴露和激活学生的思维，才能帮助学生发散思维和深刻理解。要使课堂真正"动"起来，教师是主要的发动者和引领者。教师在主观上要努力预设各种可能，在具体的教学过程中要敏锐地观察、捕捉各种生成契机，冷静分析并恰当地处理互动中生成的信息，充分挖掘其中蕴含着的教育价值和意义。

课程的核心目的不仅是掌握基本的知识和技能，而且要发展思维能力。我们认为，思维能力是学生能力的核心。思维能力是以知识为素材，通过空间想象、直觉猜想、归纳抽象、符号表示、运算求解、演绎证明和模式构建等方法，对客观事物中的空间形式、数量关系和模式进行思考和判断，形成和发展思维能力。基于以上的认识，我们认为,在教学中,一定要强调思辨。因为只有这样,才能抓住教学的本质,从根本上提高全息教学的课程价值,有利于培养学生的良好思维习惯,促进学生思维能力的发展。

第二节　基于素养立意的教学范式转型

全息教育的学教过程性变革,更加关注在丰富的、真实的、复杂的学习情境中学习,更加关注学习隐性和潜在的目标和价值,不断寻找学生成长的关键点,不断赋能学习契机,促进学生健康快乐地学习,全息教育的学教过程变革,蕴含在聚焦全息元(含全息点、全息链、全息场三种形态)的学习全过程中。

一、单学科:课堂特定情境学习过程样式

对于小学生来说,关键知识学习具有十分重要的意义,在大数据时代,尤其要警惕无限制的"信息海洋"。在课堂特定情境的学习中,关键能力和知识就是学科核心素养,选择关键能力、知识作为全息元,围绕全息元设计学习场景和学习评价,使学生更好地掌握学科的核心素养。(见图 7-2)

图 7-2　课堂特定情境学习过程样式

【例 7-1】《记金华的双龙洞》全息元是什么?　①

《语言全息论》的著者钱冠连先生从语言哲学的视角对语言的性质做了深入的研究,揭示了语言内外全息的规律。他认为,语言的全息性主要体现在语言内全息状态和语言外全息状态。"语言内全息状态,指的是:语言的词素—词—词组—句子—语篇各层次中,部分与整体全息;部分与部分包含着相同的信息;语言体系中的一个全息元(子系统),都分别在整体上和其他全息元上有对应的部位或相似的信息,即是说,体系的每一个全息元在不同程度上成为整体的缩影。""语言外全息状态,指的是语言系统与外部世界的全息关系:语言结构与宇

---

① 本案例由东阳外国语小学卢雁红老师撰写。

宙结构同构、相似、相套。"

那么，文本的全息性如何理解？一方面，指的是文本内部也是一个全息系统，字—词—句—段—篇之间存在着千丝万缕的联系。如果我们抓住了某个关键的词、句，抓住了一些隐含着重要信息的词、句，就能牵一发而动全文，读出丰富的内涵来。比如人教版课标实验教材四年级下册中有一篇是叶圣陶的《记金华的双龙洞》，其中的第二段如下：

出金华大约五公里到罗店，过了罗店就渐渐入山。公路盘曲而上。山上开满映山红，无论花朵和叶子，都比盆栽的有精神。油桐也正开花，这儿一丛，那儿一簇，很不少。山上沙土呈粉红色，在别处似乎没有见过。粉红色的山，各色的映山红，再加上或浓或淡的新绿，眼前一片明艳。

这段第一句讲"渐渐入山"，第二句讲入山后"公路盘曲而上"，然后写看到的山上的映山红有精神，再写山上还有的景致：油桐、沙土。最后一句则做了很简要的总结："粉红色的山，各色的映山红，再加上或浓或淡的新绿，眼前一片明艳。"由此可见，这段话中句与句是紧密契合的，整段的信息最后都聚焦于"明艳"一词，可见，文本内的字—词—句—段—篇之间存在着千丝万缕的联系。像"明艳"这个词，包含的信息量更大，甚至浓缩了全部的信息。这种词便可看作这一段的全息元。

二、多学科：生活复杂情境学习过程样式

复杂情境学习是全息教育的一个典型特征，面对复杂的生活世界，教育内容就像多棱镜，要通过价值判断及时选择。每个学生的心智倾向不一样，对情境中诸要素的选择偏好和互动方式也会不同，学生只有激活自己的已有认知图式，关注与自我的相关性，逐渐完善自己的知识结构，新知识才能真正被掌握，知识在不同情境中不断生长，从而具有了迁移能力。（见图7-3）

发现全息元 ⟶ 解析相关性 ⟶ 耦合学习要素 ⟶ 真实效价提升

图7-3 生活复杂情境学习过程样式

【例7-2】开心农场种植图谱[①]

我们学校有一个开心农场。但种植不是件简单的事，我们需要考虑种什么，什么时候种，怎么才能种好？如果工具房里有一张种植图谱，告诉我们那些适合

①本案例由东阳外国语小学蒋仰林老师提供，有删改。

在开心农场种植的植物适宜在什么时间种植,该多好! 这样就自然产生了"开心农场"种植图谱的动机驱动。

一、前测反馈,引出待解决问题

1. 反馈问卷调查。

2. 引出目标:设计种植图谱。

【STEAM 教育倡导学生面向真实情境的学以致用。源于学生自身的生活经验的问题,就是全息元。对于学生来说既有吸引力也有挑战性。】

二、初步探讨研究方法

1. 探讨问题。

① 调查反馈;

影响植物生长的因素有哪些?

因素汇总:人的干预、植物特点、环境因素——气候特点、土壤特点等。

② 引出农时的概念。

③ 探讨收集信息的方式。

2. 学习测量工具(土壤监测仪)的用法。

随机渗透土壤酸碱性、水分与肥力等概念。

三、查证设想,小组合作

1. 学生分工合作,开始查资料和实地观测。

2. 整合信息,并完成植物图标制作。

3. 展示粘贴植物图标,分享交流。

4. 汇总,形成开心农场种植图谱。

【STEAM 提供了学生动手做的学习体验,学生应用所学的知识面对现实世界的问题,创造、设计、建构、发现、合作并解决问题。】

四、课堂小结,延伸研究

肯定与鼓励学生的学习成果,引导学生课后继续探索。

斗转星移四季新,草青草黄又一春。四季变迁,生命更迭,一年四季的勃勃生机延绵不绝总让人惊喜,令人感叹。"农时"概念的引领,让学生从更大的角度去选择,并且在这一环节中,我们希望学生能够扩展视野,大胆尝试,研究未来农业,科学种植。学生在参与、体验中不仅获得结果性知识,还习得蕴含在问题解决过程中的过程性知识。

三、多时空:自主在线混合学习过程样式

混合学习是数据时代学生学习的常态,也是未来学习的一种样式。混合学习发

端于自我需求和自主学习,即借助资源平台、翻转学习等技术手段,实现学生学习的相对个性化,部分学习时间、空间、路径、速度实现学生个性化定制,也可以部分(如假期)实现师生的远程互动,线上学习的资源丰富性、个性化都有利于学生更加灵活多样地开展学习。(见图7-4)

线下自主需求 ⟶ 设定全息元 ⟶ 线上支持资源 ⟶ 整合实践反馈

图7-4　自主在线混合学习过程样式

【例7-3】课堂组织＋的尝试①

线上教学是把双刃剑,优点在于信息量大、资源丰富,但缺点也是显而易见的,因为不是面对面的现场教学,老师无法及时掌握每一个学生的学习状态,如果学生的自律能力较差,听课的时候注意力不集中,出现玩游戏、听音乐、看小说、发信息,甚至出现中途离开课堂的现象,也无法及时制止,教学效果就会打折扣。这些现象,对线上教学过程中的组织也提出了更高的要求。

一、按下"优质暂停键",讲在关键处

目前各校开展的线上教学,有的借助微课学习,有的借助公益课堂,也有的用"纯主播"直播方式,无论是哪种形式,当我们需要按下"暂停键"让学生思考时,就应该是这堂课最有思维含金量的地方,也是最考验教师教学设计的地方。有时候,备课组设计的暂停点一样,但引导语不一样,产生的教学效果就完全不一样了。所以,光设计"暂停键"是远远不够的,真正要达到资源的为我所用,是要考虑暂停之后要怎么引导深挖,怎么讲到关键处。这就需要每位老师认真钻研教材,多轮研究辅助资源(微课、教学小视频等),反复推敲给学生的留白空间,备课组讨论必须深挖细耕的重点,最后确认设置"优质暂停键"。如果停下来的时候学生很愿意去思考,会自主去探索,有能力去迁移,那么这个"暂停键"便是优质的。

二、设置"精彩讨论区",讲在互动点

线上教学最大的弊端就是隔着屏幕交流,不能很好地互动生成,在这样的情况下要做到精讲,必须让学生找到课堂互动的感觉,而且要想办法留下痕迹,才能激发学生学习的欲望。老师在上课的过程中,要根据前置调查时搜集的信息,根据学生需求设置讨论区。比如有位老师教学《慢性子裁缝和急性子顾客》时,学习任务是自主练习1~6自然段,完成一人多角色朗读课文,录制练习的过程发

---

① 本案例由东阳外国语小学王宇燕老师提供,有删改。

到群里,这下有意思了,学生录好后听听自己的声音,再听听同学的朗读,哪里还需要老师点评,榜样就在眼前。再如一位三年级的语文老师在上《鹿角和鹿腿》时,屏幕上出示两种观点:A. 美丽的鹿角不重要,实用的鹿腿才是重要的。B. 鹿角和鹿腿都很重要,他们各有各的长处。请学生来说说赞成哪一种观点?把理由发送语音到群里。一会儿工夫,群里已经发上来很多的观点。课后有家长反馈,当学生在学习端听到自己的回答被老师播放出来时,高兴得跳了起来,跟家长说自己中奖了。这样的"精彩讨论区"对于学生来说弥足珍贵,我们要在学习群留下痕迹,才能不断激励孩子们参与到课堂中,成为课堂的主人。

三、成立"小导师"团队,学在自主上

"小导师"团队是由学生组成的,那么这些"小导师"是干什么的呢?他们可以是朗读小导师,解题小导师,翻译小导师,绘画小导师,跳绳小导师,把学生的"学"转换成"教"。当我们的课堂需要领诵时,把事先录制好的学生朗诵视频播放一下;当数学某道题目很多学生出错了,而有的学生解题特别有思路时,请他录制一个小视频为全班同学讲解;当英语课上需要小助教时,请翻译小导师上场。要让学生站在课堂的最中央,不论是平时的课堂还是如今的线上课堂,我们都要让学生在课堂教学中被需要,因为这是一种至高的荣誉。

我们也可以把班级的学生分成几个小组,确立小组长,成立小组微信群,形成块状模式的"小组研学"模式。"小组研学"模式最大的特点是凸显学生主体,把调动学生学习的主动性、积极性作为基本出发点,引导学生独立、主动地学习,积极地思考,大胆地实践。组长负责跟进成员的学习情况,比如每天早读时间由组长发起视频相互监督放声朗读,遇到项目化学习需要小组合作时,就给足小组群内讨论时间,作业完成情况以小组打包评比的方式反馈等。

学生在线上学习和在学校日常学习时方式不同,更多的是学生自主参与,是对学生自主、自律能力的检验,所以教师要特别关注学生这几个方面:建立在学生具有内在动机基础上的"想学";建立在学生自我意识发展基础上的"能学";建立在学生掌握了一定的学习策略、学习评价基础上的"会学";建立在学生意志努力基础上的"坚持学"。只有具备这些学习品质,学习质量和学习能力才会大大提升。

第三节　有结构地教，有关联地学

外小基于布鲁纳"结构教学观"，提出教学要有结构。一方面，强调教学内容选择与设计要有结构，包括知识内容的结构和思想方法的结构；另一方面是教学实施要有结构，知识之间、知识与学生已有经验之间，具有开放性、关联性和递进性。教师通过结构化的教学，为学生搭建起拾级而上的生长台阶，恰得其时地用自己的学科专业素养点拨和润泽学生，培养学生学习能力，促进学生学习的可持续发展，达成培养学生学科核心素养的目标。

一、全息视域中的"教"和"学"重新定义

"教师有结构地教"强调教师帮助学生形成一种能够独立研究的情景，促进学生自己思考并参与知识获得的过程。在全息教学观中教学内容的选择与设计就是为了帮助学生理解学习的基本结构。在教学实施过程中，遵循动机原则、结构原则、程序原则、强化原则，从而实现教学实施的结构性。具体表现为课堂学习首先激发学生的兴趣，从而促使学生具有主动学习的动机。在讲授过程中，找出每一门学科最独特、最佳、最易于转化的结构从而加以传授。通过及时反馈，促使学生了解自身对知识结构的掌握情况，从而提高学习效率。

"学生有关联地学"对应布鲁纳认为的学生学习的实质——主动地形成认知结构。需要学生主动对教师的认知结构进行加工，内化为自身的认知结构。认知结构的形成离不开获得、转化、评价三个过程。因此，在进行新知识的获得后，要对知识进行转化，并需要超越给定的信息，运用各种方法将他们变成另外的形式，以适应新任务，并获得更多的知识。最后需要通过对知识的合理性进行判断以完成知识转化的检查。即，学习要有关联地学，能够做到举一反三，触类旁通，由此及彼，闻一知十。

布鲁纳的认知—结构教学论强调教的结构性以及学的关联性或迁移性。将这种认知—结构教学论运用于教学实际，有利于学生学习效果的提升。

全息教学的价值在于启发、唤醒、提出问题进而帮助我们分析和解决问题，促使我们转换思维、寻求策略和总结方法。经过研究实践，我们总结了全息教学实践的基本形态。（见图7-5）

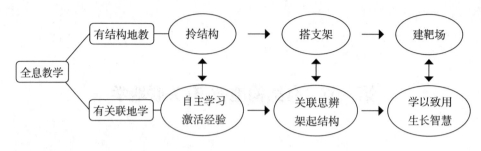

图 7-5　全息教学实践的基本形态

有结构地教：这是从教者角度思考。此处的结构含义多元，可以是某一课中的结构，一个单元的知识结构；也可以是一册书的结构，这个知识点在整个小学阶段中的编排结构。教师做到胸中有全局，心中有丘壑。课前有机整合，拎结构；课中组织互动，搭支架；课末有效拓展，建靶场。

有关联地学：这是从学生角度思考。学生学习的过程，也是结构性思维训练的过程，通过自主学习，激活已有经验，课中在互动中关联思辨，架起结构，课末在拓展中学以致用，生长智慧。

二、有结构地教：全息教育"教"的策略

有结构地教，应该立足于单元视角，立足于知识结构，从大背景下思考教学目标，实现结构化重组，寻找结构化的教学材料，设计基于情境的学习活动，实现结构化推进。所谓结构化，不是知识点的简单压缩或者累加，而是把所有的知识点拎出来后，重新架构一个学习体系，目标不变，可能是将教材中的某几个跨课时的内容整合在一起，也可能是将不同单元之间的某些内容整合在一起。

不管是学科内的知识还是学科间的知识之间都存在相互联系，研读教材就是要明确每个知识点的编排意图，找寻这些知识点之间的联系，发现知识点间内在的知识结构体系，促进学生架起认知结构。

1. 全息点：聚焦核心的辐射结构

全息教育的教学结构，最基本的就是聚焦中心点的辐射结构（反之的辐辏结构也一样），也就是在全息学习的时候，寻找到教学的"重点"——有时候是"大概念"，也有时候是一节课的中心点。整堂课或者整个单元的教学，都是围绕一个核心，从不同的层面突破和深化，从而达成知识的掌握。

如语文学习，我们抓住了某个关键词句，就能牵一发而动全文。《桥》一文中，老汉首先是一个高大的"老支书"形象：他把生的希望让给别人，把死的危险留给自己，情况危急却镇定如山，岿然一立众人心安。他又是党性和人性完美结合的化身：凶得

像只豹子揪出小伙子时是党群之间的果断抉择,用力推小伙子先走时的大吼是父子间的似海亲情。

作者用极其洗练的语言通过书记、父亲、丈夫三重角色的聚合塑造了"山"一般伟岸的"这一个"。全文的信息最后都聚焦于"他是一座山"一句,"一座山"就是"关键知识",包含的信息量大,几乎浓缩了全文的信息。学习中通过"不断地叩问文本"这一学习活动,从为什么"他像一座山"辐射出去,到字里行间寻找蛛丝马迹,让思维的触角伸至文本的角角落落,然后再重新汇聚至"他像一座山"。(见图 7-6)

大山(他不说话,盯着乱哄哄的人们……)
靠山(人们停住脚,望着老汉。)
泰山(竟没人再喊。一百多人很快排成队……)
……

镇定(木桥前,没腿深的水里……)
威严(可以退党,到我这儿报名)
有担当(最后,只剩下了他和小伙子……)
……

"他像一座山"

无情(从队伍中揪出小伙子……凶得像只豹子)
血脉亲情(用力把小伙子推上木桥……)
……

图 7-6 聚焦关键信息的课文思维导图

2. 全息链:循环生长的网络结构

互动与生成互为因果,互动的深度与广度直接影响着生成的深度与广度。把"球"从教师手中传出去,让其更多地停留于学生手中,在学生间主动传开,"球"在学生、教师、学习材料间自由地穿梭,实现"全息互动"。语文课《画家和牧童》上,一学生在课堂上叫起来:"这个牧童没礼貌!"教师通过"抛绣球"式的提问"你也这么认为吗?为什么?"科学地引导学生主动探究,结果不仅体会到了牧童的勇敢、画家的虚心,更带着自己的生活经验来思考问题,达到了创造性理解的境界。(见图 7-7)

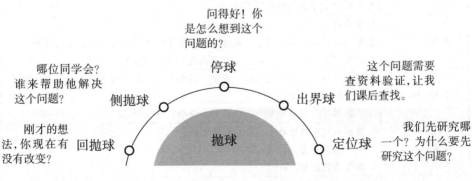

问得好!你是怎么想到这个问题的?

哪位同学会?谁来帮助他解决这个问题?

停球

这个问题需要查资料验证,让我们课后查找。

侧抛球

出界球

刚才的想法,你现在有没有改变?

回抛球

抛球

定位球

我们先研究哪一个?为什么要先研究这个问题?

图 7-7 "抛绣球式"提问生成示意图

全息学习的要义是让学生自己去发现,以有效的思想方法和探究策略为支点,激活学生的学习,让学生充分经历探究、体验、运用等学习过程。数学课《商不变性质》,学生通过观察比较策略发现:虽然"10÷2""20÷4""40÷8""400÷80""4000÷800"的被除数和除数都不一样,但它们的商却都是"5"。这些观察为学生的思维提供了直接而丰富的感性材料,于是在他们的脑海中便会自发生成"这是不是巧合""这中间有没有什么规律"这样的探究流程,从而进入下一轮的探究学习。尝试发现、联想迁移、假设验证、逆向分析等有效策略都可以作为全息学习的支点。

3.全息场:多维互联的立体结构

全息教育的全息场是指教育发生的时候,整个教育场域是立体的结构。学生在学校中,各种信息的多维交互,才形成学生真实的学习场景。学校教育需要通过全息的多学科的综合性活动,才能培养学生真正的学习能力。

学校五年级学生在苗圃园养护鲜花的过程中发现,虽然有老师督促,自己经常浇水,但还是常常会有花苗枯萎。学生不但自我效能感弱,而且容易遭到老师、同学的误解,再者用自来水浇花实在有些浪费。是否有更经济且智能的浇灌方式呢?五年级学生实地勘测,因地制宜开展项目研究。其间学生们留意到金华地区降水量普遍丰富,只是冬季较少,于是便有了一个大胆的设想:能否收集雨水作为灌溉水源,再搭配智能传感器,进行自主喷灌,使灌溉方式更加智慧且生态,最后在蓄水灌溉使用能源的思考中整合太阳能。本次活动涉及的学科及目标见表7-1。

表7-1 雨水灌溉项目涉及学科与目标

学科	目标
科学（S）	1. 了解金华当地气候类型及各月份降水情况。 2. 说出常见植物日常对水需求量。 3. 了解太阳能板的常见规格,了解能量转化的形式。 4. 了解生活中各类传感器的作用。
技术（T）	1. 学会根据设计方案制作相应的成品模型。 2. 能根据实际选择运用合适的传感器,感受科技进步给人类带来的便利。 3. 学会"尝试—改进—再尝试—再改进"的操作技能。
工程（E）	1. 形成"任务驱动—选择核心方案—制作模型—技术改进—设计创新—宣传展示"的工程理念。 2. 能根据实际需求与制约条件,不断调整完善设计。
艺术（A）	1. 根据一定的情景要求,绘制设计图纸。 2. 为产品制作宣传广告。 3. 能够美化模型。
数字（M）	1. 收集当地降水量数据,运用表格和统计图的形式进行分析。 2. 尝试在设计过程中计算成本,实现经济效益核算。

该项目贴近校园劳动教育活动，让学生运用多学科的知识与技能，思考并动手设计，解决校园生活中的实际问题，提高了学生综合分析能力，提升了学生解决问题的能力。学生能够关注身边的真实问题，增强学生换位思考的同理心，在此过程中学生环保意识增强，更感受到技术发展给人类社会带来的便捷性。

三、有关联地学：全息教育"学"的策略

学习活动与体验的任务，主要不是把握那些无内在关联的碎片性的、事实性的信息，而是要把握有内在关联的原理性知识，把握人类历史实践的精华。全息学习的根本遵循是"有关联地建构观念"。在找准学习着力点的基础上，紧扣支点，有关联地推进学习持续进阶。

1. 自主学习，激活经验

有结构地教，是为了更好地实现有关联地学。整合是否有效、教学是否深刻，关键在于是否将学生的已有经验纳入教学思考。对儿童来说，真正有意义的学习来源于儿童生活，发端于儿童对周围生活的观察、思考，是儿童认识世界过程中的创造和发现。如果漠视学生经验，任务、问题都由老师提出，那么学生所要付出的努力就只是配合了。事实证明，学生确实拥有丰富的经验来支撑他们的自主学习，此时，教师不应将学生的已知藏着掖着，而是要让其尽情展现，教师要做的是在教学方法上，让学生把方法优化起来。

上课前要认真考虑学生有什么旧经验可以利用，如何使新旧知识联系起来，如何应用教材为引发思考和探究服务等，这些都是教师需要关注和思考的。基于经验的学习也更能让学生们激发兴趣、释放潜能。总之，全息理念下的整合教学，就是关联学生的学习经验，将原来的课时安排根据学生需求进行适度打乱重整，更加凸显学习的完整性与结构性。然而这个过程任重而道远，整合得好是促进学生学习，整合不好则适得其反。

教师要设计有思维深度的、具有统领性的建构性问题，要问到学生思维的盲点处、矛盾处，直抵文本的内涵，具有"一石激起千层浪"的震撼力，具有"一语惊醒梦中人"的穿透力，具有"打破砂锅问到底"的质疑力。在建构性问题的"放""收"过程中，要很好地展现学生整个的思维过程，说理由，讲依据，要让思维能"飞"，要呈现学生思维的多元化。

例如《中国民间故事》"快乐读书吧"的分享课上，老师鼓励深度思考：刚才，我们顺着已知的特点来提问，这叫正向思维；我们还可以反过来，逆向思维，反其道而思之，就比如：民间故事的结尾一定要是美满的吗？

2. 关联思维,架起结构

结构化思维是一种高阶思维能力,它主题鲜明,有清晰的中心思想,纵向层次有逻辑关系,横向层次有递进关系。培养结构化思维能力有助于学生在遇到难题时,从多个侧面进行思考,深刻分析原因,从而采取恰当的方法来解决难题。这与全息阅读教学不谋而合,从全息元出发,提出问题,再辐射至全文,找到相关联之处进行分析、验证,层层推理,从而得出观点;在寻找、分析、验证、总结的过程中,学生需要关联更多的背景知识、生活体验,从多元解读又聚焦到全息元上,这就是辐辏的过程。辐射与辐辏反复交替的过程,就是锻炼学生结构化思维的过程。同时,全息教学提倡将经验延展,把课讲活,要让学生知道每一个地方既可以画一个句号,也可以画一个逗号,还可以往前走。

没有结构化的思维是零散混乱无条理的想法集合,而结构化思维是一个有条理有层次、脉络清晰的思考路径。因而结构化的思考方式不仅能提高学生的思维能力,还能让学生“思考问题更有逻辑,与人沟通更加清晰,解决问题更有效率”。因此,我们在语文课堂中应该教会学生思考的方法,让学生知道不同文本有不同的学习方法。有了这样的教,学生离开了这个文本,离开了老师,才依旧能够依靠习得的方法、习得的思考路径,去学习新的文本,形成自己的观点。

思维实现结构化,需要教师从整体上考虑,尊重学生的原有认知,引发认知冲突,在真实情境中通过导图等形式呈现孩子思考的过程,最终教给孩子思考的方法,实现知识深度建构,提升学生的语文素养。

全息教学中,最后答案的获得并不能必然地生成结构化思维,而让学生去揣摩知识背后的依据,使他们经历思考的过程,才能启迪其思维的发展。在教学中,我们要构建知识结构,开放互动的空间,激发学生思考的天性,展现“思维过程”,在思维不断聚焦与发散的过程中促进学生思维的生长。

全息教学中,教师常常会提供一些思维工具,如图形、线条、记号、箭头以及个别的词和句等,让学生以此呈现自己的学习思考过程,简明扼要地把需要掌握的重点知识形象地表现出来,使知识结构化,使思维外显。这不仅有利于学生完成对知识的自主架构,更可以帮助他们将碎片化的点状思维转化为完整的知识网络,对知识形成整体把握以及深度感知,从而开启思维的窗户,真正学会学习,更大限度地突破学习的内涵。如《中国民间故事》“快乐读书吧”的学习,就充分引导了学生利用工具开展哲思,发现文化价值。

【例 7-4】《中国民间故事》教学（片段）①

1. 引入哲思话题。

师：刚才的这些发现大家都是在比较中，在关联中来的，这样的思维方式非常管用。实际上，读书的时候就是要这样不断地问问自己，尽可能从各个角度向自己发问。比如说，看着刚才得出的这些共同点，我们还可以如何向自己发问？

生：情节为什么都这么曲折？

生：主人公为什么都是善良的？

生：结局为什么都比较美满？

2. 师示范怎样用关键词填写学习单，生自主哲思。

师：翻到学习单的反面，请选择你最感兴趣的一点，从多个角度出发，想出至少两个理由，写下来。

师：这个图你会填吗？这个导图不需要你写得很完整，它只是帮助你思考的一个草稿，比如还可以这样画。这样可以让你多角度、全面地思考，让你的思考更有深度。

学生开始哲思。

3. 教师引导交流哲思成果，修正哲思图。

生：情节为什么都这么曲折？原因有：

① 一波三折的故事情节更能吸引人。（关键词：吸引人）

② 当时老百姓的现实生活就充满了磨难。（关键词：现实生活）

③ 体现了老百姓不屈不挠的精神。（关键词：不屈不挠）

师：一个同学站起来就能多角度、全面地回答问题，太棒了。我们一定要记住，思考问题要多角度、全面地进行。赶快用上这种多角度、全面地思考的方法，再去哲思你选择的问题。

3. 学以致用，生长智慧

课内习得的学习方法，必须在实践中加以练习，方能形成稳固的能力。从实践形式来看，实践活动可以是课内的，也可以是课外的，更应该把课内与课外有机地结合起来。它的形式更加多样化，可以是实践操作、制作模型，也可以是调查研究、收集数据。学生在实践中运用知识，迁移能力，生长智慧。如上完《中国民间故事》分享课后，老师提出了以下要求。

---

① 本案例由东阳外国语小学钟康美老师提供，有删改。

　　刚才,我们通过比较不同版本的《牛郎织女》,又通过比较同种类型民间故事,读出了民间故事这么多的特点,也读出了很多民间故事背后的内涵。课后同学们读其他类型的中国民间故事,也可以用上这样的方法,同一类型文章之间去比较、关联,不同类故事之间去比较、关联,甚至是中国民间故事和外国民间故事之间也可以比较、关联,你一定会有更多的收获。

　　全息课堂的教学延伸,目的在于通过一些拓展活动,给学生提供一些应用创新的空间,实现既关注学生的"整体发展",又关注学生的"个性成长",促进学生学习力的长足发展。这些拓展活动,有分层练习,有综合实践,也有思维拓展,统称为靶场。

　　对小学生来说,主要是能够把课堂上的学习内容进行灵活运用。如数学课学了"圆的周长"后,可以设计这样的变式练习:求图阴影部分的周长。不同层次的学生可以找到不同思维层次的解答,有的先计算整体再割除,有的逐项计算再相加……又如六年级科学课《月相的变化》,教师提问:"你见过的月相是怎样的? 你能给这些月相图排序吗? "学生分不清月相的亮面在哪一侧,已有经验与新知识产生了矛盾冲突。在此基础上展开学习,无论是对学习动力还是知识结构都能起到提领而顿的作用。

　　推进学生深度学习,关键在于不失时机地将学生从课堂的模拟性实践推向学校生活的现实性实践。如科学课《土壤的种类》,学生学习了沙土、壤土、黏土三种土壤的区分方法后,教师抛出一个真实情境问题:"学校开心农场里的土壤属于哪一类? 又适合种什么植物呢? "学生在真实的情境里运用知识去探索发现,或用眼观察,或用工具测量含沙量,判断土壤种类与适种植物,学会了分析与综合、实验与比对等诸多解决问题的方法,真正将所学创造性地运用到真实生活问题的解决中。虽然课堂进度慢了一点,但这样的学习是立体式、全方位、可持续的。

第四节　做中学:作业设计优化

　　杜威实用主义的思想在教育中的表现,便是"教育即生活、即生长、即经验改造"[①];在实际教学中的应用,便是"做中学"。从做中学,以儿童为中心。重视儿童的需要、兴趣、身心发展特征,以儿童的感受和需要为出发点,在进行教学活动的设计

---

① [美]约翰·杜威.民主主义与教育 [M].王承绪译.北京:人民教育出版社,2001:58.

时,将儿童的本能和兴趣置于思考的首位,考虑教学活动是否有足够的趣味性吸引儿童学习。

20 世纪 90 年代以来,美国、英国、澳大利亚、日本、挪威、法国等国,还有我国的台湾地区,在基础教育课程改革中,都注重开设综合实践活动类的课程,但这种课程在各地课程标准中的称谓并不相同。美国各州中小学主要有自然与社会研究、设计学习和社会参与性学习。法国中小学设计和实施了"动手做"。日本在 1999 年颁布的《小学、初中、高中学习活动纲要》中规定中小学必须实施"综合学习时间",要求设计和实施"基于课题的探究学习活动"和"体验性学习活动";并且在 1998 年 12 月发布、2002 年实施的《中小学数学学习指导要领》中增设了"综合学习时间"这一内容。

全息教育关注学习的全息性,从理论上分析,作业也可以是一个"全息元",而不仅仅是辅助学习的一部分。从作业的视角达成学生的全面发展,就需要在全息教育中重视作业的功能,通过优化作业,让作业承载更多学生发展的需求。

一、小学数学综合实践作业有效性的策略研究①

通过一年多的课题研究,外小形成了小学数学综合实践性作业操作范式,课题组各成员注意收集学生在实践性研究中的成果(如数学小日记,绘画日记,小制作,数学手抄报等等),并适时进行展示,以培养学生的实践能力和创新意识,激发学生的学习兴趣,增强学生的数学应用意识。

1. 数学综合实践小绘画

由于一年级的学生刚入学不久,识字量还比较小,表达的能力也还比较欠缺。同时,一年级的孩子非常喜欢画画,对一切新的事物都感到好奇。正是根据学生的年龄特点和心理特点,课题组在一年级学生的课外实践性作业布置上特别考虑学生的实际情况,设计了"一年级学生数学综合实践作业绘画日记"的作业方式。绘画日记可以自己画画、可以从网上下载图片,也可以从杂志广告上剪下图片。学生从画画、下载图片、剪贴图片的过程中充分了解了"生活中处处有数学"的理念。同时,也把课堂中的数学知识和技能带到生活中去,进行拓展和延伸,增强了学生的实践能力和应用意识,同时,也提高了学生学习数学的兴趣。

2. 数学综合实践小日记

"数学综合实践小日记"就是学生以日记的形式,记述学生在数学综合实践活动中的感受与体会。数学日记不仅能真实地反映学生的综合实践作业情况,更重要的

---

① 本课题为金华市教育科学规划课题(JB201007296)。课题组长：东阳市外国语小学张晗芬;组员：张辉扬、吕红英、叶玫丹、张玉华;课题指导：蔡楠荣、卢雁红、马笑莲、葛敏辉。

是它相对客观地再现了综合实践活动中的互动情况。通过日记,学生可以对数学综合实践活动进行总结,可以像同好朋友谈心一样,写出自己的收获与困惑,还能激发他们用客观的态度去审视自己所进行的综合实践活动,使自己更加热爱这项活动。外小在每个年级都进行了一定的尝试,发现"数学日记"的效果比较好。

【例7-5】三年级同学的数学日记[①]

今天,我在学校里学了长方形面积的计算,老师布置我们回家进行一个实践活动:测量家里物体一个长方形的面的面积。我在家里找来找去,该测量什么好呢?

正在这时,妈妈买回了一张新的电脑桌。对,我就测量电脑桌的面积吧。哎呀,桌面这么大,直接用面积单位测量太麻烦了,对,可以先测量出桌面的长和宽,再相乘就可以了。

我马上拿起尺子,测量这张桌子的面积。这张桌子的桌面是长方形的,求长方形的面积必须先知道它的长和宽。我先量长,是 80 厘米;然后再量宽,是 40.6 厘米。长方形的面积 = 长 × 宽,我拿出草稿纸,列出算式,马上就算出了得数。这张电脑桌的面积是 3248 平方厘米。妈妈看了计算出来的结果,着实表扬了我一番。

从这件事中我得知:生活离不开数学,数学也离不开生活。数学和我们息息相关,很多生活中的小事都和数学有关系。

3. 数学综合实践手抄报

设计数学手抄报是综合能力的体现。在这个实践活动过程中,学生需要搜集资料、整理资料、排版设计等等。设计数学手抄报,培养了学生学习数学的兴趣,开阔了学生的视野,最主要的是,通过评比,增强了学生的实践能力和创新意识。下面是一位六年级同学的手抄报(见图 7-8)。

图 7-8　学生手抄报样张

① 本案例由东阳市外国语小学吴单嵘同学提供,有删改。

4. 数学综合实践小制作

学了圆的认识后,书本给学生提出了如下问题:车轮为什么是圆形的呢? 我们布置学生回家分别做了圆形、长方形、正方形、三角形等等形状的"轮胎",并进行了实验,让学生更深刻地体会到由于圆具有从圆心到圆上的距离处处相等的特点,所以圆形轮胎在滚动时圆心始终处于同一水平线上,特别平稳,而其他形状的轮胎就不行。在学生进行动手实践的基础上,再举行用圆设计美丽图案大赛,进一步加深对圆的认识,感受圆的特征,体会圆形的变换,增强空间观念,提高动手实践和创造能力。(见图7-9)

图7-9 学生动手实践作业举例

课题开展以来,我们明显感觉到了学生身上发生的变化,学生对家庭作业的兴趣明显比以前浓厚了,还没到周末,总会有学生兴冲冲地来问:老师,这个星期的家庭作业是什么? 学生做作业的自主性强了,作业的效率高了,家庭作业的质量得到了极大的改善,与此同时,学生对数学学科的兴趣与日俱增。下面是高段老师在三至五年级学生(576人)中做的一个调查(见表7-2)。

表7-2 三至五年级综合实践家庭作业情况调查反馈表

问卷内容	问卷结果		
	明显比以前好（人）	没变化（人）	比以前差（人）
主动完成家庭作业的程度	407	154	15
完成家庭作业的速度	395	162	19
家庭作业字迹的清楚程度	451	104	21
完成作业后认真检查的态度	483	71	32
进行综合实践活动的能力	526	50	0
对现在家庭作业的喜欢程度	463	94	19

二、小学美术《蔬果之诗》作业设计实践 ①

艺术源于生活,《美术课程标准》强调注重美术课程与学生生活经验的紧密联系。因此,外小专门依据浙美版小学美术教科书六年级上册《蔬果造型》,结合古诗词等文学题材进行蔬果造型创作活动。让学生生活增加艺术氛围,周末生活更加精彩纷呈。

水果和蔬菜是生活中同学们比较熟悉的食物,同时它们还是天然的雕刻、塑造材料。本课内容即选用这种取材方便、易于加工的材料进行活泼、有趣的立体造型活动。本课要求引导学生巧妙地利用蔬果的形状、色彩、纹理等进行联想,运用切、剪、刻、拼、插等方法,塑造出情趣盎然的作品,从而训练学生观察、理解材料自然形态特点的能力,进而激发学生创造美、表现美、用美点缀生活的兴趣和欲望。

随着年龄和经验的增长,六年级学生的身心得到了很大发展,思维形式从具体形象逐步向抽象思维发展,心理活动的随意性和自觉性也在增强,对美有着自己独特的感受和表达,表现能力有所提升,他们力求表现得更真实、更深刻,所以六年级的学生的作业呈现会更丰富。另外,这一美术活动结合现实生活和古诗词,将身边的事物与文学紧密联系,让学生感受到美就在身边,美需要用心去观察和表现。

这次综合实践活动,学生除了要背诵和理解古诗词,还要结合美术造型和色彩的知识,完成蔬果之诗创作,形成诗情画意的美术作品。学生自主完成这一活动,体验蔬果造型的乐趣,发现并表现生活中的美,有针对性地进行联想,运用多种方法创作出有趣的蔬果形象。

用古诗词自带的文学情境,可以让学生有无限的遐想,激发他们的学习兴趣。作业提示中,教师可以提前出示蔬果:说一说它们的名称、形状及颜色特点,观察自己的蔬果的外形有什么特征,准备结合古诗词将它变成什么? 怎么变? 可以将部分的蔬果展示出来,让学生展开想象。指导学生根据联想的形象在蔬果的基本形体上用刀切、割或挖,做出作品的大形,进一步了解塑造作品的方法后,自由创作完成作品。

在展示环节上,可以在课上让学生讲讲对自己完成的作品是否满意,打算在课后尝试做什么更有趣的蔬果作品。一方面培养动手能力,一方面培养创造能力。最后,可以在校级展览上或者校微信公众号上进行宣传和推广。(见图 7-10)

---

① 本案例由东阳市外国语小学卢宽老师提供,有删改。

图7-10　学生部分作品

三、小学科学:红领巾智造未来研究院灌溉方案 [1]

为了更好地开展科学实践活动,学校整合了"VR体验室、木作空间、航模教室、生命科学、创客空间"五大科创活动空间,建成了"红领巾智造未来研究院"。红领巾智造未来研究院更为关注的是学生在科学实践过程中在方法与技术方面的创新,将科学实践过程中遇到的难题通过自己的研究来认识,通过大胆的智造来解决,充分感知科创的价值,成为新型的科学实践者。

例如"苗圃园雨水收集自动灌溉系统"这一项目,实施过程主要分为提出问题、准备阶段、阐述阶段、展示评价与拓展提升五个环节。(见图7-11)

---

① 本案例由东阳外国语小学蒋仰林老师提供,有删改。

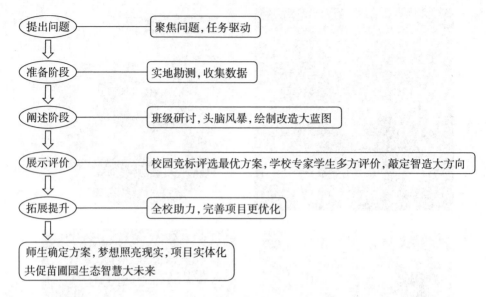

图 7-11　项目流程图

1. 提出问题

通过创设真实情景,用真实问题激发学生学习的兴趣,从而引出学习任务,回顾苗圃园灌溉过程出现的主要问题。关注"苗圃园每天需要用这么多自来水浇花实在是太浪费了,并且人工浇花效率低,不符合智慧生态园面向未来智慧生态的要求"等问题,学生明确改善方向与标准。初步思考后,提出解决措施。通过查阅资料,或采访相关人员,调研相关信息,在收集信息的基础上构建个人初步设想。

2. 准备阶段

(1)了解学校所在地降水规律,查找相应植物生长中对水分的需求。在设计方案前期,学生调查金华地区的降水规律及年降水量分布,通过对植物生长所需水分的预估,计算雨水收集储存量,并进行项目可行性评估。

(2)了解传感器的工作原理,学会湿度数据在移动端的读取方法,将技术应用于实践。在制作过程中,为了使收集雨水后,苗圃园的灌溉更加智能高效,同学们在雨水灌溉系统中整合了智能传感器,实时监测各类数据,可以有效对各班雨水灌溉使用过程进行分析,并及时调整。教师向学生讲解正确使用传感器的方法,并引导学生学会连接物联传感电路。

(3)了解常见太阳能板的规格,并能初步估计灌溉系统的需电量。为了贯彻智慧生态园智慧与生态的长远目标,学生尝试选择合适的太阳能板整合至电路,并调节太阳能板的角度,最大程度将太阳能转化为雨水灌溉过程中所需的能量。

(4)信息检索与应用能力。为保证项目顺利且高效进行,教师应有意培养学生搜集信息、处理信息的能力，引导学生利用钉钉等平台开展线上会议进行讨论。

（5）实地勘测校园真实环境。为了使学生的设想与实际相符，引导学生因地制宜，采取科学的方法实地勘测，记录有价值的信息，并采访校园花木工与水电工，换位思考多角度发现问题。

3. 班级研讨汇报

（1）教师对学生进行分组，明确组内成员的分工、职责。由小组内部根据自身特点进行角色分工（见表7–3），展开讨论，引导总结。本项目中为了完成任务需要解决以下问题。

＊不同植物需水情况是否相同？

＊收集雨水是否可行？

＊能否使用传感器，实时监测，实现智能灌溉？

＊对于传感器的安装位置，有什么要求？

＊能否利用太阳能使装置更加节能环保？

表7-3　小组分工表

角色	人数	职责
汇报员	2	参与实验设计，主要负责汇报小组活动的成果
设计记录员	2	整理小组活动的成果，并进行记录
资料收集员	2	收集相应资料，相互配合进行实验操作，负责成品的制作

班级交流

小组讨论

（2）教师再次向学生明确任务。出示制作过程评价表和学习态度评价表，要求学生了解过程性评价的指标，并对照标准积极参与设计。在学生设计的过程中，教师要提醒学生列出所需的材料。班级确定总方案（见图7–12），学生自我评价，填写自评表，回顾收获，做下阶段校园招投标计划。

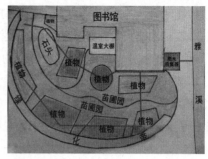

图 7-12　学生管道规划设计

（3）整改升级小组方案。在此过程中，教师鼓励学生大胆交流，积极采纳他人意见，重视探究设计过程，学会反思并提出相应的整改升级的方案（见图 7-13）。教师引导学生在制作时思考以下问题：

＊传感器的安装位置怎么设计？温度和湿度传感器放置在什么位置更好？

＊太阳能电池板模块怎么连接？阳光使用率怎样才能达到最高？

＊如何解决传输模块的防水问题？

＊如何在满足条件的前提下尽量降低成本？

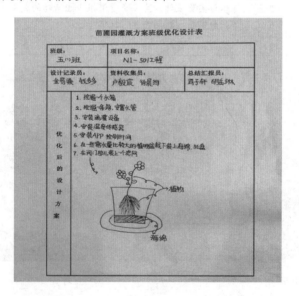

图 7-13　苗圃园灌溉方案设计示例

4. 竞标大会、展示评价

所有小组完成产品、展板、广告的制作，并填写相关表格。然后展示作品、展板、广告，分享制作心得。最后"甲方代表"讨论选出相应奖项优胜组。其中甲方代表有统筹学校长远发展的校长、负责学校采购招标的副校长、负责学校绿植维护的花木工、维持水电安全的电工师傅以及科学与信息老师代表。专业的团队模拟真实情景，从不同角度对学生项目设计方案进行评价，引导学生反思，指向学生真正发展。招标现场由每班3人的大众评审投票选出最佳人气奖，五年级全员参与，每个学生都能从不同的方案中有所收获。（见图7-14）

图 7-14　竞标大会掠影

四、小学英语：My home 单元作业设计①

小学英语教师应分析学情和教学目标，整合单元内容，确定单元整体框架，创设真实情境，设置阶梯性的单元作业，重视反馈，优化评改形式，引导学生发展英语学科素养，促进和保障学生健康成长。

PEP 四年级上册 Unit4 My home 主要围绕"家"这一话题展开，通过展示家人和朋友的家居生活呈现本单元的核心词汇和句型。基于教材，赵雪芹老师重新整合单元教学目标，重构单元作业目标，再以"朋友串串门"为线索设计了"At Amy's home""At Yifan's home""At my home"三个主题情境的单元复习作业，让单元内不同课时的作业体现一定的相关性、逻辑性和递进性，做到循序渐进帮助学生夯实基础、发展能力，探索有效进行英语单元作业设计的实施策略。

---

① 本案例由东阳市外国语小学赵雪芹老师提供，有删改。

1. "At Amy's home" 主题

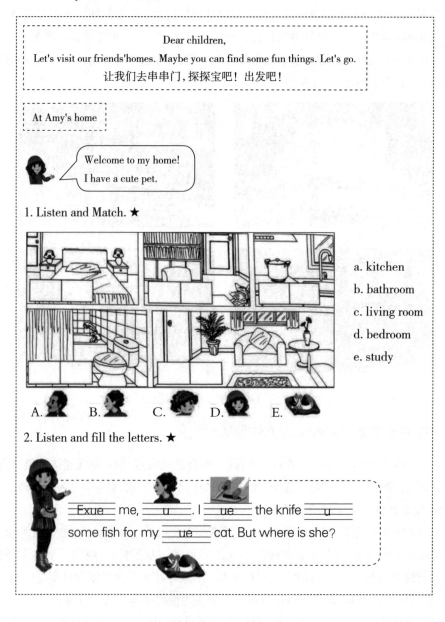

Dear children,

Let's visit our friends'homes. Maybe you can find some fun things. Let's go.

让我们去串串门，探探宝吧！出发吧！

At Amy's home

Welcome to my home!
I have a cute pet.

1. Listen and Match. ★

a. kitchen

b. bathroom

c. living room

d. bedroom

e. study

A.　　B.　　C.　　D.　　E.

2. Listen and fill the letters. ★

Exue me, ___u___. I ___ue___ the knife ___u___ some fish for my ___ue___ cat. But where is she?

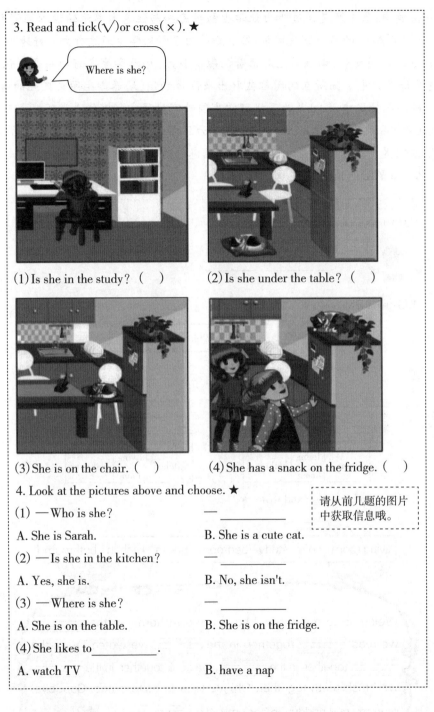

3. Read and tick(√)or cross(×). ★

Where is she?

(1)Is she in the study? （　　）　　(2)Is she under the table? （　　）

(3)She is on the chair. （　　）　　(4)She has a snack on the fridge. （　　）

4. Look at the pictures above and choose. ★　　请从前几题的图片中获取信息哦。

(1) —Who is she?　　—_____

A. She is Sarah.　　B. She is a cute cat.

(2) —Is she in the kitchen?　　—_____

A. Yes, she is.　　B. No, she isn't.

(3) —Where is she?　　—_____

A. She is on the table.　　B. She is on the fridge.

(4)She likes to_____.

A. watch TV　　B. have a nap

　　该部分作业涵盖了主情景图到 let's spell 的 Part A 部分，以 Amy's cat 为线索，找一找 Amy 这只可爱的家庭成员，去参观 Amy's home，每道题都是有关联的，在同一情境中,第1题是通过听力让学生初步感知与注意本单元的核心词汇和句型,介绍了 Amy 的所有家庭成员;第2题是为了帮助学生通过听力更好地辨别 u 和 u-e 的不同发音,训练学生对语音的敏感程度,培养学生良好的语音意识;第3题是将教材中小猫所在的图都截取出来设计的图,培养学生图文匹配的能力;第4题的选择题中,(1)是为了提醒学生国外家庭通常将宠物看成家庭成员,所以 cat 用 she 表示,不用 it;而(2)、(3)是为了帮助学生复习巩固本单元的核心句型;(4)是为了培养学生的获取与梳理信息的能力,总结一下小猫的习性。

2. "At Yifan's home" 主题

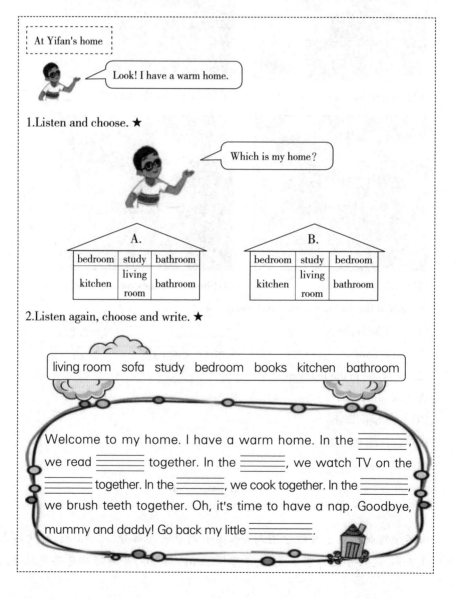

3.Say and tick. ★★

请用下列句式和同桌一起说说我的房间，给我提提建议，并给讨论过的物件打钩。
The... is/are... the...
Put..., please.

cap   keys   toys   T-shirt   glasses   pens   pencils   books
☐   ☐   ☐   ☐   ☐   ☐   ☐   ☐

该部分是 Part B 部分的作业，通过参观 Yifan's home，帮 Yifan 整理房间，旨在帮助学生巩固新知，活用核心句型。第 1 题是通过听力，让学生选出 Yifan's home，文本描述了 Yifan 幸福的一家人，总是在一起做事情，互帮互助，其中有一个小陷阱"Goodbye, mummy and daddy! Go back my little bedroom"，这句话说明了家里有两个卧室，这锻炼了学生分析与判断的能力；第 2 题就是第 1 题的听力原文，帮助学生在有意义的语境中抄写单元核心词汇并将句子补充完整，也更好地帮助学生检查第 1 题，降低题目的难度；第 3 题是为学生提供了 Yifan's bedroom，通过同桌合作的方式，帮助学生在有意义的情境中简单描述物品摆设，并提出相应的建议，培养学生综合语言运用能力。

3. "At my home" 主题

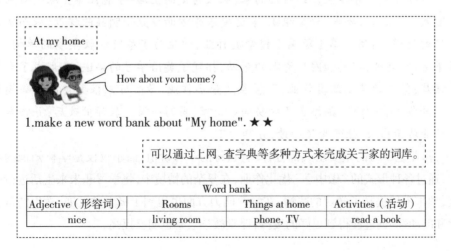

At my home

How about your home?

1.make a new word bank about "My home". ★★

可以通过上网、查字典等多种方式来完成关于家的词库。

Word bank			
Adjective（形容词）	Rooms	Things at home	Activities（活动）
nice	living room	phone, TV	read a book

2. Choose, draw and write.

A. ★★

分层作业，先选择一项，再进行画图与写作。

My Room

This is my _____.

It is _____.

I can/like to _____ in this room.

My _____ is/are _____ the _____.

My _____ is/are _____ the _____.

How _____!

B. ★★★

My Home

This is my home.

这部分是引导学生介绍自己的家，从教材走向生活，才能让学生深化对主题的理解，并在词汇要求、语言组织、表达要求等方面设置了明显的梯度，从而实现话题的迁移、运用。第 1 题属于搜索类作业，学生为了尽可能收集多的单词，会寻求父母、老师、字典和网络资源的帮助，拓宽了英语学习的渠道，也形成了专属单词库；第 2 题是创编类作业，同样也是分层作业，学生可以根据自己的兴趣和知识储备，选择作业，画画自己的房间或是家，再写一写。教师批改后，并将学生的作业展示出来，让学生读一读，分享一下。

作业是学习的重要组成部分，具有独特的学习价值，而不仅仅是学科知识的延伸，通过各种形式的"做中学"优化作业，在复杂的情境中，将学习和未来生活进行链接，学生不仅提高了学习的热情，在学习能力方面也得到了极大的发展，学生的自主性和能动性、创造性得到更好的发挥，课堂教学效率也明显提高。

第八章

多元赋能：
全息教育的评价创新

第一节　全息评价的整体框架

我们认为,成就幸福儿童的核心素养除了关注学业成绩,还应致力于习惯的培养、能力的提升、品格的养成,着眼于学生的综合素养。

我们明确了评价的三大目标,提炼了评价探索的三大基本理念,也确立了评价的三个基本特征,制定了评价操作的四大原则。(见图8-1)

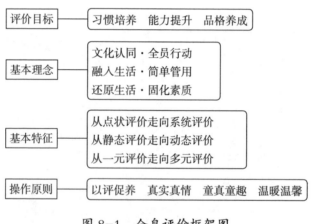

图 8-1　全息评价框架图

评价的三大基本理念如下:

文化认同·全员行动,指全校教师要通过一系列讨论,认同除了学业成绩之外,很多习惯、能力与品格等对于学生的终身幸福来说同样重要,有了文化认同为前提,全员行动作基础,教育教学行为才能有转型的可能。

融入生活·还原生活,倡导将评价过程融入生活,将评价融入育人的各个环节,甚至将有教育内涵的评价还原为真实的生活,从而使评价不成为学生额外的负担,且成为促进儿童成长的温暖力量。

简单管用·固化素质,指评价时强调在任务形式上更加整合、开放,设计简单管用,环节简洁,并与实践紧密结合。通过长期诊断激励,孩子们的良好品行慢慢固化,成为学校课程开发、文化建设的一部分,成为整体育人的强大力量。

基于此,我们还构建了学生核心素养评价框架,习惯类的多采用形成性评价的方式,用争章的模式以评估促养育;能力类的更多地采用表现性评价,用在每学期期中组织关键点过关的方式,希望培养学生解决真实情境中的问题的能力;品格类的常运用诊断性评价,期末组织全学科评估,强化个性化的指导。最终培育具有"真诚乐观,坚韧勇敢,有家国情怀、国际视野"特质的外小幸福儿童。(见图 8-2)

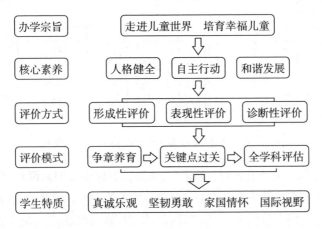

图 8-2　外小学生核心素养评价模型

一、明确评价重点,梳理学生核心素养发展关键点

我们觉得除了学业成绩,更应该关注学生的综合素养,为他们一生的发展奠定基础。因此,自 2013 年学校便开始思考:为了孩子一生的幸福,我们还需要培养孩子哪些方面的素养,即哪些素养对一个人的一生幸福来说是至关重要的。为此,学校组织了相当长周期的全员大讨论。最终大家达成高度认同:除了学业成绩之外,还应更多地致力于习惯的培养、能力的提升、品格的养成,这才是真正着眼于学生的终身幸福,是服务于中华民族伟大复兴的有益之举。最终针对学生的综合发展,我们梳理了方方面面,并根据孩子发展的关键期,分年级,分学段,各有侧重地将这些特色项目分到六个年级十二个学期落实。

14 项指标可归结为"五个习惯,六大能力,三种品格","五个习惯"指:生活习惯(生活有规律),书写习惯(书写正姿势),交往习惯(交往脸微笑),运动习惯(运动常相伴),阅读习惯(阅读是日常);"六大能力"指书写能力、生存能力、阅读能力、写作能力、演讲能力、体艺能力;"三种品格"指学习品质、乐观品格和正确价值观。(见图 8-3)

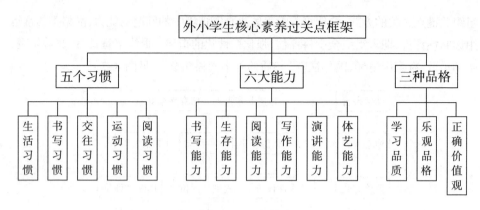

图 8-3　外小学生核心素养评价主要指标

本着"基础课程校本化实施"的策略,语数英音体美等国家课程,在落实基本要求的基础上,我们在每学期重点关注一个核心素养的发展。因此,评价要点的梳理至关重要,花费了我们大量精力。"基于课标、体现校本、择取精要"是我们研制评价要点的三大原则,既指向学科核心素养,又体现了鲜明的外小色彩。正如叶澜所说:"每个学科对学生的发展价值,除了一个领域的知识以外,应该能够提供一种唯有在这个学科的学习中才可能获得的经历和体验;提供独特的学科美的发现、欣赏和表达能力。"[①] 每门课程都肩负着培养学生核心素养的不可或缺的独特使命。

除了继续关注学业质量评价以外,我们还注重将传统文化、社会实践、科技创新、家务劳动、合作分享、助人为乐等作为评价项目,纳入教育教学评价体系之中,各学段分段实施考核,为学生的进一步发展指出了努力方向。如每学期开始,学生就可以在《学生核心素养发展手册》中看到详尽的评价要点,平时可以时时对照,期末还可以根据评价要点,对自己的每一个方面进行自我评价、小结。(见表 8-1)

表8-1　六年级数学的评价要点

生长数学	
评价项目	评价要点
计算	我能正确熟练地进行整数、小数、分数四则混合运算,还能主动运用运算律使计算简便。
分析说理	我会灵活地运用数学的思维方式进行独立思考,能运用分析法、综合法思考问题,并在活动中体会一些数学的基本思想。
实际应用	我能解决有关圆柱、圆锥和比例的实际问题,还能综合运用相关数学知识与策略解决较复杂的实际问题。

① 叶澜. 重建课堂教育价值观 [J]. 教育研究,2002(05):3-7.

这样做,既注重培养、增强学生的自我教育、自我管理、自我发展、自我完善的意识、习惯和能力,又能清楚地记录学生成长的轨迹,真正发挥评价促进发展的功能。我们所有的考核,都要尽可能贯穿或渗透思想道德、文化科学、生活技能、身体心理素质和个性特长的评价因素。

又如,语文的阅读能力,就体现了外小全息语文对阅读品质的格外要求。

一年级:我已养成每天晚上静静地看会儿书再入睡的习惯。

二年级:我会一边阅读一边思考,能产生自己的感受和疑问。

三年级:我能做到不动笔墨不读书,能不断产生问题并尝试着解决。

四年级:我能在阅读的过程中生成一些有价值的问题,并尝试着用多种方法去解决。

五年级:我能在阅读时找到主题性的研究方向,并能有策略地展开研究。

六年级:我能借助阅读进行专题性的研究,并能写出研究报告。

这样的评价要点梳理过程,事实上可以不断地倒逼课堂改革,因为老师们会发现传统课堂是无法满足基于核心素养的评价要求的,课堂转型势在必行。于是相应地我们开展了以"慢想深议、全息互动"为核心的精彩课堂转型研究,其核心是"学生在真实情境中亲自探究与实践学科核心观念","使教学和学习过程成为真实的知识创造过程",让学生在学习的过程不断诞生精彩观念,努力尝试在"创中学"。由此,我们将课程、教学与评价切实地融合于同一素养框架内,课程改革也切实地在往前推进。

二、手册助力评价,形成核心素养评价内容体系

评价学生的素养并没有那么简单,一张试卷、一张成绩报告单,往往考查的是学生的知识,不能反映全方位的能力和品格。我们要做的,就是从能力、品格维度来提升、发展和评价学生。以往对学生的评价主要是基于学科课程内容的评价,评价的维度是线性的,与学科相对应,评价者基本上是执教的老师,评价时往往以主观印象,加卷面测试的形式进行操作,这样评价结果比较单一。那么究竟评价学生哪些方面的内容,能够体现出对核心素养的指向性呢?

为此,我们尝试构建新的《学生核心素养发展手册》,此手册立足学生的终身发展,遵照各阶段学生的身心发展规律,着力关注学生的习惯养成、能力提升和品格形成,努力通过评价推动学生的身心、智力、情感、意志、能力等和谐发展,同步递进。

我们秉承"培育幸福儿童"的使命,围绕"培养有健全人格、有自主行动力、能和谐发展的现代公民"的育人目标,架构外小课程框架,将核心素养发展关键点融入课程框架,形成了系统的评价内容,开发了《我的核心素养发展记录册》(见图8-4)。

图 8-4　《我的核心素养发展记录册》及样张

　　记录册内容以设置的课程为纲,以核心素养为目的,评价内容精准精细有序,辐射人的发展的方方面面。评价的内容涵盖小学阶段一至六年级,从一年级的学习习惯和生活习惯(喝水、大号、就餐、问好等)开始,到高年级的倾听、运动、说话、阅读、解题、独立价值判断、心理品质养成等等,全方位的评价都是围绕"核心素养"而展开。评价的框架清晰可观,科学严密,操作性强。

　　纵观整个评价手册可以发现,争章,侧重的是孩子平时习惯的养成;期中过关,关注的是评价的落实情况;期末考评,鉴定的是孩子的全面发展。主要分基础课程评价(我的基础课程)、拓展课程评价(我的拓展课程)、社团活动评价(我的兴趣爱好)、盘点我的成长四大版块,将育人目标、课程目标、评价要点全部贯通,对学生经历的课程和活动的情况进行观察、记录、分析和反馈,并且以学生的视角表述,有详尽的评价要点,有明确的评价操作,全面记录学生在校的学习和生活,详细而过程性地反映了学生核心素养的养成情况。让每一个孩子都能目标明确、过程自主、记录自由,每年一本,成为独一无二的个人成长专著,以此替代了呆板严肃的成绩报告单。

　　基础课程评价(我的基础课程)版块体现对"文化基础"的关注;拓展课程评价(我的拓展课程)版块是对学校目前自行开发的、有教材、有特色的学科进行测评;社团活动评价(我的兴趣爱好)版块是对目前学校的五十多个社团的过程性评价;盘点我的成长版块主要包括我的体质健康情况、自我评价、同学赠言、家长寄语及老师心愿等。

　　《我的核心素养发展记录册》按年级定制,学生人手一本。通过这样一份量身定制的"学业质量标准",连接起了核心素养和课程、评价之间的关系,真正从能力维度来考量学生。

　　我们又依据"基于课标、体现校本、择取精要"的原则,研制了各学科的评价要点,使教师、学生、家长都对素养要求一目了然，使评价内容真正可感可见，便于落实。

为了让老师评价操作时更有章可循，我们同时开发了《小学生核心素养评价教师手册》（见图 8-5），将前面罗列的除学业成绩之外的发展关键点的评价方式予以明确要求，每一项都有"培养建议""评价方法"和"评价工具"，使每一学期的评价组织简便可行，大大提升了评价实施的有效性，使核心素养评价成为学校的常态工作。

图 8-5 《小学生核心素养评价教师手册》

三、探寻多主体实施，有效落实评价体系

评价方式多维度，评价角度多维度。不同的评定内容采取不同的方式进行检测、衡量与评定。遵规守纪、文明礼貌、自尊自律等，采取平时观察了解与学期末总结核查相结合的方式进行评定。体育特长、文艺特长、综合实践等，采取现场活动与展示和展演评比相结合方式进行评定。每个学期末，学校都要举行统一的测评，如：体育特长分田径、体操、球类三项对学生进行测评，测评结果作为评定的重要依据。凡是能参加校和校级以上比赛，并取得名次或获得奖项的，都可在学校举行的统一测评中免试。

评价实施者是多维的，自评、班级小组评、教师评定、家长评定等，评价来自多方面、多角度，构成一个时间、空间上的立体评价。对学生的学习成绩尽可能地采用定量评定与描述性评定相结合的方式进行，尤其对学生的学习态度和习惯、兴趣和特长情况都要给予恰如其分的描述性评定。对学生学习态度和习惯的平时考查以学生自评为主，期末采取自评、互评、师评相结合的形式进行评定，以师评为主；让学生参与评价，教师引导评价。基础课程以教师评价为主（见图 8-6），拓展课程则采用"自评＋师评＋同学评＋家长评"的灵活选择方式。文化节、艺术日、活动周的表现，可以用体积较大的作品,如小制作、书画等证明,也可以拍成图片粘贴,并附文字说明。同时,尽可能让评价贯穿学习的始终,比如评价中有一栏:"我的足迹(展示增量记录,可用数据说明)",就是要求学生将该学科的学习过程很好地反映出来,不断地促进学生的成长(见图8-7)。

课程名称	评价维度	评价要点	评价等级 A	B	C	D	期末测评	学期总评
全息语文	识字写字	我能认识汉字2000个以上,会写1300个以上,能熟练地查字典,有独立识字的能力。开始练习用钢笔书写正楷字,用毛笔描红。						
	口语交际	我能清楚地讲述见闻,说出自己的感受和想法。						
	★阅读	我能做到不动笔墨不读书,能不断产生问题并尝试解决。我爱阅读,我有良好的阅读习惯。						
	习作	我开始习作,能做到语句通顺,愿意与他人分享习作的快乐。						
生活英语	听力	我能听辨所学单词,能听懂会话及相关录音材料的内容。					面试	
	词汇	我能认读英语单词50个,并了解其含义。						
	口语	我能借助所给图片或文字就日常生活话题做简短叙述(3~5句),能表演所学故事及相关课外故事,并能学唱英语歌曲或歌谣25首以上。					笔试	
	书写	我能准确书写26个英语字母。						
信息技术	神奇的鼠标	我能掌握指向、单击、双击、右击、拖放的操作及使用环境。						
	绘画小能手	我能用画图程序熟练绘画小树、校园、草原、水乡等主题图。						
	美图秀秀	我能自主选材进行电脑绘画。						

注:★为综合素养评价的年段过关点。

图8-6　评价手册基础课程样张

我的拓展课

课程名称	评价维度	评价要点	我的足迹（展示增量记录，可用数据说明）	同学评价	期末测评（ABC）	总评
全息德育	价值取向	我知道人与人之间要讲诚信，诚信就是真实做人不自欺，真诚待人不说谎，有了约定不食言。				
	乐观品质	我学得高兴，玩得愉快，对他人、对集体都很热心。				
	生活技能	我能合理搭配服饰，能根据不同时间、场合穿着适当的服装。流鼻血时，我能正确处理。				
	公民素养	我能达到《外小就餐礼仪》的要求；我能赞赏别人，有错时能主动道歉，也不会用粗话伤人；我不说谎，说到做到。				
	综合实践	我能主动完成一次小研究，并在小组里进行交流。本学期，我表现最好的一次实践活动：_____。				
	少先队活动	我知道队的生日、队的作风，还能正确大声地呼号；能积极参与队干部竞选，响应队组织号召，热心服务中队。				
戏剧	语言表达能力	剧本背诵能口齿清晰、语言流畅、声音响亮，能基本准确表达角色意思。				
	形象塑造能力	表演中能生动形象地表现人物的个性特点，展现出人物形象。				
	★表演状态	在台上表演过程中不被外界因素影响，不笑场，不背台，能时刻保持在角色当中，完成演出目标。				

图 8-7 评价手册拓展课程样张

由于学生在不断发展、长大，学生之今日不等于学生之明日，没有任何一个尺度可以单一地测量出学生的综合素质。因此，评价是动态的，是变化的。手册标准是活的，可升可降，因人而异、因材施教，学生虽然没有达到标准的要求，但只要和以往相比有进步,就可以打满分。这样,有利于帮助学生确立自我发展的信心,看到自己的进步和成功,在原有的基础上有不同程度的发展和提高。

评价中获取事实证据的方法仅仅依靠考试是不充分的。怎样获取更多的事实证据? 应在活动中评价,即评价制度化,制度活动化。在尊重学生差异的前提下,为了给学生提供更广阔的展示自己才能的机会和舞台,让每一个学生都有适合自己发展的空间和具体项目,学校每年都要举办体育运动会、书法绘画比赛、创新制作展示、演唱会、朗诵会、知识竞赛等丰富多彩的竞赛活动,以发展学生的特长,培养学生的能力。

将课程和评价融会贯通的教育实力,让核心素养"落地",助力每位学子成为"有能力"的儿童。整一套手册,就是以能力为指向,以解决生活实际问题为主线,让"高大上"的核心素养转化为可操作的具体事项,以此锻炼和评价学生。

第二节　特色争章:日常化的增值评价

习惯是在学习过程中经过反复练习形成、发展,成为一种个体需要的自动化学习行为方式。叶圣陶说:"大凡传授技能技巧,讲说一遍,指点一番,只是个开始而不是终结。要待技能技巧在受教育的人身上生根,习惯成自然,再不会离谱走样,那才是终结。所以讲说和指点之后,接下去有一段必要的工夫,督促受教育的多多练习,硬是要按照规格练习,练成技能技巧不是别人能够代劳的,非自己动手,认真练习不可。"[1]可见,习惯的培养需要一个科学有序的过程,必须经过训练,而且要经常训练,反复地训练,适应各种不同环境的不同内容和不同方式的训练。训练到自动化的程度才能成为习惯,成为习惯才能随时运用。

一、特色章的设置

为了将以往常常被忽略的学生生活习惯、学习品质、心理品格等融入学生的日常生活、学习之中,达到最佳的养成效果,尤其是为了强化学生以及老师的意识,我们依据上述梳理的核心素养内容,全面梳理了本校学生的德育要求,开展争章活动。我们把自创的《外小生活常规》,编写的《外小就餐礼仪》,开发的《外小学生快乐宝典》,

---

[1] 叶圣陶. 叶圣陶语文教育论集 [M]. 北京:教育科学出版社,2015:2.

还有《外小学生学习指南》等，设置成 9 枚大章，再细化为 30 枚小章，形成"一条常规一小章，系列小章换大章，累积大章赢称号"的争章模式，并构建了一个以"阳光小子""甜心女孩"为最高荣誉的过程评价体系。（见图 8-8）学生可以在平台上自主选择争章项目，各学科老师负责协同落实。从定章、争章、颁章到护章，每一个环节都会在个性化评价平台中被量化成数据，并生成翔实的争章轨迹，以便老师客观地了解学生的真实表现，进行科学归因，有针对性地开展个性化辅导。

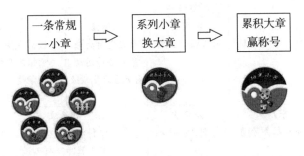

图 8-8　特色章评价示意图

学生争章目标明确，路径清晰，很好地促进"人化"的过程。同时，我们也把争章活动记录纳入《家校联系手册》，开学初规划争章计划，进行每周自评、家长评、同伴评，有目标有计划地助推学生发展。（见表 8-2）

表8-2　争章评价体系

类别	大章	小章（内容及目录）			
德	爱国小传人	感恩章 包容他人 善待自己 感恩一切	诚信章 诚实守信有担当	节俭章 就餐光盘 生活节俭 不攀比	爱国章 珍视国家荣誉 热爱中国共产党 热爱家乡与人民
	快乐小主人	夸奖章 每天夸人一回	互助章 每天助人一次	分享章 每天分享一事	调控章 调控自己情绪	思乐章 睡前回味乐事
智	学习小能手	倾听章 眼看对方 神情专注	静思章 静心思考 勇于挑战	畅言章 乐于发言 富有条理	自主章 自主学习 自我安排 合作分享
	阅读小明星	悦读章 爱好阅读 博览群书 善于积累	口才章 讲故事有声有色 诵读抑扬顿挫 演讲观点清晰	金笔章 乐于动笔 表达真情实感	书写章 书写工整美观
	英语小baby	听读章 每天定时听读说	表演章 敢于表演 乐于表演		

续 表

类别	大章	小章（内容及目录）			
体	运动 小健将	运动章 每天运动一小时	坚韧章 坚韧勇敢不放弃		
美	美育 小达人	参与章 不迟到，不早退， 积极参与	技能章 掌握相应的技 能，并通过阶 段性评估		
劳	生活 小能人	洗漱章 每天早晚洗漱	滋润章 每天喝水三杯	保健章 每天定时大号 每天坚持运动 每天看天气预报	就餐章 饭前先洗手，餐中不喧哗 嚼饭不张嘴，喝汤不出声 饭菜吃干净，放盘轻又轻 常怀感恩心，节俭又文明
	劳动 小能手	家政章 每天家务劳动	公益章 定期服务他人	智造章 像科学家一样思考 像工程师一样创造	

二、特色章的评估

我们将核心素养归为六大类，相应地设立 9 枚大章：生活小能人、劳动小能手、快乐小主人、学习小博士、阅读小明星、英语小 baby、运动小健将、美育小达人、爱国小传人。操作时分解内涵，设立相应小章。

如"生活小能人"一栏设的"洗漱章""滋润章""保健章"和"文明就餐章"，是为了培养学生良好的生活习惯。（见图 8-9）

图 8-9 "生活小能人"特色章

再比如"阅读小明星"中的"悦读章"，也是每天要常态坚持的，因为学校的阅读文化就是"让书香像空气一样弥漫，让阅读像呼吸一样自然"，倡导阅读成为学生的一种生活方式，寝室里每天睡前有半小时的晚读，还有 20 分钟的听故事时间，学校图书馆全天候开放。为了强化阅读意识，寄宿学生由生活老师记录，走读学生由家长反馈，每晚要认真阅读半小时以上且持续两周，即可得一"悦读章"，有间断就要重新计分。长此以往，学生的阅读习惯必然养成。"书写章"则更简单，只是在每次作业批改的同时加一个书写分，然后根据一段时间的积分进行颁发，并没有增加老师和学生的负担。但是通过这些章强化的意识，也许是目前急功近利的教育中最欠缺的。

有些习惯和品格并不会如前所述轻易地融入日常生活，而是需要老师重点培养、学生努力改变才能养成的。比如为了让学生拥有健康的身心，学校借鉴积极心理学理论，着力培育学生乐观的品质，自创了《外小快乐宝典》："每天夸人一回，每天助人一次，每天分享一事，调控自己情绪，睡前回味乐事。"这么好的秘籍如何才能发挥作用呢？每天用争章来促进。但由于这些行为不好量化，就采用自评与他评结合的方式进行。尤其要注意的是一段时间内应集中选其中的一个小章强化，这样才能切实有效。

再比如学习品质的培养中的"静思章"，采用了自评、同桌评与老师评价三者结合的方式，多维度考查学生的实际表现。

评价主体：自评 + 同桌评 + 老师评价

评价要点：

1. 深入思考，归纳观点。

2. 挑战难题，持续思考。

3. 完成作业，一气呵成。

4. 自己错误，反思改进。

以上四种要求，每个学生在每天作业整理时间对自己进行自评，以"A/B/C"三档选择，自评完成后，给同桌互评。最后交给小组长统计，A档得 1 分，B档得 0 分，C档扣 1 分，以两人的相同意见为最后得分。老师一周对同学进行评价。累计获得 20 积分即可得到一颗静思章。

记录方法：由每位小组的组长负责记录本小组的得分情况，课后再登记到积分记录表上。

三、特色章的实施效果

评价时，我们开展简单管用的争章活动。首先，强调常态的日日坚持。如"生活小能人"中的"洗漱章""滋润章""保健章"和"文明就餐章"，由生活老师每天逐项检查，一周内表现好的即得相应的章。其次，强调有难度的阶段性强化，融入生活，着力培养，如学习品质的"倾听章""静思章"等由数学老师来负责，依据学生的实际情况分阶段强化。这些章都根据学生、班级情况选择性地落实，避免同一时间对一个学生来说负担过重。

【例8-1】我终于争到静思章了！ ①

这个星期我终于争到静思章了！心里真高兴啊！以前妈妈总说我是"孙猴子投胎，屁股在凳子上坐不了两分钟"，平时做作业也是"一说就会一做就错"，毛毛躁躁的。唉，谁叫我是个急性子呢！

可是现在，我这个"急性子"竟然变成了"慢性子"了！瞧，要开始写作业了，我先做好所有的准备工作，从提笔起，我就专心致志地投入，像个雕像般钉在凳子上。很快作业就要被我一气呵成写完啦，咦，这道题怎么做啊？我左思右想，还是没有思路。一个声音说："放弃吧，太难了！"另一个声音说："不行，你不想要静思章了吗？再想想！"最后，在静思章的鼓励下，我又开始了新一轮的挑战……

经过三个星期的努力，我终于得到静思章了，你说我能不激动吗！现在，我的数学成绩和争章榜上的章一起"噌噌噌"地往上涨呢！

以往，课堂上只是一小部分学生的舞台，大部分学生都是"观众"和"听众"，表现沉默。沉默的学生往往表现各有不同，究其原因，主要有以下几种表现：一是没有参与学习进程，心不在焉；二是思维迟钝跟不上教学进程；三是没有发言的习惯，但胸有成竹，稳坐泰山；四是没有良好的心理素质，但茶壶里煮饺子——肚里有货。

这些沉默的学生往往被教师忽视，失去了许多对话和交流的机会，这不利于他们的成长。了解了学生课堂发言中症结之所在，在教学过程中，我们就按照由易到难，由浅入深，由分解到创造的原则开展了争"畅言章"活动，有意识地注重问题的层次性和学生的差异性，尽可能兼顾到每一层次的学生，以便增强学生的自信心，激发学生的说话欲望。

第三节　模拟情境：动态性的过程评价

依据学生素养发展规律，学校以评促养，构建"全员联动、全面贯通"的操作路径，要求评价过程能融入学习生活，操作过程则越简单越好。因此，我们借助了大数据技术和人工智能，使得各类数据得以被记录和存储。我们开发了一个评价平台来翔实地记录学生的学习过程，不断完善每一个评价内容、过程与方法，建立综合评价

---

① 本案例由东阳外国语小学沈裕昊同学提供，有删改。

平台,统整评价数据,期末给每一个孩子建一个"五育发展雷达图",直观精准地诊断学生的素养发展状况,开出个性化处方,真正体现学校的专业服务水平,有效地促进学生的全面发展。

为确保学生核心素养发展能落到实处,我们依据研制的《小学生核心素养评价教师手册》,期中组织核心素养过关,评估的原则是基于真实的观察、记录,尽可能在不知不觉间对孩子进行诊断,而后提供帮助。

如一年级进行的书写习惯评价细则中,我们重点对一年级小朋友的坐姿和执笔姿势(见图8-10)进行评价。

【例8-2】书写习惯评价细则(适用对象:一上学生)

一、培养目标

1. 写字时,保持正确的坐姿(头正、背直、肩平、臂开、足安)和执笔姿势。

2. 努力养成良好的写字习惯,培养端庄、挺拔的书写气质。

二、训练建议

(一)坐姿

1. 头正:头摆正,不能向左或向右偏,并略向前倾,眼睛距书本一尺(约30厘米)左右。

2. 背直:胸挺起,背撑直,胸口离桌沿一拳(约10厘米)左右。

3. 肩平:两肩齐平,不能一边高,一边低。

4. 臂开:五指并拢,双臂上下叠放。

5. 足安:双脚自然平放在地上,两脚之间的距离与肩同宽,脚尖和脚跟同时着地。

(二)执笔姿势

1. 捏:以大拇指、食指末端正面轻捏着笔杆,距离笔尖一寸(约3.3厘米)左右位置,让笔杆上端靠在食指根部关节,笔与纸面呈45°~60°的倾角。

2. 垫:小指、无名指、中指自然弯曲地依次垫在食指下面。

3. 圆:掌心空虚,虎口圆着,虎口指大拇指和食指执笔时所形成的圆弧形,力度要相对手指稍稍向内用力,不要太用力成握拳状,掌心似握着鸡蛋的形态。

图8-10　坐姿和执笔姿势

三、评价方法

(一)组织形式:在语文教学过程中,每位教师观察一组学生,逐一评价学生的作业姿势,限时 10 分钟。

（二）评价量表

| 评价项目 | 评价标准 | 评价等级 | | | 总评 凡出现C为待合格；不出现C，有3个A及以上为优秀；其余为合格。 |
		A	B	C	
坐姿	头正				
	背直				
	肩平				
	臂开				
	足安				
执笔姿势	捏				
	垫				
	圆				

设计：樊秋霖

一、价值观：场景观察

针对五年级正确价值观的评估，我们设计了情境题，由一位教师进行聊天式的主题讨论，其他教师一人一组边听课边悄悄观察记录，然后分析诊断。其中一个话题是"便民伞"。

【例 8-3】"便民伞"主题讨论

材料："便民伞"

2001 年 9 月,安徽省合肥市公交公司为了使突遇大雨却没带雨伞的乘客免受雨淋之苦,先后在 102 路和 1 路公交车上配置了"便民伞"。几个星期过后,1 路公交车上的 150 把雨伞只剩下了 10 把,而 102 路公交车上的 150 把雨伞仅丢了两三把。其原因是 102 路实行收押金制度,使用 1 把伞收 10 元押金,用后随便还到哪一辆 102 路车上,都将退还你 10 元钱。而 1 路公交车没收押金。

①1 路车上的雨伞和 102 路车上的雨伞,命运为什么会如此不同？你喜欢哪种制度？为什么？

②结合以上事例,围绕"诚信"的主题,谈谈你的想法。

③假如你也借了 1 路车上的伞,第二天正等在校门口还伞,却发现上课铃响了。你会怎么办？

除了情境式的闲聊观察,还用问卷在学生中进行同伴评价与自我评价,以《了解内心深处的我》作为卷面的标题,并设引言:同学们,要想真正了解自己,就要走进自己的内心深处,让"内心"来说真话,你想试试吗？请拿起笔,摸摸自己的心,让自己的"心"来做一回主人。

全息德育的评价内容最终还系统地列入学校对学生的综合评价手册《我的核心素养记录册》，主要分乐观品质、生活技能、公民素养、价值取向四个维度对学生的健全人格进行综合评估，持续地促进学生全面精彩。（见表8-3）

表8-3　一年级下册全息德育评价细则

评价维度	乐观品质	生活技能	公民素养	价值取向
评价内容	我能做到每天睡前回味三件乐事。	我能坚持早晚正确刷牙。能做到自己的事情自己做，能好好地与宠物相处。	我能做到《外小就餐礼仪》。我能热情接待来访客人。我不说谎，说到做到。	我知道人与人之间要讲诚信，诚信就是真实做人不自欺，真诚待人不说谎，有了约定不食言。

二、生存能力：实战模拟

四年级的生存能力过关评价方式，包含实战模拟和知识问卷两方面，两者均过即过关，不过关者有一次重考机会，内容有防止溺水、独自出行、银行存款、火险逃生四项。如防止溺水的情境模拟——"今天天气炎热，4:30我吃完饭，跟着爸爸去游泳馆游泳。5:00我已经穿好了游泳装站在池边……游着，游着，我的手抽筋了……过了一会儿，我的脚也抽筋了……后来，我又游了一段时间，发现耳朵进水了……请你边讲解边演示有"……"的地方的应对方法。这里有陷阱需学生判断，如半小时内不能下水，也有突发情况需学生应对。

"核心素养在本质上是应对和解决复杂的、不确定的现实生活情境的综合性品质。……在这个意义上，核心素养是'三维目标'的整合。这种整合发生在具体的、特定的任务情境中。"[1] 因此，基于核心素养的评价更多地需要通过创设整合性的、情景化的、不良结构的真实任务，以此直接评估学生的真实性学业成就。

三、低段学生语数英统整的情景化评估

现有的考试和评价过多拘泥于纸笔形式，强调孤立的确定性学科知识和技能的习得，而这些知识和技能又往往脱离学生的生活情境。为改变这种现象，我们尝试将一到三年级的语数英考试进行学科融合，统整为情景化评估。出试题分两步走，先是教师将本学科知识要点充分罗列，然后由三个学科的老师共同整合到生活情景之中，同时注意考试过程的趣味性。如三上年级创设了"奔跑吧，baby——探险寻宝"的情

景,共分四大版块(见图8-11)。

准备装备 ⟹ 激流勇进 ⟹ 迷宫探险 ⟹ 获取宝藏

图8-11 探险寻宝情景版块

每个版块都用任务驱动,让学生自主发现问题、分析问题,开展合作解决问题,从而对语数英三科的学业素养进行综合测评。如测评中有一个商场出口的情境,老师说:"队员们的表现都很棒,现在老师要奖励你们一些饮料和食物。每个队员可以从中任选饮料和食物各一种。只是有一个小小的要求:每个人选的都不一样,如果达到这个要求,就可以成功领取礼物!"其目的就是首先考查数学中的分类,通过分类知道这里有2种饮料和4种食物;其次考查对搭配方法的理解,2种饮料和4种食物有8种不同的搭配方式,6人小组每人可以选得不一样。

四、高段学生基于真实任务的综合性评估

真实任务是建立在学习与评价的智能相关的基础之上,同时考虑学生的兴趣,链接相应的生活,反映现实生活中通常所要面对的一些真实问题或挑战。真实任务完成过程就是综合运用所学知识与技能,充分调动有效的问题解决能力,创造性地完成任务的过程。因此,在高段学生的综合性评估中,通过创设真实生活情境来检验学生综合能力是可行的举措。比如我们会对六年级学生的演讲能力逐一进行考核,考核的题目基于真实任务:"越来越多的家长非常重视孩子的十岁生日,于是校园中盛行生日宴请同学、老师,甚至一些家长还发动全班同学举办一场盛大的生日晚会。针对这一现象,请你以'大手'的身份对'小手'或他们的父母发表一次演讲,请注意说话的场合和听众。"

第四节 量表解读:科学化的综合评价

一、乐观品格:量表测试

三年级的乐观品质评价,以游戏方式进行。先是量表自评,即游戏"跟着感觉走";然后是同伴评估,即游戏"送出你的最佳人气奖",让孩子们将手中的一张笑脸在三

秒内贴到符合这样标准的同学胸前——"你最喜欢的,一想到他就非常愉快的,甚至很期待自己也变成他那样的人"。两个游戏结束后公布第一个测评标准,打出相应的等级,并进行适时的心理疏导。

【例 8-4】心理测试量表样张

量表一

A.极同意　B.同意　C.普通　D.不同意　E.非常不同意

1. 许多时候,我都会预期最好的状况。(　　　)

2. 对我来说,随时放松很容易。(　　　)

3. 如果我认为我会把事情搞砸,就真会发生。(　　　)

4. 对于我的未来,我总是相当乐观。(　　　)

5. 我很喜欢与朋友相处。(　　　)

6. 保持学习忙碌,对我非常重要。(　　　)

7. 很少有事情是朝着我期待的方向走。(　　　)

8. 我很少感觉到不安。(　　　)

9. 我几乎不期待好事会发生在我头上。(　　　)

10. 生活中,我感觉自己好事情总比坏事情发生得多。(　　　)

计分规则:

1. 第 1、4、10 题　A=1 分　B=2 分　C=3 分　D=4 分　E=5 分

2. 第 3、7、9 题　A=5 分　B=4 分　C=3 分　D=2 分　E=1 分

3. 第 2、5、6、8 题不计分,剩下的 6 题计分,总分在 6 至 30 分之间。

评量结果:

6 分为极度乐观。7 ~ 18 分为乐观。19 ~ 29 分为悲观。30 分为极度悲观。

二、智慧外小:大数据评估

我们设立十二级的课外阅读选择题,难度不大,主要测评是否阅读,重在读书习惯的养成,重在阅读积极性的呵护。采用计算机自动组卷方式,可以随时随地上网挑战任何一级,电脑即时评价,非常自主。

学生的每一次期中关键点过关的情况都以大数据的方式真实记录在系统中,如图 8-12,十二个学期的关键点分别在横轴上从左到右排序。学生的各项测评积分则按从低到高的分数,在纵轴上从下到上累加。各负责老师只需及时将各项测评数据上传至平台,小程序便会在后台自动生成汇总表,以不同的色块表示不同的等级(见横轴),测评的汇总则以阶层累计的方式呈现(见纵轴)。这样一个独属于学生个人的个性化数据分析,便于教师客观深入地了解每个学生的核心素养发展情况,并进行更

有针对性的培养。

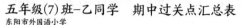

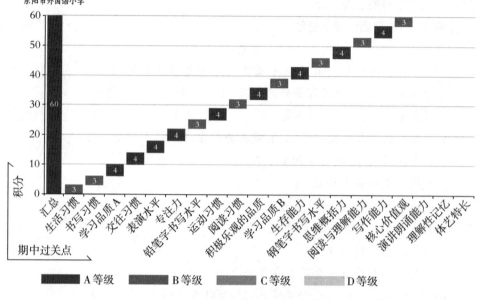

图 8-12　阅读个性化分析

　　学校认为,如果能在真实的场景中对学生进行观察记录,一定可以评出学生真实的素养,从而促进学生真实地成长。"智慧外小"APP,相当于一个评价数据的采集站,能对每个场域进行数据的便捷记录和处理的智能化提升,可以对已有数据充分挖掘,管理数据全面统计,过程数据尽量留存,这既能为老师减负,使评价工作得以持久,又能让数据真实充分,使评价趋向科学。

　　如一场论辩结束,后台会根据人脸识别系统自动识别参与论辩的学生,并关联该生的"畅言章"争章评价。同时论辩视频的精彩片段也将作为资源入库保存,相关的"金句"会实时呈现,"金句"的主人将获得双倍的积分。因为是真实的论辩,学生的价值观会在论辩的过程中显现。对于出现的一些与核心价值观不符的"杂音",教师会深度访谈,追踪引导。比如,在关于著名的哲学思想实验"电车难题"的讨论中,有一个学生说:"我可以先将这个工人撞飞,然后赔他 3 万块钱,再为他的无私奉献进行表彰……"类似这样的情况,老师就会对学生进行个别访谈,甚至家访,进行个别化引导。

三、精准诊断:开具个性化处方

　　期末全学科评估除了上面的期末测评,还包括平时的关键技能评估。平时的关键技能评估每月进行一次,评估的方式、方法、标准由年级组统一,各学科老师期末测评则以具体的成绩为素材,只要将数据如实地输入评价平台,后台便会进行智能评价,生成五育雷达图,给出个性化评估报告,给予学生科学引领。(见图8-13)

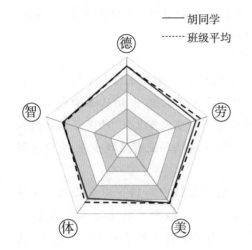

—— 胡同学
┈┈┈ 班级平均

德
劳
智
体
美

个性化诊断报告

根据雷达图分析,胡同学成长情况如下：

优势：

你的品德表现、学习力超过平均值,请继续保持!

上升空间：

你的品德表现、学习力很不错,如果能加强身心素质和运动技能、美育素养、劳动表现和技能就会有很大的突破。

学习攻略：

★坚持每天运动1小时,身体就会棒棒的。

★琴韵怡情,曲风养德,提高艺术素养也需要勤奋和努力。

★学会一些劳动技能,养成每天劳动的习惯。

图 8-13 五育雷达图及诊断报告示例

四、SOLO 分类：思维水平质性评价

SOLO 分类体系即"可观察的学习成果的分类体系"[①]。SOLO 的英文原文是 the structure of organized learning outcome。彼格斯通过对认知发展的功能方式的分析,提出可以从能力、思维操作、一致性与收敛以及应答结构等四个方面区分学生的回答水平,具体地归纳出学生思维水平的五个层次。

1. 前结构水平：这是一种低于目标方式的反应,学习者对问题的回答是混乱的,要么是拒绝回答问题,要么是同义反复,或者瞎说一气,回答根本没有一致性的感觉,甚至连问题是什么都没有弄清楚就收敛(指获得答案)了。

2. 单点结构水平：学习者只能联系单个素材解决问题,因此没有一致性的感觉,只接触到一点就立刻跳到结论上去。

3. 多点结构水平：学习者能联系多个有限的、孤立的素材解决问题,虽然想做到一致性,但由于基本上只注意孤立的素材而使收敛太快,解答不完整。

4. 关联结构水平：学习者利用问题线索、相关素材及素材的相互关系解决问题,

① 彼格斯,科利斯.学习质量评价：SOLO 分类理论(可观察的学习成果结构)[M].高凌飚,张洪岩主译.北京：人民教育出版社,2010.

并能在设定的情景或已经历的经验范围内利用相关知识进行概括,在设定的系统中没有不一致的问题,但因只在一个路径上收敛,在系统外可能会出现不一致。

5. 抽象扩展结构水平:学习者利用问题线索、相关素材、素材的相互关系及假设解决问题,能对未经历的情景进行概括,解决了不一致性的问题,认为不必使结论收敛,即结论开放,容许多个在逻辑上相容的解答。

【例8-5】暴露"相异构想",识字如此简单①

　　有效的课堂,应该是教师帮助孩子解决困惑,教师是真正服务于学生的。孩子的困惑是什么? 通过什么方式了解他们的困惑? 课堂,一切从课堂中来。让孩子多说,说真实的想法,对于"为什么有的错误会多次发生?"便有了很好的诠释:因为学生的"潜意识"暴露不够,特别是"相异构想"没有显现出来,更没有得到解决。

　　由于每个学生的背景不同,经历有异,他们头脑中的相异构想必然是多样的,并且学生思维和成人思维不同,有些构想在成人眼里可能还是不可思议的。我们要以平和的心态宽容错误的存在,要善于挖掘并运用教学中形形色色的"错误资源",让"错误"成就真实的课堂。

　　如一年级小朋友对形近字总容易认错,一个学生指着"半"字说,喜羊羊的羊,一个学生指着"免"字说,小白兔的兔。教师引导孩子讨论,学生顿时分成三派。老师就针对孩子们对"羊和半""兔和免"暴露的相异构想,着重进行对比教学。喜羊羊是有两个角的,半字八角分开了,就不是羊了。小白兔是有尾巴的,没有尾巴的是免费的免。

---

① 本案例由东阳市外国语小学朱艳艳老师提供,有删改。

第九章

全息教育
实践成效及发展趋势

第一节　全息教育的实践成效

一、促进学生生长，实现育人范式转型

1. 更多创造成长契机，高质量育人成效显著

全息教育以"价值引领"为基点，以"核心素养"为突破口，全面审视人的成长规律和教学规律，考虑人的需求，考虑现实社会的需要，以发展能奠定学生个体健康成长和终身学习所必需的"核心素养"为宗旨，整合系统的五育融合的育人模式。它直指德智体美劳发展，并将五育有效融合在一起，发现了原动力，架构了新路径，培养了新能力。通过研究活动进行系列推进，在生活中浸润，在课堂中升华，学生全员、全程、全方位参与育人，这不仅给了学生心灵的自由，还传递了规则意识，促进了学生各项能力的发展与综合素养的提高。

如今，外小的学生越来越文明，越来越有教养，用实际行动践行着中华传统美德，学校也真正收获了文明的果实，赢得了很好的社会声誉。学校的新生报名人数 10 年里增长了 10 倍，成为本地区广受欢迎的优质学校。曾经，学生家长来校接送孩子，带来的是满地的烟头、拥堵的豪车、傲然的漠视；如今，1500 多位家长聚在体艺馆，静静地聆听两个小时的教育报告或身着正装优雅地出席学校的新年音乐会，接送日门口的车辆井然有序，家长对孩子们的问候热情回应。校园已经变成和谐温馨的家园。

2017 年、2018 年、2019 年，学校连续三年都对学生的"校园文明"改观情况做了调查，调查对象为 85 名教师。（见图 9-1）

调查数据显示，学生在"能主动问好""能学会用礼貌用语与别人交往"等校园礼仪方面养成了良好的习惯，变化明显。而"不说脏话""看到垃圾，做到弯腰捡起""面对小手，主动帮助呵护"等文明现象，也逐年明显好转。漫步校园，经常可以看见有孩子主动弯腰捡起纸屑，经常可以听见"老师好""要乐观"的话语。大手小手同台亮相梦想舞台，一起游园，一起享受节日的快乐。学校已然成为文明美好的家园。

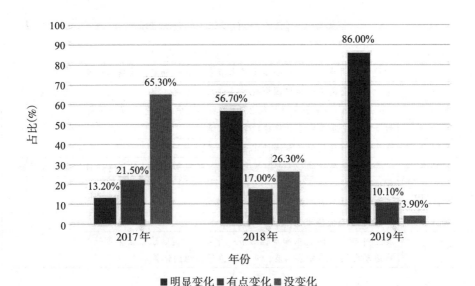

图 9-1 "校园文明"改观情况调查

之前,我们曾对四、五、六年级学生做过抽样调查,问题的设置是:在学校生活中,你认为什么对你影响最大? 95% 的学生认为是考试成绩,原因有三点:考试成绩好,父母高兴,心里愉快;学生最重要的事就是学习,考试成绩是最好的证明;学习好就有面子,就能当干部,同学就佩服。进行全息教育实践后,我们就同一问题在四、五、六年级学生中进行抽样调查,结果显示:"课程学习"依然排在第一位,但在六年级占68%,在五年级占55%,在四年级则占50%以下。体育特长、文艺特长、诚实守信、乐做好事、遵规守纪的比重明显增加,其中把体育特长放在第一位的占到37.5%。这组统计数据表明,评价的全面性、多元性影响着学生的价值取向。

学校通过"梦想舞台""俭德餐厅""情境测评"等方式为学生创造更多的成长契机,五育融合,让学生得到全面成长。实践证明,学生综合素质有了很大的提高,各种能力都得到了一定的发展。2018—2022 年,在全国英语大赛、省市科技小发明、汉字书写大赛、电子小报、绘本制作比赛、吟诵比赛、书画现场赛、读书征文、演讲比赛、创客空间等活动中,获一等奖85 人(次),二等奖302 人(次),三等奖246 人(次),在各大网站报刊发表习作408 人次(2018—2022 年主要获奖情况见表9-1)。6 项实用新型发明获国家专利,1 项发明获国家专利。涌现出了省"美德少年"顾哲恺等先进榜样。2018 年,外小践行《小学生日常行为规范》的经验——"扣好人生第一粒扣子"成为全国中小学德育工作典型经验。2020 年,"小学'生活浸润式'全息德育的探索与实践"入选全省"三全育人"典型案例。

表9-1 2018—2022年主要获奖情况

时间	主要获奖情况
2018 年	学校合唱团获金华市中小学生艺术节表演类一等奖,获省二等奖
2018 年	第十五届全国中小学校园影视作品评比一等奖 4 个、二等奖 2 个、三等奖 3 个
2019 年	*The Exodus Song* 合奏节目获 2019 年浙江省中小学艺术节一等奖
2019 年	校女篮获金华市中小学篮球比赛第二名
2019 年	学生诵读节目获金华市诵读比赛一等奖,省一等奖
2020 年	"外小娃抗疫行动——超级思维课堂"获东阳市第一批优秀项目化学习成果奖
2020 年	市运动会总分第一名 舞蹈《小萝卜头》获省艺术节一等奖
2021 年	2021 年合唱金华市艺术节二等奖
2022 年	2022 年铜管乐队获东阳市艺术节一等奖,行进管乐获金华市一等奖 市运动会团体总分第二名,乒乓球男子乙组团体第二名

2. 推进育人范式转型,学生现代化测评指数优良

全息教育以"关键性""相关性"为核心,改变了学生学习的整体理念,形成了符合小学生学习特征的内在逻辑,即小学生的学习需要发现和激励学习的"相关性",而不是反复寻求学习的"结果性"。"相关性"的育人实践,认同每个学生的可能性,关注学生发展的未来,实现育人范式的转型。据东阳市满意学校评比调查,家长对外小的满意度为 96.5%,孩子对学校的喜欢度为 96.8%。

学校在 2022 年进行了学习相关指数监测,外小学生的主观幸福感、学习兴趣指数、睡眠质量指数、阅读习惯、运动健康指数等均居于区域前列。(见图 9-2)这见证着学校高质量育人的成效。

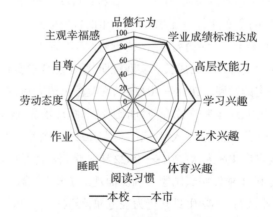

图 9-2 外小学习相关指数监测雷达图

我们的学生每天专注阅读,课堂静思畅言,生活自主自律,拥有了终身受益的好习惯;我们的学生乐于实践,坚韧勇敢,锻造了幸福生活的能力;我们的学生待人有礼,真诚乐观,拥有家国情怀、国际视野。

如阅读习惯和阅读兴趣的培养,我们采用雏鹰争章和阅读评估体系相结合的方式进行激励性评价。针对悦读章,制定以下争章细则:

悦读章:(爱好阅读博览群书善于积累)

1.每天专注阅读 1 小时以上,持续 21 天者得一章,若中途中断,则重新记录。(寄宿班:生活老师;走读班:家长)

2.看完学期必读书目,并顺利通过考级者得一章。(师评)

3.对阅读有着浓厚的兴趣,在每月的班级读书会中,积极交流阅读收获,有 10 人及以上为其点赞的,直接得一章。(生评)

教学楼的楼梯通道开辟了明星墙,通过开展人人争当"阅读小明星"活动,让学生充分感受荣誉和自豪,意在让他们在阅读的深度和广度上更进一步,同时也让他们带动周围的人积极加入阅读的行列,激励尚未当选的孩子,营造一种浓浓的书香氛围。据统计,一年下来,有 95% 的学生光荣上榜。

培养学生的实践探究能力和创新思维能力。例如:期末测评中的游园活动融科学知识、才艺表演、生活自理等方面于一体。这样的评价内容更注重检测学生的综合素质,助推学生的全面发展,给了学生学习生活的自信,为学生的可持续发展打好底色。在平时的分项达标中,我们允许学生多次参加评价,淡化评价的甄别功能,从而保护了学生学习的积极性。

通过每学期开展"生活常规"问卷调查,我们发现孩子们的日常生活能力在不断提高。(见图 9-3)

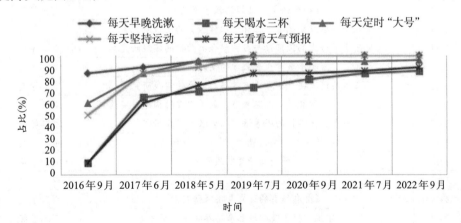

图 9-3 "生活常规"问卷调查图

学生的生活自理能力、应急应对能力有了显著的提高,安全意识增强了,学校连续 5 年在市安全考核中获得优秀。学生的交往能力早已成为同龄孩子中的佼佼者,取得良好的社会反响。有来自家长的反馈:"那天我不在家,他竟然一个人招待了亲戚,让亲戚赞不绝口。"有来自外界同人的由衷赞叹:"就你们的学生,能那么大大方方地跟教练打交道。""你们的学生就是不一样,组织能力、管理能力就是特别强!"就读于美国伯克利大学的何烨谦是外小2007届的毕业生,她说:"独立与自主将会是我人生永恒的主题。从东阳市外国语小学,到杭州外国语学校,再到美国旧金山加州大学,正是独立精神鼓励我为自己的人生做选择,并且为之负责。而这自强自立的精神给予我最大的财富,是它让我无所畏惧,勇往直前。"

二、促进专业成长,实现学习方式变革

1. 全息教育实践形成研究型教师队伍

外小自2002年创办以来,坚持教研和科研齐头并进,以全息教育理论为支撑,发挥学校教育资源优势,基于教育规律和师生需求,持续开展了系列课题研究,累计1800人(次)参与课题,3项科研成果获省一等奖,7项科研成果获得省二等奖,多项课题获市级奖项。(见表9-2)

表9-2　课题研究及获奖情况一览表

年度	课题名称	获奖级别
2005	《小学"互动—生成"课堂教学模式研究》	省二等奖
2005	《小学高段语文全息阅读教学模式研究》	省二等奖
2006	《小学动态生成型课堂教学形态整体建构的研究》	省二等奖
2007	《小学互动—生成课堂教学探索性研究》	省二等奖
2011	《小学语文全息阅读教学研究》	省一等奖
2011	《互动—生成型德育"三环"操作模式的实践研究》	市一等奖
2011	《提高小学语文高段阅读与习作整合有效性的实践研究》	市二等奖
2012	《小学数学生长教学的实践研究》	市二等奖
2012	《三维共促,提升小学生数学解题思维的实践研究》	市三等奖
2013	《生长教学:小学数学"三环四自"教学模式的构建与实施》	省三等奖
2013	《基于自我调控的小学语文阅读教学实践研究》	市二等奖
2013	《小学生数学阅读能力培养的实践研究》	市三等奖
2013	《小学全息德育实践研究》	省一等奖
2014	《小学高段语文比较阅读教学研究》	市二等奖
2014	《全息德育的开发与实践研究》	省三等奖
2014	《小学生积极乐观心理品质培养的实践研究》	市三等奖
2015	《小学数学"教学问诊手册"建设的实践研究》	市一等奖
2015	《小学计算教学中利用错误资源启发学生思维的研究》	市三等奖
2015	《小说阅读中培养言语迁移能力的研究》	市三等奖
2016	《小学数学"教学问诊手册"建设的实践研究》	省一等奖

续 表

年度	课题名称	获奖级别
2016	《小学低年级语文课堂教学中影响课堂精彩生成的因素分析研究》	市二等奖
2016	《提高小学生数学阅读能力的策略研究》	市三等奖
2016	《基于精彩观念诞生理念的语文课堂教学活动设计的研究》	市三等奖
2016	《小学高段语文课外阅读指导微课开发与运用的研究》	市三等奖
2017	《小学生核心素养评价的校本探索》	市一等奖
2017	《臆测教学在"分数除法"中的应用研究》	市一等奖
2017	《三学三自：小学高段阅读教学的实践研究》	市二等奖
2017	《红领巾梦想小舞台的实践研究》	市二等奖
2017	《小学语文"慢想畅议"式阅读教学策略研究》	市三等奖
2017	《小学数学课堂观察的实践研究》	市三等奖
2017	《小学"校园德育歌谣"的编创实践研究》	市三等奖
2018	《成就幸福儿童——小学生核心素养评价的校本探索》	省二等奖
2018	《小学德育课程整合实施路径的探索》	市一等奖
2018	《四轮两翼，有效开展儿童阅读评价》	市二等奖
2018	《小学低段数学实验活动课程的开发与实施》	市二等奖
2018	《STEM项目教学资源的开发研究》	市二等奖
2018	《提高学生解决分数实际问题能力的行动研究》	市二等奖
2018	《利用趣配音社团提升小学英语口语能力的实践研究》	市三等奖
2018	《借"班级优化大师"，促中段小学生英语学习能力的提高》	市三等奖
2019	《"I+"三色任务单在小学英语单元整合课中的实践研究》	市一等奖
2019	《心有"牵"结：小学生大手牵小手活动的实践研究》	市二等奖
2019	《指向深度思维的小学语文全息阅读教学实践研究》	市二等奖
2019	《快乐宝典：小学生乐观养育的实践研究》	市三等奖
2019	《小学德育主题活动序列化的设计与研究》	市三等奖
2019	《单元视角下整合教学实践研究》	市三等奖
2019	《基于全息理念的小学德育整合策略研究》	省二等奖
2020	《全息教育：小学教育改革的新样态》	市一等奖
2020	《儿童哲学理念下小学语文哲思教学的实践研究》	市一等奖
2020	《第一学段小学生专注力培养策略研究》	市二等奖
2021	《小学语文哲思教学的研究》	市一等奖 省二等奖
2021	《基于大单元整体教学的小学数学整合作业研究》	市一等奖 省结题
2021	《基于"四个一"的红领巾活动 推动"百个岘峰书吧"的建设研究》	市三等奖
2022	《为成长赋能：小学生综合素养"导航式"评价的创新实践》	市一等奖
2022	《单元整体视角下促进学生思维结构化的数学教学》	市一等奖
2022	《儿童哲学视野下小学生整本书阅读的策略研究》	市二等奖

20年来，全息教育的研究助推着教师快速成长，涌现了一大批专家型教师，其中省功勋教师、省特级教师、省市教坛新秀共计42人（次）。对比近7年，我们欣喜地看到教师素养得到了提升，教师整体获得优质均衡发展，成果获奖（发表）有578人次。（见表9-3）

表9-3　2016—2022年外小教师成果获奖（发表）统计

级别	年份						
	2016	2017	2018	2019	2020	2021	2022
全国	2	3	5	4	9	4	13
省	2	5	6	6	2	11	40
市	7	9	8	7	10	19	19
区	34	45	26	37	41	69	135

20年来，教师们潜心研究，不断提炼，找到了全息教育实践的精髓，提炼了全息教育的新样态，先后完成了《互动—生成教学》《课堂掌控艺术》《动态生成教学》《小学语文全息阅读教学》《为生长而教》等教学专著，将全息思想与学科教育紧密融合，进而开花结果。学校先后被评为浙江省教科研先进集体、浙江省示范小学、浙江省首批校本教研示范学校、国家特色教育示范基地等。

2. 变革学习方式，实现"轻负高质"

全息学习变革了学习方式，实现了在认知供给和学生需求两端的实践创新。在认知供给侧，全息学习抓住"关键能力和知识"，不搞"满堂灌""满堂练"；在需求端，以学生为中心，减轻"认知负荷"，强化结构性设计，注重相关性实践，不断提升每个学生的学习动机，促进高质量的有意义学习。

全息教育指向核心素养，实现五育并举，全面评价学生。一直以来，学校坚持以全息为核心的教研，开展了项目化的学习、基于问题的学习及合作学习，将知识点联结成知识地图，深化学生的理解，又将一份份作业转化成学生作品，强化他们的问题解决能力和学以致用的意识。课程开始，教师会研究课程目标，制定合适学生发展的课程内容，确定授课的核心问题，并要求大问题不超过3个。课堂上，教师为学生营造了一个安全的、令人备受鼓舞的环境，师生之间、生生之间建立了积极友好的关系，学生焕发活力，激发出主动的求知欲，进入良好的学习状态，投入深度的学习中去。课后家校协同，学生的学习不仅仅发生在学校这一固定的场所，老师会引领学生关注生活、关注社会，让学生知行合一，强化学习效果，从而综合发展其认知、情感、交流、合作等多种能力，为将来步入社会打好基础。

三、创新理论及实践,实现全息品牌辐射

1. 创新全息教育理论认识及实践样式

学校在国内首次提出了"全息元",包含全息点、全息链和全息场三种实践形态,形成了宏观、中观和微观三层次理论架构,丰富了全息学习的整体内涵。

学校在 20 年的实践中,结合现代学习理论,厘清了小学生学习中课堂单一情境学习和生活丰富情境学习的边界,聚焦核心素养,创造性地建构"双螺旋"学习样式:课堂单一情境学习围绕关键能力,促深度学习,用能力的支点撬动学生的学习;生活丰富情境学习围绕相关性要素,激发学生学习动机,赋能学生的成长,有效改变了小学过度关注学习结果而不关注学习要素之间相关性的痼疾。

十年磨一剑,全息教育基于"全信息孩子",凭借"全营养生活",旨在培养"全人格学生"的"三全"育人理念在每个教师心中已成了自觉意识,也练就了教师的"三全"育人能力,切实促进了育人模式的转型。通过反复研讨实践,学校研制了课程、教学、评价贯通的《学生核心素养发展记录册》;为了聚焦核心素养过关点的评价,使评价更科学,研发了《小学生核心素养评价教师手册》;还依据素养发展规律,以评促养,构建了完善的核心素养全息评价体系,形成融特色争章、过关测评、期末评估为一体的"三环操作"模式。《小学生全息阅读》《全息德育》《思维拓展》作为全息教学的拓展教材,紧扣国家教材编排体系,拓宽学习的外延与生活的外延,让孩子在单位时间里读得更多,视野更开阔,思考更多元,收获更丰满。

2. 全息教育为基础教育提供经验样本

外小率先倡导"全息关怀、走进心灵"的管理理念,最早构建基于核心素养的全息评价,使学校成为全省小学生综合评价改革的样本校、精致育人的品牌校。《中国教育报》《中小学管理》《课程·教材·教法》等报刊都发表了学校全息教育的成果文章,国家、省市新闻媒体对学校进行了 100 余次报道。学校全息教育的实践被教育厅作为素质教育实践典型向全省推介。学校富有特色的评价改革经验先后 6 次在全省会议上做分享,引起专家同行的热议。校本教材《全息德育》被评为浙江省义务教育精品德育课程。教育部基础教育司领导来校考察时,评价外小和北京、上海等地名校一样,为全国基础教育课程改革提供了样本。近 5 年来,上海、重庆、贵州、香港等地来校学习的人员络绎不绝,合计 100 多所(次)。更可喜的是学生素养的全面提升使学校的社会美誉度大大提高,家长满意度调查高达 96.8%。

第二节　全息三问：20年实践反思

一、全息教育的目标体系是什么

全息教育的培育人的目标体系中，核心是"全面的人"。全息育人，全面精彩，一直是外小最核心的教育理念。全面育人主要包括两个方面的理解：一是每个人的发展，不是部分人的发展；二是和谐的发展，不是畸形的发展。但在班级授课制下，这两个"全面"是遇到挑战的，每个人的发展意味着学校能提供的选择和机会足够丰富，这在理论和实践上，都不是很容易达到的。每个人和谐地发展，挑战则来自每个人的性向的确定并不是一件简单的事，因为人的发展非常复杂，儿童的发展更加存在多种可能性。不得不说，进入每个儿童的成长这一微观世界，在缺少脑科学和心理学的大数据支撑下，教师仅凭经验对每个孩子开展的教育，还是停留在相对粗糙的层面上。

因此，全息教育的目标体系需要进一步细化，形成一系列的目标分类，在全息理论的引领下，在中观上比较好地解决以上两个问题。目标体系的分类，其实质是增加选择性和操作性，便于一线老师真正掌握。将全息教育的构成要素和目标细化，是全息教育进一步深化需要解决的问题。

二、全息教育的实践体系缺什么

全息教育的实践体系首先是一个教育的实践体系，因此大致由学校管理、课程体系、教学体系、德育体系等构成。但同时，全息教育具有自身的许多特质，如强调"关键性"，以关键支点撬动学习；强调结构性，以核心结构带动全域学习；强调进阶型，以每一阶段的学习生长新一阶段的教育。

全息教育中的"关键性"，在不同层面上的意义差异很大，从核心素养讲，核心素养就是全息教育中的关键性，但这从教学上来看，还是比较宏观的。如果落实到学科，就是学科的关键知识和关键能力，这个在新课程标准中能得到一些解决，但具体到学科教材和每一节课，其关键知识和关键能力还需要做进一步的梳理和讨论。而关于全息教育中的"结构性"，相关的理论支持和实践支持相对不足，尤其是在微观层面的单独学科、跨学科、多学科的结构关系，是一个很大的课题，值得进一步做充分的研究。全息教育中的"进阶型"，其实是教育面向未来的一种思考，但这个问题挑战在两方面:一方面是未来的情况,事实上只是一种"推测的未来";另一方面是从学生的学习习惯来看,有些进阶时间比较短,有些进阶时间比较长。所以进阶一方面要依托核心素养的模型建构,另一方面要依托老师对学生的动态把握,但关于这两方面的一线研究都不够。

三、全息教育的支持体系干什么

从全国来说,全息教育实践并不是很多,主要就是因为全息教育知易行难,内涵上的理解相对容易,实践上不太容易把握。大致上,有的学校重点聚焦"全",包括支持系统的全,如环境、信息等。也有学校的重点聚焦"息",息就是教育的要素,通过数字化等拓展教育的要素领域,但其实只是通过提升教育的实际成本达成更好的教育。或者可以说,如果实践成功,并不是因为教育模式的优势,而是资源的优势,对于推广这种模式的其他学校,就有可能因为资源不足而不成功。总而言之,全息教育因为聚焦每一个学生的和谐发展,因此对支持体系的要求就会比普通的教育要高。

全息教育的支持体系,一方面是要在"全"上思考。要从不同的教育维度,尤其是对教育"场景"的营造给予特别的关注。教育复杂的原因之一就是不同的场景具有动态变化性。另一方面要在"息"上思考,教育的影响因素有很多,从大的领域来看,影响学校教育的包括个人、社会和家庭,因此需要更多地引入教育生态学的一些理念和具体操作,从而建立更好的支持系统。

第三节　全息教育未来趋势展望

一、全息教育需要深化理论支持

全息论在影像学、宇宙学、生命科学等领域提出后,1985年,才有学者将全息理论应用于教学领域。从全国范围看,全息学习、全息教育的理论总体上还比较单薄,已有的全息教学理论,阐释全息的多,阐释教学的少;哲学层面的思考多,实践操作的思考少;关注"全"的多,关注"息"的少;相关观点的边界和内涵、外延并不清晰。外小作为全国首所全面实施全息学习的学校,学校课题组成员将进一步夯实全息学习的理论基础,尤其重视跨学科、边缘学科、脑科学的理论创新,为全息学习的进一步实践提供指引。

二、全息教育需要开展实证研究

全息学习,重点在对学习信息的提取,实现信息与学习之间的关联,促进学生成长。大数据为全息学习提供了可以运用的载体,课题组将通过大数据的沉淀,推动学习影响因素的实证研究,从而进一步深化全息学习的实践。但如何运用数据平台实现动态提取学生的成长性信息? 怎样拥有更加科学的丰富的测评学生的工具? 这些问题都有待进一步探索。

三、全息教育需要提炼推广研究

指向五育并举的全息教育新样态,就如一个人的神经元,蔓延在学生学习生活的方方面面,有着非常繁杂的内容、无比巨大的信息量,如何取其精华,删繁就简,用科学精准的语言来表述这一教育思想,是课题突破的关键之举,但要啃这块硬骨头并非易事,还有许多问题有待探讨。比如:前期在语文、数学、德育学科领域等已有丰硕的研究成果,核心素养评价也逐步走向成熟,如何将已有的成果进行浓缩、提炼,更科学地评估,更系统地架构,还期待专家的高位引领。

全息教育从实践中来,升华为一种教育观,成就了一种新样态,最终是为了到实践中去,是为了将几年的成果与更多人分享,让"五育并举"落地生根并开花结果,为更多一线学校提供可借鉴的路径,与时俱进,不断优化学校教育,真正为每一个孩子的成长助力。我们相信,任何一项研究,只要有正确的方向,有科学的方法,有咬定青山不放松的意志,就一定能够结出丰硕的成果。